이승만의
하와이 30년

연세대학교 이승만연구원 교양총서❸

이승만의 하와이 30년

Syngman Rhee's Thirty Years in Hawaii

이덕희 지음

북앤피플

| 머리말 |

  이승만은 그의 일지에 첨부한 낱장 문서에서 자신이 미국에서 얼마동안 살았는지를 적어 놓았다. 그는 1904년 11월 4일 고국을 떠나 1940년 12월 3일까지 36년간을 미국 땅에서 머물렀다고 기록했다. 그 후 1945년 10월 4일 고국으로 돌아가기 전까지 또 다른 4년 10개월 간을 워싱턴 D.C.에서 지낸 것을 포함하면, 이승만은 통틀어 41년 간의 삶을 미국에서 지낸 셈이다. 이 기간 중 1913년 2월 3일부터 1939년 11월 10일 워싱턴 D.C.로 완전 이주하기까지 25년 간 이승만의 본거지는 하와이였다. 하와이는 38살의 이승만이 정착하여 4반세기 동안 활동했던 제2의 고향이었다.
  이승만은 하와이에 정착하기 10여 년 전 이미 '하와이 왕국'의 역사를 알고 있었다. 그는 미국 선교사들이 어떻게 '하와이 왕국'의 원주민들을 기독교로 개종시켰는지, 그리고 선교사들을 따라 들어온 미국 기업가들이 원주민들의 이익보다는 자기네들의 이익에 더 많은 관심과 열정을 쏟았다는 사실도 알고 있었다. 결국에는 미국 정

부가 하와이 섬들을 모두 병합하여 미국의 영토로 만들었으며 그 과정에서 '하와이 왕국'의 여왕이 폐위된 전말도 알게 되었다. 그래서 이승만은 한국에 온 미국 선교사들도 한국을 병합하는 준비단계로 미국정부가 파견한 앞잡이들이라고 간주했었다.

그런 이승만은 옥중에서 미국 선교사들에 대해 새로운 인식을 갖게 되었고, 기독교를 자신의 종교로 받아들이게 되었다. 그리고 그는 기독교가 한국 민족을 정신적, 도덕적으로 거듭날 수 있게 만들 유일한 종교라고 믿게 되었다. 그의 저서 《독립정신》(1904년 집필, 1910년 출판), 박사학위 논문 'Neutrality As Influenced by the United States' (1910년 통과, 1912년 출판), 《신학월보》와 《제국신문》 등에 기고한 수많은 글속에서 이승만은 자신의 기독교 신앙에 기반을 둔 정치, 경제, 외교 사상을 천명하고 있다.

이렇게 본다면 하와이는 이승만이 기독교 신앙을 갖도록 징검다리 역할을 한 땅이라고 볼 수 있다. 이 작은 섬에서 25년이란 긴 세월 동안 이승만은 무슨 활동을 하면서, 어떻게 살았을까? 이승만이 대한민국 대통령으로 지낸 12년 간 그리고 그 이전 미국 땅에서 펼쳐간 정치활동에 관하여는 적잖은 연구가 이루어졌다. 그러나 이승만이 4반세기 하와이에서 펼쳐간 총체적인 활동은 그리 주목받지 못했다. 관심 부족과 자료 부족 이외에 그나마도 있는 자료가 태평양 한 가운데 작은 섬 하와이에 있기 때문일 것이다.

하와이에서 47년 간 살고 있는 필자는 30년이 넘도록 도시·환경 계획가로 활동한 후 지난 10여년은 하와이 한인 이민사를 조사·연구하면서 이승만의 활동을 추적해왔다. 대부분의 학자들이 일상적으로 조사하는 신문과 잡지는 물론이고 '하와이 주정부 문서기록원'(State Archives)과 이승만 관련 단체 자료뿐 아니라, '하와이 주정부 토지 및 자연자원국' 그리고 '부동산 기록원'(Department of Land and Natural Resources, Bureau of Conveyances)의 부동산 매매등록 자료, 하와이 전화번호부(Directory of Honolulu & Territory of Hawaii), 옛 지도 등 좀 더 다양한 자료를 심층적으로 조사하여 이승만의 활동시기와 장소 등을 일일이 확인하고 점검했다.

그 과정에서 필자는 《한인기독교회, 한인기독학원, 대한인동지회》('한인기독교회'·'동지회', 2008)를 발간할 수 있었는데, 이 책은 이승만이 설립한 조직체인 '한인기독교회' '한인기독학원' '대한인동지회'의 역사를 다루면서도 '한인기독교회 90년사'에 비중을 두었다. 2013년에 출간한 《하와이 대한인국민회 100년사》(연세대학교 출판문화원)에는 이승만과 하와이 대한인국민회의 관계도 포함시켰다. 위 두 권의 책에는 자료출처 등을 각주로 소상히 밝혀 학자들이 인용·연구하기에 편리하도록 해 두었다. 2003년에 출간한 《하와이 이민 100년, 그들은 어떻게 살았나?》(중앙 M&B)는 전반적인 하와이 이민생활사로 교양서 형식으로 집필했었다.

이번에 출간하는 이 책은 앞서 출판한 세 권의 오류를 바로 잡고, 새롭게 발굴한 자료를 보충하여 전적으로 이승만의 하와이 25년간의 활동과 대통령직에서 하야한 후 지낸 마지막 5년간의 생활을 살펴본 것이다. 이 책은 각주가 없는 교양서 형식으로 집필하였다. 이승만 90 평생의 1/3을 보낸 하와이의 활동을 보다 많은 이들에게 알리기 위해서다.

이승만이 세상에 태어난 지 140년, 세상을 떠난 지 50주년, 그리고 나라가 일본의 굴레에서 벗어난 지 70주년이 되는 2015년에 이 책이 출판된다. 햇수에 큰 의미를 두지는 않지만, 때맞추어 연세대학교 이승만연구원의 교양총서로 허락해 준 류석춘 원장님과 출판을 맡아 주신 북앤피플의 김진술 사장님께 깊은 감사를 드린다. 책의 내용을 좀 더 충실하게 하도록 조언해 주고, 내용을 검토해 주고 또 문장을 다듬어 준 이승만연구원의 오영섭 연구교수 및 이동욱 선생에게 큰 빚을 졌다. 그리고 이승만연구원의 사진과 문서를 스캔해 주고 원고 정리를 도와 준 유지윤 조교와 호놀룰루에서 이승만의 회계수첩을 정리해 준 전경희에게도 고마움을 전한다.

이 책에 실린 대부분의 사진 출처는 위에 밝힌 저자의 책에 밝혔기 때문에 이번에 새로 수록하는 사진의 출처만 여기서 밝혔다.

하와이 이민사를 연구하면서 항상 느끼는 것이 이민자들의 노고와 슬기로움과 조국의 국권회복을 위한 끈질긴 사랑이다. 이번에도 그들의 한결같았던 국권회복과 독립 국가를 위한 염원을 찡하게 느꼈다. 이승만의 나라 세우기 준비활동은 이들의 열정과 도움이 있었기에 가능했다.

호놀룰루 마키키에서
이덕희

Syngman Rhee's Thirty Years in Hawaii

차례

머리말   05

제1부 미국 하와이 한인사회   13

1장 미국 하와이 한인사회의 형성
1. '하와이왕국'과 이민 계약 노동자   14
2. 하와이 감리교 교단   16
3. 한인 이민과 주한 미국 선교사   18
4. 한인 감리교회 설립   22
5. 한인사회의 형성과 이승만의 첫 하와이 방문   25

제2부 이승만의 하와이 활동 25년   49

2장 언론 및 출판 활동
1. 《한국교회핍박》 출간   50
2. 《태평양잡지》와 《한인교회보》 발간   56
3. 대한인동지회의 기관지 《태평양잡지》와 《태평양주보》   72

3장 교육 활동
1. 한인중앙학교   78
2. 한인여학원   85
3. 한인기독학원   100
4. 인하공과대학   124

4장 선교활동 및 교회개척
1. 한인 감리교회 지도자 양성 집회   131
2. 호놀룰루 한인YMCA 조직   133
3. 한인기독교회   137
4. 한인선교부 조직   149
5. 광화문 문루 교회당   152

5장 대한인동지회 활동
    1. 대한인동지회 조직   158
    2. 동지촌(同志村)   177
    3. 대한인동지회와 하와이 단체 통일운동   197
    4. 워싱턴 D.C.로 이주   203

6장 생활비와 부동산 투자
    1. 생활비   206
    2. 부동산 투자   221

7장 인간관계
    1. 김노디   229
    2. 미국 본토에서 온 새 지도자들   241
    3. 백인 협조자들   251

제3부 하야 후 하와이 5년   259

8장 환국 후 하와이 방문   260

9장 대통령 하야 후 5년   265

맺음말   286

부록
    1. 이승만의 학교 관련 부동산거래   289
    2. 이승만의 회계수첩, 1923~1924   305
    3. 이승만의 만(Mann) 법 위반 혐의 이민국 조사 보고서(영문)   323
    4. 이승만의 만(Mann) 법 위반 혐의 이민국 조사 보고서(번역문)   329
    5. 김현구에 대한 이승만의 사실 설명   341
    6. 이승만의 하와이 활동 연표   351

참고문헌   357

제1부

미국 하와이 한인사회

미국 하와이 한인사회의 형성

1. '하와이 왕국'과 이민 계약노동자

　'하와이 왕국'(1795-1893)의 원주민 인구는 1831년 12만5천 명이었으나 1850년이 되면서 8만4천 명으로 감소했다. 인구 감소로 사탕수수 농장 노동력을 감당할 수 없었던 '하와이 왕국'은 노동력 공급을 위해 외국으로 눈을 돌렸다. 1852년 1월 3일 도착한 약 2백 명의 중국인이 첫 외국인 이민 계약노동자였다. 1851년 조직된 로얄 하와이언 농장회(Royal Hawaiian Agricultural Society)가 주축이 되어 중국인 노동자를 3년 계약으로 '수입'한 것이다. '하와이 왕국'은 계속해서 중국인 노동자의 입국을 주선해서 1898년까지 3~4만 명이 사탕수수 농장에 투입되었다.

　중국인 다음으로 '하와이 왕국'에 도착한 외국인 노동자는 포르투갈에서 왔다. 1878년 9월 30일에 도착한 120명을 시작으로 1913

년까지 총 25,000명이 입국했다. 경비는 1864년에 창설된 '하와이 왕국' 이민국에서 담당했다. 다음으로 1885년에 일본인 노동자의 입국이 시작됐다. 1885년 6월 17일에 943명이 3년 계약으로 도착했고, 경비는 1882년 조직된 농장노동자공급회사(Planter's Labor & Supply Company, PLSC)가 담당했다. 1894년 6월까지 총 28,691명의 일본인 노동자가 입국해서 사탕수수농장 총 노동자의 약 64%를 차지했다.

'하와이 왕국'은 사탕수수농장 노동자들의 파업을 허용하지 않았다. 그러나 노동자의 다수인 일본인들은 단합하여 자주 일을 거부했기 때문에 사탕수수농장주들은 어려움을 겪곤 했다. 1890년부터 1897년까지 일본인 노동자들은 29번이나 일하기를 거부했다. 사탕수수농장의 입장에서는 다수인 일본인 노동자들의 '횡포'를 가만히 보고만 있을 수 없었다. 1895년에 사탕수수 농장주들은 PLSC를 계승하는 하와이사탕수수농장주협회(Hawaii Sugar Planters' Association, HSPA)를 조직하고 사탕수수 산업 진흥을 위하여 상부상조하면서 다른 외국인 노동자를 찾기 시작했다.

HSPA는 1896년 조선을 첫 번 상대국으로 지명하고 여러 차례 한인의 이민을 시도하였지만 아무런 성과를 얻지 못했다. 이때는 '하와이 왕국'이 와해된 지 3년이 지난 때였는데, 5년 후인 1898년에 하와이는 미국의 영토가 되었다. 그로부터 2년 뒤인 1900년부터 적용된 미국법은 노동자들이 이민 노동계약으로 미국에 입국하는 것을 금지하였고, 따라서 '하와이 왕국'에서 시행했던 이민 방식의 노동계약으로는 이민자들이 하와이에 입도(入島)할 수 없게 되었다. 1900년 12월 말부터 1901년 말까지 하와이 영토에는 약 6천 명의 푸에르토리칸(Puerto Rican)이 도착했다. 1898년 미국과 스페인 전쟁의 결과로 스페인의 식민지였던 푸에르토리코가 미국에 속하게 되었기 때문에 이들은 '이민'이라기보다는 '이주' 형식으로 하와이 영토에 오게 되었다.

사탕수수농장에 푸에르토리칸이 투입된 후에도 하와이 사탕수수 농장주협회는 여전히 다른 외국인 노동자들의 이민을 타진하고 있었는데, 그 와중에 주한 미국공사 알렌(Horace N. Allen)과 접촉하게 되었다. 1902년 3월 2일 본국 휴가 후 서울로 돌아가는 길에 호놀룰루에 들른 알렌으로부터 농장주들은 한인 이민을 주선하겠다는 약속을 얻었다.

2. 하와이 감리교 교단

'하와이 왕국'에 개신교가 전파된 것은 1819년의 일이며, 20년 후인 1839년에 하와이 전체인구 13만 명의 약 11%인 15,000명이 '회중교회'(필자가 '조합교회'라고 번역했던 Congregational Church: United Church of Christ, UCC의 전신) 교인이었다. 1855년에 샌프란시스코 감리교 지방회에서 터너(W.S. Turner) 목사를 하와이에 파송하면서 호놀룰루 시내에 감리교회를 세우도록 했다. 터너가 열심히 목회를 하는 동안 하와이에서 잘 알려진 사업가 워터하우스(John T. Waterhouse)로부터 땅을 기증 받고, 1856년에는 카메하메하(Kamehamea) 4세 왕으로부터 교회 인증을 받아 2백 명이 앉을 수 있는 교회건물을 지었다. 그러나 불행하게도 건축으로 인한 빚 때문에 교회 이사들 간 마찰이 일어났고, 몇몇 이사들이 교회를 떠났다. 그리고 터너도 미주 본토로 돌아가고 후임 목사가 왔으나 교회는 더 이상 유지할 수 없게 됐다. 남자교인 네 명과 여자교인 세 명만이 남게 된 1862년에 결국 교회건물은 카메하메하 4세 왕의 초청으로 1861년에 조직된 (영국)성공회에 팔렸다(그 자리에 현 성공회 성 앤드류성당 St. Andrew's Cathedral이 1867년에 건립되었다).

그 후 25년간 하와이에는 감리교회가 없었다. 그 후 샌프란시스코에 있는 일본인 기독교회에서 하와이에 있는 일본인 노동자들을 위해 감리교 목사 미야마(Kanichi Miyama)를 파송했다. 1888년 3월 하와이에 도착한 미야마 목사는 넉 달 후인 7월 27일에 일본인 감리교회를 설립했고, 이 교회는 태평양 연안 일본인 선교부(Pacific Coast Japanese Mission)에 속하게 되었다. 이것이 하와이 감리교회의 두 번째 시작이다. 일본인 감리교회가 세워진지 6년 후인 1894년에 샌프란시스코의 감리교 해리스(Merriman C. Harris) 감독이 호놀룰루 YMCA(1869 설립) 총무인 펙(Harcourt Peck) 목사에게 '제일감리교회'라는 이름으로 다시 교회를 시작하도록 했다. 펙 목사가 초대목사로 시무하면서 동시에 호놀룰루 감리사의 직분도 갖게 되었다. 3년 후인 1897년에는 펙의 후임으로 피어슨(George L. Pearson)이 제일감리교회 목사 겸 감리사(재직:1897~1904)로 임명되었다.

1904년 봄, 로스엔젤레스에 모인 감리교 총회에서 하와이 교회를 태평양연안 일본인 선교부에서 분리해 캘리포니아 지방에 속한 하와이언 선교부(Hawaiian Mission of the California Conference)로 만들었다. 동시에 일본에서 26년간 선교사로 활동한 와드맨(John W. Wadman)을 하와이 감리사(재직:1905~1914)로 임명했다. 그리고 제일감리교회에서 제1차 하와이 감리교 선교부(Hawaiian Mission of the Methodist Episcopal Church) 연회를 1905년 12월 27일부터 31일까지 가졌다.

3. 한인 이민과 주한 미국 선교사

조미수호통상조약 체결(1882.5) 1년 후인 1883년 5월에 미국공사관이 서울에 설립되었고, 푸트(Lucius Foote)가 첫 번째 미국공사로 부임했다. 이듬 해 1884년 7월에는 미국 선교사 맥클레이(Robert S. MacLay)가 김옥균의 도움으로 고종으로부터 미국 선교사들이 한국에서 의료와 교육선교를 할 수 있도록 허락받았다. 두 달 후인 1884년 9월에는 중국에 의료선교사로 갔던 알렌이 주한 미국공사관의 주치의로 내한했다. 알렌이 도착한 후 3달 만에 갑신정변(1884년 12월)으로 부상을 입은 민영익(명성황후의 조카)을 치료하게 되었고, 이로 인해 알렌은 명성황후와 고종의 신임을 얻게 되었다. 1885년 부활절 주일에 미국 감리교와 장로교 선교사가 인천에 도착해 선교사역을 시작했다. 1887년 9월에는 존스(George Heber Jones) 목사가 내한하여 서울과 경기도 지방에서 사역했다.

알렌은 1897년에 주한 미국공사가 되었고, 1902년 3월 하와이에서 HSPA 관련자들에게 한인이민 주선을 약속했다. 고종황제를 수차례 설득한 알렌의 노력으로 마침내 1902년 11월 15일 미국인 사업가 데쉴러(David W. Deshler)가 한인이민 업무 허가를 받았다. 일찍이 데쉴러는 미국대통령 맥킨리(William McKinley)와 친분관계를 갖고 있는 계부(繼父)를 통해 알렌을 주한 미국공사가 되도록 도와주어, 이 둘은 상부상조하는 밀접한 관계를 갖고 있었다.

한편, 1902년 10월 비숍(Eben Faxon Bishop)은 HSPA를 대표해 한국을 방문하고 한인 노동자들의 호놀룰루 입항이 미국법에 저촉되지 않도록 세심한 방안을 강구하는 등 이민에 필요한 절차를 준비했다. 왜냐하면 하와이가 미국에 병합되면서 계약노동자의 입국이 금지된 상황에서 합법적으로 한인 노동자들을 하와이에 입국시키는 문제는 민감한 사안이었기 때문이었다.

데쉴러는 2개의 회사를 설립하고 이민을 준비했는데, 하나는 이민을 관장하는 동서개발회사(East-West Development Company)였고, 또 다른 하나는 비숍이 가져다 준 이민에 필요한 경비 15,000달러를 관리하며 이민 재정을 담당하는 데쉴러은행(Deshler Bank)이었다. 그러나 데쉴러는 이민자 모집에 어려움을 겪게 되자 고민에 빠졌다.

그 무렵 알렌과 친분이 있던 인천 '내리교회'의 존스 목사는 데쉴러가 하와이 이민 모집에 어려움을 겪고 있다는 소식을 들었다. 1년 전인 1901년 발생한 대기근으로 어려움을 겪고 있던 한국인들에게 하와이 이민이 여러 면으로 도움이 될 것이라고 확신한 존스 목사는 자신이 담임하고 있는 '내리교회' 뿐만 아니라 그가 맡은 서부지방의 여러 교회 교인들에게 "기후 좋은 하와이는 자녀교육의 기회가 좋고, 급료가 높을 뿐더러, 집과 의료비를 주며, 교회에 자유롭게 다닐 수 있다"면서 이민을 권장하기 시작했다. 존스의 설득으로 '내리교회'를 포함한 서부지방의 여러 교회에서 교인 수 십명과 그 가족들이 첫 이민대열에 올랐다. 그 후 하와이 이민은 순조로이 진행될 수 있었다.

1902년 12월 22일, 존스 목사는 첫 이민단을 실은 일본선 겐카이마루(玄海丸)가 떠나는 제물포항 부두에 천막을 치고 환송예배를 드렸다. 아마도 이들이 동양 여러 나라의 이민자들 중 항구에서 환송예배를 드리고 떠난 집단으로는 처음이며 마지막일 것이다. 미지의 땅으로 삶을 개척하기 위해 떠나는 교인이자 이민자들에게 용기를 북돋아주는 기도를 올렸다.

존스 목사는 떠나는 교인들을 위해 하와이 감리사에게 쓴 소개장과 함께 많은 책자도 주었다. 존스 목사는 최초의 한글 찬송가 책인 《찬미가》를 1892년에 발간(공저)했었고, 최초의 한글 신학잡지인 《신학월보》를 공동 발간하기도 했었다. 1901년부터는 헐버트(Homer B. Hulbert) 선교사와 함께 영문 월간지 *The Korea Review* (주필 헐버트)도 발간하였는데, 하와이 이민이 시작되었음을 알리는 존스 목사의 글이 1903년 1월호 'News Calendar (소식란)'에 실렸다.

"[1902년] 12월 22일에 54가구의 가족이 사탕수수농장에서 일하기 위해 하와이로 떠났다. 이들은 계약 없이 떠났다. 이들은 일정 기간 농장에서 일해야 한다는 조건은 없지만, 일정 기간 이전에 농장을 떠나면, 뱃삯을 물어야 한다. 하루 10시간씩 일해야 하며, 주일에는 쉰다. 아이들은 학교에 다녀야 한다. 이민자들은 부인 및 가족들과 동반하기를 권장 받았다. 이들은 기독교 신앙의 입장에서 이민을 권장 받았고, 교회 훈련을 받을 기회가 주어졌다. 한인들이 하와이에서 일할 수 있는 기회를 가질 뿐만 아니라, 중요한 경험을 쌓을 수 있을 것이다. 하와이에서 일하는 시간은 한국의 농부나 노동자들이 일하는 시간에 비해 짧으며, 이들이 머지않아 경제적으로 여유를 누릴 것을 믿어마지 않는다."

제물포항을 떠난 최초의 이민단은 목포와 부산을 거쳐 이틀 후엔 일본의 나가사키(長崎)에 도착하였고, 1주일 뒤인 1903년 1월 2일, 미국 상선 갤릭호(S.S. Gaelic)를 타고 10일간의 항해 끝에 호놀룰루에 도착했다. 선상에서의 열흘 동안은 '내리교회'의 안정수와 김이제가 기도회를 인도하면서 전도에 열심이었다. 교인이 아니었던 가족들은 이 기간 중에 개종하기도 했다. 배가 호놀룰루에 도착했을 때는 신자가 50명에서 58명으로 늘어났다.

호놀룰루 항구에는 존스 목사로부터 연락을 받은 피어슨 감리사가 기다리고 있었다. 그의 안내에 따라 모두가 기차를 타고 오아후 섬 북쪽에 위치한 와이알루아(Waialua) 농장의 모쿨레이아(Mokuleia) 캠프로 이동해 여장을 풀었다. 3월 3일에 도착한 두 번째 배에서는 64명의 한인이 내렸는데, 이 배에는 동서개발회사에 다니면서 '내리교회'에 출석한 현순이 통역관으로 왔다. 이들은 오아후 북쪽에 있는 카후쿠(Kahuku) 농장에서 일하게 됐다. 이후 한인들이 계속해서 도착했고, 피어슨 감리사는 한인이 배치된 여러 농장을 방문하며 야간학교를 세워 일주일에 몇 번씩 영어 교실을 여는 등으로 한인 교인들에게 많은 도움을 주었다. 1905년 8월 8일까지 하와이에 온 약 7,400명의 한인 이민과 주한 미국 선교사 그리고 하와이 감리교회의 관계는 이렇게 시작되었다.

4. 한인 감리교회 설립

갤릭호에서 내린 58명의 '한인 감리교 회중'과 두 번째 배로 온 한인들이 모쿨레이아와 카후쿠 지역에서 1903년 3월부터 함께 예배를 보기 시작했다. 호놀룰루 시내에서는 1903년 11월에 안정수, 우병길(후에 윤병구로 알려짐) 등이 피어슨 감리사에게 요청해 '한인전도회'(Korean Evangelical Society)를 시작하게 되었다. 호놀룰루에서 적은 수이기는 하지만 한인들이 전도회로 모일 수 있었던 것은 이들이 사탕수수농장과의 노동계약서 없이 왔기 때문에 사탕수수농장이 아닌 호놀룰루에 머물 수 있었기 때문이다. 한인전도회는 곧 '한인감리교선교회'(Korean Methodist Mission)로 이름을 바꾸었고, 홍승하 전도사가 1년 조금 넘게 인도하다가 피어슨의 후임으로 온 와드맨의 도움으로 1905년 4월에 정식 교회로 인준받았다. '한인감리교선교회'는 1905년 7월에 누아누 스트리트(Nuuanu Street) 1485번지로 이사했으며, 건강이 나빠진 홍승하 전도사는 귀국하였다.

1904년 말에 작성된 것으로 추정되는 한인 감리교회 400여 교인 명단에 의하면 카우아이섬에 7개의 교회, 오아후섬에 5개, 그리고 마우이섬에 2개의 교회가 있었다. 오아후섬의 각 교회의 교인 수는 아래와 같다.

　에바 :　　　 56
　호놀룰루 :　 18
　카후쿠 :　　 37
　와이알루아 : 93
　와이파후 :　 38

　1905년 12월 27일부터 31일까지 제1차 하와이지방 감리교 연회가 열렸을 때 와드맨은 제일감리교회(백인)의 교인수가 3년 전 250명에서 75명으로 줄었다며 문제의 심각성을 보고했다. 백인 교회뿐 아니라 일본인 교회의 사정도 나빠지고 있었다. 불교와 신도(神道)에 강한 영향을 받고 있던 일본인을 기독교로 귀화시키기란 그리 쉬운 일이 아니었으며, 더구나 러일전쟁(1904. 2~1905. 9)으로 많은 노동자들이 일본으로 돌아갔기 때문에 일본인 교인수도 감소했다. 백인 교회는 1개, 일본인 교회는 11개가 있었는데 한인 교회는 19개나 있었다.
　이 첫 연회에서 민찬호를 호놀룰루 교회에 파송한 것을 비롯해 9명의 한인 목회자를 19개의 한인교회 중 13개 교회에 파송하게 된다. 나머지 사탕수수농장 교회에는 목회자 부족으로 목회자를 임명할 수 없었다. 또한 이 연회에서 《포와한인교보 Hawaiian-Korean Advocate》 발간인으로 송헌주를, 주필에는 윤병구를 각각 임명했고 야간학교 교장과 복음회 회장에는 이지성을 임명했다.

1905년, 주일 평균 출석자수는 백인 교회가 64명, 일본인 교회 전체가 276명, 한인 교회 전체가 605명으로 하와이의 감리교인 중 64%가 한인 교인이었다. 1905년 당시 하와이에 약 6,000명의 한인이 있었던 것으로 추정하면 이들 중 약 10%가 교회에 출석하고 있던 셈이다(7,400여 명의 한인 이민자 중 1910년까지 약 1천명이 한국으로 돌아갔고, 약 2천명이 미주 본토로 이사 갔다. 1910년 인구조사에 한국인은 4,533명으로 하와이 전체인구 191,874명의 2.4%를 차지하고 있었다).

와드맨은 한인교회의 시작을 하와이의 감리교 재활의 세 번째 시도로 간주했었고, 한인교회의 성장을 본 그는 안도의 숨을 내쉴 수 있었다. 그에게는 한인 교인이야말로 하와이 감리교 교세확장을 위해 '하나님이 보내주신 선물'이었다.

당시 하와이에는 장로교 교단이 아직 설립되어 있지 않았기 때문에(1960년도에 설립) 한인의 장로교회가 조직될 수 없었다. 따라서 초기 한인 이민자들 중 한국에서 장로교회를 다닌 교인들도 하와이에서는 감리교회에 다니게 되었다. 감리교 이외에, 1904년 여름에 하와이섬 코할라(Kohala) 지역에서 한인 성공회(한인들은 감독교회라 불렀음) 교인들이 예배를 보기 시작했고, 1905년에는 호놀룰루에 한인 성공회교회가 설립되었다.

이민자 중에 불자들이 있었다는 설이 있으나, 그들이 누구며, 그

수가 몇 명이었는지에 대해서는 확실한 기록이 없다. 1945년 3월 18일자 애드버타이저(1921년 제호가 *The Pacific Commercial Advertiser*에서 *Honolulu Advertiser*로 바뀜. 이후 애드버타이저)지에 채용하의 사진과 함께 "[그는] 하와이에 오기 전 스님이었는데 승무에 대한 조예가 깊다"라고 소개되었지만, 그가 포교활동을 했다는 기록은 찾을 수 없다. 불자들의 수가 적었을 것이며 기독교적 사회 분위기에서 불교신앙을 유지하기 어려웠을 것이다.

한인들이 도착하기 전까지만 해도 하와이의 회중교회와 성공회교회는 중국인들을 위한 목회를 하고 있었다. 그리고 일본인 노동자들을 위해 1888년에 일본인 감리교회가 세워졌다. 그러다가 한인 교회가 부흥하게 되자 1905년에 감리교선교부와 회중교회 복음회재단이 협약을 맺고 회중교회는 중국인과 하와이 원주민에게, 그리고 감리교는 일본인과 한국인에게 전도하기로 역할분담을 하게 되었다.

5. 한인사회의 형성과 이승만의 첫 하와이 방문

이민 한인들의 첫 3, 4년간의 상황은 주한 미국 선교사들의 하와이 방문기록에서 알 수 있다. 하와이에 살고 있는 한인들을 처음으로 직접 만나고 보고한 사람은 무어(Sameul F. Moore: 모삼열) 선교사였다. 무어는 1892년에 서울에 도착한 46세의 장로교 선교사로 조선의 천민계급에 속한 백정들의 인권을 주창하고 계급타파에 앞장섰으며, 백정들에게 복음을 전파했다.

1903년 말 미국으로 휴가를 다녀오는 길에 하와이에 들른 무어는 하와이의 한인들이 지난 1년간 농장주들에게서 노예 같은 부당한 대우를 받았고, 음식도 제대로 먹지 못했기 때문에 많은 사람들이 병에 걸렸다는 소문을 확인하고자 했다. 그는 카후쿠 농장을 방문하고 한인 식구들이 각각 집을 분양받아 잘 살고 있는 것을 목격하고서야 비로소 안심했다. 더구나 한인들의 노동력에 만족한 농장 지배인으로부터 한인들을 더 많이 원한다는 말을 듣고 기뻐했다.

 한편, 1904년 8월 9일 한성(서울)감옥에서 풀려난 이승만은 10월에 상동감리교회의 상동청년학원 교장직을 잠시 맡았다가 11월 4일 미국을 향해 서울을 떠났다. 11월 29일에 이승만이 탄 시베리아호(S.S. Siberia)가 호놀룰루 항구에 도착하여 하루 머무는 동안 이승만이 배에서 내려 호놀룰루를 방문할 수 있었다. 미국 선교사가 이승만의 하와이 도착을 감리교선교부에 알렸던 것 같고, 와드맨 감리사가 이승만의 입항 허가를 받아놓고 있었다. 이민국에서 통역으로 일하고 있던 감리교회 교인 박윤섭이 배에 올라와 이승만을 부두에서 기다리고 있던 와드맨과 한인 교인들에게 안내했다.

 그 무렵 약 1,800명의 한인들이 여러 섬에 흩어져 살고 있었고 호놀룰루 시내에는 100명 정도가 있었다. 배에서 내린 이승만은 곧 에마(Emma)와 스쿨 스트리트(School Street) 모퉁이에(지금의 카마말루 공원 Kamamalu Park 근처)에 있는 한인 감리교선교회를 방문하여 홍승하 전도사와 윤병구를 위시하여 20명의 교인을 만났다. 이승만은 그의 일지에 "많은 교인들과 만났다. oh, so many loving friends were met" 라고 적었으나 이름은 밝히지 않았다.

호놀룰루항 지도
("Honolulu Harbor" 옆에 선창 번호; 7번 선창 위 점선은 전차노선; 7번 선창 위편에 기차역이 (X)로 표시)

호놀룰루항

호놀룰루항 7번 선창

이승만은 그 날 저녁, 기차를 타고 에바(Ewa) 사탕수수농장으로 갔다. 그리고 그 곳 한인 감리교회에서 200여명의 한인들과 예배를 본 후 연설을 했다. 교인이 56명인 교회였으므로 이 날 예배시간에는 교인이 아닌 노동자들도 참석했던 것으로 짐작된다. 당시 에바농장에는 5백여 명의 한인 노동자가 있었다. 이승만은 그의 일지에 "내가 밤 11시까지 연설하였고, 국가를 불렀다. I gave a long speech until nearly 11 o'clock and sang a national song"라고 기록했다.

그 때 부른 국가의 곡조에 관한 기록을 하와이에서는 찾을 수는 없지만, 영국 민요 〈올드 랭 사인 Auld Lang Syne〉 곡조였을 것이다. 이 국가는 배재학당 학도들이 1896년에 부른 국가로 '聖子神孫

(성자신손) 5백년은 우리 황실이요' 로 시작되며 '무궁화 삼천리 화려 강산'의 후렴구가 있는 노래이다. 하와이에서는 이 노래가 〈무궁화 가〉로 알려졌으며, 한인들은 모임에서 이 노래를 항상 불렀다. 이승만은 밤 11시에 끝난 모임 후에 윤병구와 저녁을 먹고 새벽 2시 반까지 이야기하고 그 곳에서 잠을 잤다.

윤병구는 우병길의 새 이름이다. 그는 이민 첫 배에 통역관으로 온 안정수, 그리고 이승만과 배재학당 동기였다. 우병길은 1901년 인천지방 감리교 선교부에서 통역으로 일하다가 1903년 10월 5일에 24세의 부인을 두고 단신으로 하와이에 도착했다. 입항자 명단(Korean Passengers Arriving at Honolulu, 1903-1905)과 1904년 하와이 한인 감리교회의 초기 교인 명단("Early Membership of Korean Methodist Churches in Hawaii")에 'Pyeng Kil Woo'로 적혀 있다. 우병길은 이승만 방문 직전에 윤병구로 이름을 바꾼 것으로 추정된다. 부인과 아들은 1904년 3월 30일 도착했다.

이렇듯, 이승만의 하와이와의 인연은 하와이 감리교 선교부 감리사와 한인 감리교인들과의 만남으로 시작하였다. 그 날 교회에 모인 한인들은 한국에서 이승만이 누구였는지 몰랐더라도 호놀룰루의 지도자 윤병구와 배재학당 동기이며 연설을 잘하는 이승만을 알게 되었고, 와드맨도 한인들의 열렬한 환영을 받는 이승만을 '지도자'라고 인상 깊게 기억하게 됐다. 다음날인 30일 이승만이 호놀룰루를 떠날 때 우병길, 박윤섭 등 몇 명이 여비에 보태 쓰라고 30달러(2014년도 구매력으로 약 700달러 상당의 액수)를 마련해 주었다. 이 의연금을 마련해 준 이들의 명단이 연세대 이승만연구원에 보관되어 있다.

한편, 인천에서 하와이 이민을 권장한 존스 목사는 하와이 감리사로부터 한인들에 관한 보고를 틈틈이 받았다. 또한 '내리교회'의 교인이었던 우병길(윤병구)도 편지를 보내곤 했다. 하와이 한인들의 상황을 잘 파악하고 있었던 존스 목사는 하와이에서 한인들이 열성적으로 교회생활을 한다는 소식을 *World-Wide Missions*(1905년 6월호)지(誌)에 실었다.

노블(William A. Noble) 선교사는 하와이 감리사 와드맨의 초청으로 1905년 8월부터 9월 22일 하와이를 방문했다. 우연히도 노블 선교사의 하와이 방문이 윤치호 외부협판(外部協辦: 외무부 차관)의 방문과 같은 시기에 이루어졌고, 두 사람은 에바 사탕수수농장에서 만나기도 했다. 노블은 농장에서 일하는 한인들의 상황을 상세히 보고했다. 중국인들은 한 달 평균 22.2일을 일하며, 일본인은 20.67일을 일하지만, 한인들은 15.81일 밖에 일하지 않았다. 그럼에도 불구하고 노블 선교사가 안심하고 기뻐한 까닭은 한인 가운데 교인들만은 7월

이승만을 위한 의연금 (1904)
(연세대 이승만연구원 소장)

한 달간 23.34일이나 일했다는 보고를 받았기 때문이었다. 노블 선교사는 교인들이 일반인들, 나아가서는 다른 동양인에 비해 월등하게 성심껏 일하고 있다고 주장했다. 또한 노블 선교사는 여러 농장주나 지배인들이 한인 교회를 지어주고, 주일에는 쉬도록 한다고 보고했다. 중국인 또는 일본인 노동자들은 집안에 우상을 간직하지만, 한인들은 한국에서 하던 식의 우상숭배 같은 것은 전혀 하지 않는다고 보고했다.

1905년 11월에 이름이 밝혀지지 않은 한 주한 미국 선교사가 *The Korea Review* 11월호에 〈The Koreans in Hawaii〉라는 제목으로 보고서 형식의 글을 기고했다. 그의 글을 살펴보면 여러 섬에 흩어져 있는 약 7천 명의 한인에 관하여 다음과 같은 사항을 알 수 있다.

▲ 호놀룰루에 있는 한인들은 서기(clerks), 정원사, 요리사, 마부 등의 여러 가지 일을 하며 일정한 수입을 갖고 있다.

▲ 대체로 한인들은 조용하며, 행동거지가 조심스럽다고 알려졌다.

▲ 한인 중 열댓 명의 사람들이 나쁜 영향을 미치고 있다. 이들은 여러 농장을 전전하면서 어수룩한 한인들을 상대로 음주와 도박을 일삼고 있어서 이들을 빨리 체포하려는 시도가 있었다.

▲ 농장에서 일할 수 없는 신체적으로 나약한 사람들은 벌써 쫓겨났고, 지금 농장에서 일하고 있는 사람들은 모두 성공한 일꾼들로 농장 일에 만족하고 있다.

▲ 한복을 입거나 상투를 튼 사람은 하나도 없으며, 모두 정결한 의복을 입고 몸단장도 깨끗하다.

▲ 한인 이민의 장래에 관심있는 사람이라면, 아무도 한인의 이민을 반대하지 않을 것이다.

▲ 농장 지배인들은 한인 노동자들을 좋아했기 때문에 이민이 중단된 것을 (1905년 8월에 이민이 중단되었다.) 유감스러워 하고 있다.

1903년 5월부터 1906년 7월까지 병가(病暇)와 안식년을 미국에서 지낸 존스 목사가 한국으로 돌아가는 길에 하와이에 들러 미국인 교역자들을 위한 성경 교실을 주관하면서 한인들의 상황도 직접 살펴보았다. 그리고 한국에 돌아가 1906년 11월호 *The Korea Review*지(誌)에 보고서를 게재했다.

1905년 사탕수수농장의 전체 노동자 수는 48,229명이었으며, 이 중 9.1%(4,683명)가 한인이었고, 이들이 농장에서 소속된 분야는 아래와 같다.

행정(administration) : 10 명 (서기와 통역)
경작(cultivation) : 4,384 명
물대기(irrigation) : 1 명 (가장 높은 숙련공)
제조(manufacture) : 19 명 (사탕공장의 불때기와 기계공)
십장(superintendence) : 4 명
수송(transportation) : 246 명
불분명 17 명

총　　　　　　　　4,683 명*

* 이 숫자는 전체 한인의 75%이며, 나머지 수는 여성과 아이들이다.

존스는 또한 아래와 같은 사항도 보고했다.

- 사탕수수 밭에서 일하는 이들의 월급은 18달러이고, 하루 10시간씩 26일 일한다.
- 가족들은 조그만 텃밭이 있는 집에서 무료로 산다.
- 식수와 연료는 무료로 공급 받는다.
- 병원 치료는 무료이다.
- 미국인 교사가 있는 학교에 무료로 다니며, 학교는 집에서 가까운 곳에 있다.
- 독신자들은 기숙사에 기거한다.
- 위생 점검이 자주 있으며, 엄격하다.
- 매달 실 생활비는 6~9달러 이다.
- 식단은 주로 밥과 채소, 고기, 국과 빵과 버터.
- 파파야와 파인애플 등의 과일을 많이 먹는다.
- 양복을 입고, 양식도 먹으며, 가능하면 미국인처럼 행동하려고 한다.

존스 목사는 6개월 후인 1906년 12월에 또 다른 보고서를 *The Korea Review*지에 실었는데, 이 글에서는 변해가는 한인들을 묘사했다. 존스 목사는 한인들이 자기의존적이고 독립적이며, 자신의 일을 책임지고, 자신을 돌볼 줄 안다고 평가하였다. 그의 글을 요약하면 아래와 같다.

1) 하와이의 한인들은 근면, 정직, 자유, 정의, 관용 등을 매일 경험하면서 한국에서의 생각이나 생활방식 같은 것에서 벗어나고 있다. 그들의 할아버지나 아버지 세대의 윤리 등에서 자유로워지고 있다.
2) 하와이의 한인들은 서양 문명을 이해하고, 평등과 자유가 무엇인지 체험하고 있다.
3) 하와이의 한인들은 시간관념을 갖게 되었고, 시간의 중요성을 알게 되었다.
4) 조직이나 제도라는 것이 무엇인지 알게 되었다.
5) 위생에 대하여 알게 되었다. 한인들이 살고 있는 주거지역은 규칙적으로 지어졌고 위생법이 엄격하게 실행되고 있다.
6) 하와이의 한인들은 화합과 화목을 배우고 있는데, 기독교 신앙이 화목을 이루는 가장 큰 요인이다.
7) 하와이의 한인들은 경제적으로 풍족하다.

한인으로서 최초의 하와이 한인에 대한 보고서를 쓴 사람은 윤치호였다. 고종황제의 지시로 하와이 한인들의 생활실태를 돌아보기 위해 하와이를 방문한 윤치호는 1905년 9월 8일부터 10월 3일까지 약 한 달 동안 오아후, 카우아이, 마우이, 하와이 섬에 흩어져 있는 32개 사탕수수농장을 시찰했다. 약 5천 명의 한인들을 만났고, 41번의 연설을 했다. 이 연설에서 윤치호는 한인 노동자들에게 다음과 같은 당부와 충고를 남겼다.

▲ 열심히 그리고 착실히 일하고, 항상 정결하고 또 저축을 하라.

▲ 하와이에서 출판되는 《신조신문》을 남을 비방하는 매체로 사용하지 말고, 유익한 정보를 제공하는 매체로 사용하라.

▲ 한인들이 서로 비방하면서 사용하는 '역적'이라는 단어를 사용하지 말라.

▲ 기독교인들끼리 교파 문제로 분쟁하지 말라.

▲ 한인들이 이런 저런 일로 모금을 많이 하고 있는데, 한 가지 일이 잘 마무리된 후에 또 다른 일을 하라.

▲ 하와이에 살고 있는 일본인들이나 다른 동양인을 깍듯이 대하고 좋은 관계를 유지하라.

그런 윤치호가 고종황제에게 올리기 위해 쓴 보고서에서는 하와이 한인들에 대해 다음과 같이 기술하고 있었다.

1) 이들은 금덩어리가 나무에 주렁주렁 달렸다고 생각했다.
2) 어떤 이들은 열심히 저축하고, 어떤 이들은 자전거를 샀다.
3) 게으른 동료 한량들에게 대한 불평을 많이 하고 있다 (서너 명의 못된 놈들이 여러 농장을 돌아다니며 카드놀이로 사람들을 현혹하고 있는데, 농장 지배인들이 이들에게 일하라고 충고하거나 아니면 농장을 떠나라고 하지만, 쉽지 않다.)
4) 많은 사람들이 저축해야 한다는 것을 모르고 있다.
5) 일본인들을 전혀 개의치 않는다.

윤치호는 귀국하여 1905년 10월에 보고서를 썼는데, 이 보고서가 1906년 1월 10일부터 17일까지 《대한매일신보》에 연재되었다. 연재된 글에는 아래와 같은 통계가 포함되었다.

1. 1905년 7월 1일까지 하와이에 온 한인들은 총 7,519명으로 남자 6,546명, 여자 474명, 아동 505명 (註: 합계 7,525명이다).

2, 총 이민자 중 3,366명은 원적지를 기입하였고, 나머지 3,170명은 원적지를 입하지 않았다. 원적지를 나누면,

경기도 906명

평안도 696명

경상도 677명

전라도 335명

황해도 253명

함경도 196명

강원도 155명

충청도 148명

3. 지난 3년 동안 300명 이상이 미주 본토로 이주하였고, 100명 이상이 귀국하고, 79명이 사망하였다.

4. 30개 이상의 사탕수수농장에 흩어져 있는데, 적게는 10명에서 많게는 500~600명 모여 있다. 총 4,946명이 농장에서 일하고 있다.

5. 대체로 외국인들은(농장 지배인을 지칭한 것 같음) 대부분의 한인들이 체격이 건장하고, 일을 빨리 배워, 다른 종족에 비해 뒤떨어지지 않는다고 평가한다.

6. 하루 일하고 열흘을 도박으로 보내는 한량들도 있다.

7. 대체로 한인들은 경제관념이 없어, 10명 중 7명은 월급 미화 18달러(당시 환률 미화:한화=4:1이고 미화:일화=2:1)를 다 쓴다. 그러나 개중에는 6개월에 50달러 내지 60달러를 저축한 이도 있고, 지난 2, 3년 동안에 400~500달러를 저축한 이도 있다.

8. 불행하게도 한인들이 은행을 이용하지 않고 현금을 갖고 다니기 때문에 돈을 잃어버리는 경우가 많다.

9. 감리교회와 감독(성공회)교회에서 한인들에게 전도를 열심히 하여 몽매한 자가 적고, 교인이 많다. 많은 농장주들이 자비로 교회를 세워주며, 교인들의 태도는 다른 민족에 비해 단정하고 월등하다.

윤치호는 하와이에서 본 한인들을 만족하게 생각했고, 하와이 이민이 한인들에게 좋은 이유를 다음 세 가지로 요약하고 있었다.

〈첫째, 기후와 음식이 좋다. 둘째, 일하지 않으면 살아남지 못하기 때문에 모두가 열심히 일하게 되었다. 셋째, 새 세상을 알게 되었다.〉

덧붙여서 그는 하와이 이민이 성공하기 위해서는 다음과 같은 제도를 제안하기도 했다.

〈한편, 이민을 계속하기 위해서는 이민자 선출제도를 마련하여 한량, 도박꾼, 술 주정뱅이들을 솎아내야 한다. 이런 자들은 국민의 명예를 손상케 한다.〉

이렇게 미국 선교사들과 대한제국의 외부협판 윤치호가 만족스러워한 한인 이민자의 수가 1910년에 4,500명이 조금 넘었는데, 사탕수수농장의 한인들은 1905년 이래 매해 감소현상을 보여 1,402명뿐이었다. 농장을 떠난 많은 이들이 도시에서 다른 직업을 가지기 시작했다.

호놀룰루의 한인들은 시내에서 1901년부터 운행되고 있던 전차를 이용했다. 그리고 호놀룰루에서 에바, 와이파후(Waipahu), 와이알루아, 카후쿠까지는 기차를 이용해서 왕래했다. 이 기차는 사탕수수 운반을 위해 1889년부터 운행하기 시작했고 1898년까지 점차 모든 사탕수수농장을 연계했으며, 물론 기차에는 객실도 있었다. 이승만이 1904년 첫 방문에 이 기차를 타고 에바농장에 갔던 것이다. 1910년 말에 이르러는 승용차를 구입한 한인들도 여러 명 있었다. 호놀룰루에 도입된 첫 트럭은 1912년에 City Transfer Company가 도입한 차량이었는데, 1914년 5월경 한인 중 한 사람은 상업용 트럭을 구입하기도 했다.

1909년 2월에는 동포들의 '교육과 실업을 장려하여 민족의 실력을 배양할 것'을 목적으로 '대한인국민회'가 조직되었다. '대한인국민회'는 잃어버린 조국을 대신하는 조직체였다. 한 사진신부(사진 교환으로 결혼한 여성)의 말을 빌리면, "이민해 들어온 우리 백성의 기관 조직"이었다. 언론 매체로는 '대한인국민회'의 《신한국보》(1913년 8월 13일부터 《국민보》로 제호가 바뀜)와 감리교회의 《포와(布哇)한인교보》가 발행되고 있었다.

대한인국민회 하와이지방총회 임원

《신한국보》와 《국민보》 제호

《포와한인교보》

교회는 감리교 교회와 성공회 교회뿐만 아니라, 1906년에는 구세군 군영(outposts)이 있었으며, 1909년 3월에 하와이 감리교에서 탈퇴하여 독자적으로 설립된 '자유교회'가 있었다. '자유교회'는 감리교회 신흥균 목사가 1909년 3월에 감리교에서 탈퇴하여 호놀룰루 시내에 설립한 교회였다. (신흥균은 신반석의 새 이름이다. 그는 영문으로 Shin Pan Suk이라고 썼기 때문에 신판석으로 알려졌는데,《그리스도신문》10월 18호, 1906년 7월 12일자에 실린 그의 기고문에서 알 수 있듯 '하와이 전도인 신반석'이다)

한편, 신흥균 목사의 '자유교회'는 영문으로 'Korean Christian Church'라고 표기했는데, 한인 감리교회의 초창기 사진에 'Korean Christian Church'를 볼 수 있고, 1918년에 설립된 한인기독교회도 'Korean Christian Church'라는 영문을 사용했기 때문에 혼동하기 쉽다.

1912년에는 감리교 목사였던 임정수가 '자유교회'의 목사로 합류했으며, 1925년경에 해체된 것 같다. 한인 감리교회는 1913년 말에 18개 교회에 1,390명의 교인(742명의 등록교인과 648명 후보교인)이 있었다. 한인 전체의 31%가 감리교회 교인이었다.

한인 여성들은 교회 예배에 출석하고, 교회 활동 이외에도 여성단체를 조직해서 활동하고 있었다. 1910년 인구조사에 기록된 4,533명의 한인 중에 부인들이 400여명이었다. 이들 대부분이 남편을 따라 온 이민자들이었으나, 그 중 극히 일부는 자녀를 데리고 온 여성 가장도 있었고, 이미 기독교인으로 주일학교에서 교육을 받고 세례도 받은 여성들도 있었다. 1904년 말에 작성된 것으로 보이는 하와이 한인 감리교회의 초기 교인명단에 들어있는 400여명 교인 중에는 41명이 부인이었으며, 이들 중 15명은 이미 한국에서 세례를 받았을 뿐만 아니라 '전도부인(Bible woman)'으로 활동한 경력도 있었다.

많은 여성들은 교회라는 조직체에서 신앙심을 키우고 이국에서의 고달픈 삶과 서러움을 달래며 또 고국 소식을 서로 나누었다. 더욱이 교회라는 단체생활을 통해 서서히 조직 활동을 이끌어 가는 지도력도 기를 수 있었다.

이민생활에 익숙해지는 처음 몇 해를 지나서 교회에서 지도력을 길러온 여성들은 자연적으로 교회 이외에 다른 사회단체를 만들어 조직활동을 하기 시작했다. 1908년경에 '신명부인회'가 조직되었고, 1909년 4월에는 '부인교육회'가 설립되었다.

'백성이 무지하여 나라를 잃게 되었다'고 믿은 부모들은 자녀들의 교육을 무엇보다 중요시했고, 농장에 정착하면서부터 자녀들을 농장 근처에 있는 공립 초등학교에 보냈다. 공립 초등학교 학비는 무료였으나, 어떤 이들은 기숙사비를 별도로 부담해야 하는 호놀룰루 시내의 사립 기숙초등학교와 기숙중학교에 자녀들을 보내기도 했다. 1906년 하와이 교육국 통계에 의하면 161명의 한인 학생이 공립학교에 다니고 있었다. 1908년에는 145명의 공립학교 학생과 80명의 사립학교 학생이 있었고, 1910년에는 164명의 공립학교 학생과, 106명의 사립학교 학생이 있었다. 남편의 농장 월급이 평균 15

달러이고 부인들은 12달러를 받고 있을 때, 자녀들의 연간 40~50달러의 사립학교 기숙사비는 비싼 교육비였고, 현명한 가계 계획이 없었다면 불가능했을 것이다. 사립학교 중에는 '한인기숙학교'(Korean Boarding School for Boys)도 있었다.

'한인기숙학교'는 호놀룰루의 한인감리교회 교인 송헌주와 박윤섭을 비롯한 몇몇 지도자들이 1905년 여름에 와드맨 감리사의 집에 모여, 한인을 위한 학교를 설립해 줄 것을 의논하면서 시작됐다. 그 자리에서 교육회를 설립하고 와드맨을 회장으로 선출했다. 교육회 위원들은 한인학교 설립을 위해 2,000달러의 기금을 낼 것을 약속한다. 그리고 그 해 12월 말, 하와이 감리교선교부의 연회에 참석했던 샌프란시스코 주재 감리교 감독 해밀톤(Bishop John W. Hamilton)이 하와이의 회중교회 이사회가 매각하려고 내 놓은 펀치볼(Punchbowl) 스트리트의 구(舊) 북태평양 학교(North Pacific Institute)를 매입하도록 주선했다. 가격은 18,000달러였는데 '회중교회'가 기부한 5,000달러, 해밀톤 감독이 마련한 감리교의 기금 10,000달러, 한인들의 약정금 2,000달러, 미국인 후원자의 후원금 1,000달러 등으로 매입할 수 있었다.

이 건물에 1906년 여름에 한인감리교회가 먼저 이사해 들어갔고, 9월 학기부터 한인기숙학교를 개교하고 와드맨 감리사의 부인 메임 와드맨(Mame H. Wadman)이 교장으로 부임했다. 8개 학급(1학년부터 8학년까지)에 등록한 65명의 학생들을 3명의 미국인 교사와 2명의 한국인 교사가 가르쳤으며, 이지성이 기숙사 사감으로 학생들을 돌보았다. 한인기숙학교와 감리교회가 같이 있어 이 부지가 흔히 'Korean Compound'라고도 불렸고, 학교도 'Compound School'이라고 불렸는데, 학교는 1907년 초에 정식 사립학교(private government school)로 인준을 받아 졸업생들이 다른 고등학교에 진학할 수 있게 되었다.

한인기숙학교 교사 전경

존스 목사와 한인 목회자들 (1906) (가운데 중절모를 쓴 이가 존스 목사)

한인기숙학교를 방문한 윤치호 외부협판 (1910) (무릎에 레이를 놓은 이가 윤치호)

기숙사에는 '한인기숙학교' 학생들 이외에 '회중교회'에서 운영한 '밀스학교(Mills Institute)' 등 다른 학교에 다니면서 기숙만 하는 한인 학생이 서너 명 있었다. '한인기숙학교'에서는 오전에 미국 정규 교과 과정 이외에 한국 역사와 한국 지리도 가르쳤으며, 오후에는 한문을 가르쳤다. 학습은 영어와 한어를 사용한 이중 언어 교육이었다. 나이 제한이 있는 공립 초등학교에 다닐 수 없는 나이 든 학생들도 있었기 때문에, 이들을 위하여 정규 교과과정 이외에 사진 기술과 구두제조 기술도 가르쳤다. 1907년 4월에 사진실을 설비하고 사진 기술을 가르쳤고, 석 달 후에는 양화(洋靴) 기계를 구입하고 구두제조를 가르쳤다. '한인기숙학교'가 어린 학생들의 교육뿐만 아니라 나이 든 학생들을 위한 실업학교의 역할도 담당했던 것이다.

학교운영은 하와이 감리교 선교부의 몫이었다. 그러나 여러 농장의 한인들은 농장 동료나 동료의 자녀를 위해 장학금을 마련하여 주었을 뿐만 아니라, 기숙사 수리비를 성금하거나 필요한 물품들을 기증하는 등 교육에 열성을 쏟아부었다. 학비는 없었고 기숙사비로 어린 학생은 연간 40달러, 큰 학생은 50달러를 냈다. 학생들은 방학 동안에 사탕수수농장에서 일하고 책값과 용돈을 벌기도 했으며 나이 든 학생들은 방과 후에 가정집의 도우미로 일하기도 했었다.

학생들은 교복도 입었는데 1907년 사진에서 흰색 바지와 진한 색의 상의(上衣)를 입은 학생들을 볼 수 있다. 교복은 매일 입은 것이 아니고 특별행사에만 착용한 듯하다.

학부모들은 가능하면 학교행사, 졸업식 등에 모두 참석했다. 대부분의 학부모 모임은 〈무궁화가〉를 부르면서 시작하고 〈대한정신가〉를 부르면서 끝났다. 무궁화가의 가사(철자법 고침)는 아래와 같다.

1) 성자신손 오백년은 우리 황실이요, 산고수려 동반도는 우리 본국일세
(후렴) 무궁화 삼천리 화려강산, 대한사람 대한으로 길이 보존하세
2) 충군하는 일편단심 북악같이 높고, 애국하는 열심의기 동해같이 깊어
3) 천만인 오직 한마음 나라 사랑하야, 사농공상 귀천업시 직분만 다 하세
4) 우리나라 우리황제 황천이 도우사, 군민공락 만만세에 태평독립하세

이 가사는 배재학당 학생들이 불렀다는 애국가의 가사이며, 현 애국가의 후렴이 들어 있다. 앞에서 언급했듯이 1904년 말 이승만이 하룻밤 하와이를 방문했을 때 '에바농장' 모임에서도 이 노래를 불렀다(특기할 것은 이민 초기 한인들이 '아리랑'을 부르지 않았다는 것이다. 아

리랑은 1947년 7월 Honolulu Art Society 주관의 "Dances of the Orient"라는 다문화 행사에 처음으로 소개되었다).

부모들은 자녀들의 '영어'학교(정규 학교) 교육 이외에 방과 후 한글교육에도 정성을 쏟았다. 1907년 4월에 하와이섬 힐로에 세워진 한글학교를 위시해서 각 섬의 농장에는 최다 24개의 한글학교가 세워졌다. 학교 대부분이 농장 교회를 사용했고 15~20달러의 교사 월급은 학부모의 책임이었다. 이 농장 교회는 방과 후와 주말에 자녀들에게 개방되어 한글학교로 쓰였고, 야간에는 어른들의 영어교실로 쓰였다.

한편, 미주 본토에서 일본인 배척운동이 심해가자, 미국정부는 일본과 '신사협약'(1908 Gentlemen's Agreement)을 맺고 일본정부가 일본인에게 여권발급을 중지하기로 함에 따라 일본인의 미국 입국이 중단된다. 대신에, 미국정부는 하와이를 포함해서 미국에 이미 와 있는 일본인 이민자들이 두고 온 가족과 새로 결혼할 신부들은 데리고 올 수 있도록 하였다. 1910년 8월 일본의 병탄으로 한인들이 일본의 속국인이 되었다. 이로 인해 한인 이민자들 가운데 고국에 두고 온 가족들과 새 신부들은 일본여권을 받고 하와이로 올 수 있게 됐다. 1910년부터 1924년 '동양인 배척령'(Oriental Exclusion Act)으로 모든 아시아인의 입국이 금지될 때까지 하와이에 온 한인 859명 중 800명이 여자였다. 그 중에는 두고 왔던 부인과 아이들도 있었지만 사진을 교환하여 맺어진 이른바 '사진신부'들이 680여명으로 추산된다. 이들 '사진신부'들의 입장은 《국민보》 사설을 통해 보도됐는데, 다음과 같다.

"본국을 떠나는 것은 각각 여러 가지 목적이 있으되 그것을 다 함께 합하여 말하면 애국성이다. 그 본의는 대개 외국 유람을 한 애국지사의 남편을 얻어 그의 힘을 의뢰하여 공부도 더하고, 사업도 경영하며, 다른 날 대조선 독립에 성공한 부부가 되기를 희망함이다."

이처럼 당시 《국민보》 사설과 같이 이들 일부는 한국에서 신식교육을 받았고, 애국심이 강한 진취적인 여성들이었다.

제2부

이승만의 하와이 활동 25년

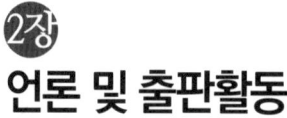
언론 및 출판활동

하와이 한인사회에 이승만이 두 번째로 도착한 일자는 1913년 2월 3일로 그의 나이 38세 때였다. 하와이가 미국의 영토가 된 지 십여 년이 지났고, 백인(白人) 프리어(Walter F. Frear 1907~1913)가 총독(주지사)이었으며, 펀(Joseph James Fern 1909~1915)이 호놀룰루 시장이었다. 하와이 총인구 19만여 명 중 약 5%가 백인이었는데, 이들이 하와이의 정계를 장악하고 있었다. 이승만이 하와이에 도착한 두 달 후인 1913년 4월에는 새로 온 '사진신부'들을 포함한 여성들이 기존의 '신명부인회', '부인교육회', 그리고 이름이 밝혀지지 않은 다른 2개 단체 등과 통합하여 '대한부인회'를 조직하였다. '대한부인회'의 목적은 1)자녀의 국어교육 장려, 2)가정 일용사물의 일화(일본제품) 배척, 3)교회와 사회단체 후원 4)재난 동포 구제 노력 등이었다.

1.《한국교회핍박》출간

이승만이 하와이로 오게 된 것은 《신한국보》의 주필 박용만 개인의 초청도 아니고 감리교 선교부 와드맨 감리사의 초청도 아니었다. 그를 하와이로 불러들인 주체는 '국민회'였다. 당시 '국민회' 총회장은 박상하였다.

이승만은 푸우누이 애베뉴(Puunui Avenue) 2453번지의 조그마한 집에 거주하였다. 이 집은 '자유교회' 소유였는데, 목사 C.S. Lim(임정수), 서기 이내수, 회계 유동면, superintendent(관리부장) C.H. Hong 등이 1912년 10월 17일에 구입한 것이었다(이 집은 1921년 2월 17일에 이사 신흥균, 이내수, 유동면 등에 의해 매각됐다. 하와이주 부동산 기록원 Book 589, pp. 74-75). 이 집에서 이승만은 곧 '105인사건'에 대한 책의 저술에 착수한다. 1913년 4월 《신한국보사》에서 발행한 《한국교회핍박》의 서문이 1913년 3월에 작성된 것으로 미루어 이승만은 하와이 도착 후 두 달 동안 이 책을 탈고했던 것이다.

이 책에서 이승만은 '105인 사건'의 발발경위와 재판과정 및 이 사건에 대한 미국과 영국의 여론을 자세히 소개했다. 전체 내용은 이승만이 이전에 《제국신문》《신학월보》, *Korean Mission Field*지(誌)등에 기고한 글과 또 그가 집필한 《독립정신》(1904년 옥중에서 탈고하고 1910년 로스엔젤레스에서 발간)에 피력한 그의 생각을 기반으로 다시 한국 기독교회의 성장, 한국 교회가 차지하는 한일(韓日)관계에서의 중요성 등을 논리정연하게 서술한 것이다. 이승만은 이 책의 〈서문〉에서 아래와 같이 서술하고 있었다(띄어쓰기와 맞춤법 고침).

푸우누이 집 앞의 이승만 ('리창규 as house keeper'는 이승만의 친필)

"대저 바라는 것이 있는 자는 일을 하고자 하며, 일을 하고자 하는 자는 사실을 알리려 하나, 이는 다름이 아니오, 일을 알아야 바로 행할 수 있으며 바로 행하여야 소망을 이룰 수 있음이라. 만일 알고도 행하지 아니하면 아무 결과가 없으리로다. 대저 이 글을 쓰는 뜻은 일본의 잘못함을 알리자는 것이 아니요, 우리의 잘 할 것을 알리려 함이니, 이 뜻을 알고 행하기를 힘쓰며 이 글이 혹 우리 한인 전체에 유조함이 될지라…."

이 서문에서 드러나다시피 이승만은 이 책을 단순히 '105인 사건'의 진상 보고서로서 쓴 것이 아니었다. 그는 한국인 전체가 앞으로 무엇을 어떻게 해야 할 것인지를 생각하게 함과 동시에 한국 민족 재생의 희망이 오로지 기독교에 있음을 믿는다는 자신의 신앙을 공포하기 위하여 썼던 것이다.

이승만은 하나님이 한국 민족으로 하여금 동양에 기독교 국가를 이루게 하려고 특별히 선택한 것이고, 그렇기 때문에 일본이 한국 교회를 핍박하는 것이라고 믿었다. 한편, 이승만은 한국 교회가 이렇게 흥왕하지만 아직은 독립된 한국 교회를 세울 수 없는 까닭은 한국 교회가 아직 준비되지 않았기 때문이라고 생각하고 있었다.

"일본은 몇 해 전에 벌써 몇 교회가 연합하여 장로교니 감리교니 하는 명목에 구별이 없이 일본 예수교회라고 이름을 통칭하고 교회의 주장을 모두 일본인으로 내며 감독을 일본인으로 선정하고 교회 정부를 독립자격으로 세워 미국선교 총회에서 주관하지 못하게 하되. 다만 재정으로 도와주기와 선교사를 보내어 여전히 찬성(후원)하고 모든 사무는 일본인이 주관하여 선교사들로 하여금 옆에서 찬조하는 지위만 가지고 임의로 좌지우지하는 폐단이 없게 하였으되…" (pp. 32-33)

"(한국) 교회가 (미국 교회에서) 독립하는 것이 좋기는 하지만 우리의 준비가 아직 다 되지 못한지라. 일본은 교회독립을 경영할 때에 미리 총준(聰俊)소년을 택하여 미국 각 교회의 신학교에 보내어 몇 해씩 예비하여 가지고 돌아온 후에 착수하였음으로 그 일을 능히 담당하여 가는 것이지만, 우리는 아무 것도 없이 별안간 따로 나면 그 일을 다 누가 담당하겠으며…" (p. 34)

이승만은 한국이 기독교 국가로서 동양(청국과 일본)을 인도할 것을 확신했고, 장차 한국 교회는 미국 교회에 속하지 않은 독립된 교회가 될 수 있도록 지도자를 양성하고 준비해야 한다고 주장했다.

그는 이어서 한국이 교회를 통해 서양 각국과 관계를 맺기 때문에 일본정부는 외교적인 면에서 한국과 서양 각국과의 관계를 단절하려고 한국 교회를 핍박하는 것이며, 내치적인 면에서는 한국 교회가 독립사상을 배양하는 곳이고, 한국 교인들이 일본(정부)를 번복하는 혁명을 주창할 것이라고 두려워하여 한국 교회를 핍박하는 것이라고 역설했다(pp. 35-89).

그러나 일본이 아무리 한국 교회를 핍박하더라도 한국 교회를 박멸할 수는 없다고 이승만은 확신했다. "한국 교회가 인력으로 세운 것 같으면 지금까지 부지할 수 없었을지라. 세상 권력으로 예수교회를 타파하려 함은 과연 어리석은 생각"(pp. 88-89)이라는 것이다.

끝으로, 이승만은 자신이 이렇게 108쪽의 책을 발간하는 목적을 아래와 같이 요약했는데, 이승만이 일본을 일종의 회유책으로써 이끌어 가려는 정치정략을 내비치고 있다고 볼 수 있다.

"진실로 일본과 권세를 다투자던지 일인을 배책하자는 것이 조금도 아니오. 다만 바라기는 일본이 우리의 종교자유를 방해하지 말아서 조선인종이 장래에 생존을 유지하며 자유복락을 누릴 희망이 있게 하면 우리는 일인의 정치자유를 조금도 방해롭게 아니할지니, 어찌 피차에 다행이 아니리오. 만일 일본이 한국교회를 아주 없이하고자 할진대, 일본 당국자들이 옛적 로마황제 네로의 실수함과 한국 대원군이 동학을 일으킴과 청국 서태후가 의화단을 일으킨 조소를 면치 못할 지라. 마침내 한국 교회를 더욱 공로케 할 따름이니 이는 야소교회를 하나님

의 능력으로서 세운 연고로다." (pp. 107-108)

《한국교회핍박》은 미화 50센트(2014년도 구매가격으로 약 10달러 해당)에 판매되었는데, '한인중앙학교'(한인기숙학교의 새 이름)에서 교과서나 참고서로 사용하지 않았나 짐작된다. 어린 학생들은 아니더라도, 나이 많은 학생들이나 교사들이 읽었을 것으로 보인다. 이것은 이승만이 '한인중앙학교' 교장 취임(1913년 가을학기) 후 가진 첫 졸업식 행사 중 하나로 1914년 6월 20일 《한국교회핍박》에 기초한 〈일인의 한국교회 핍박〉이라는 연극공연을 한 것으로 미루어 알 수 있다.

공연 다음 날 애드버타이저지(誌)는 〈기독교의 행진 March of Christianity〉이 공연되었다고 기사화하면서, 이 연극의 목적을 두 가지로 보았다. 하나는 은둔 조선왕국에 기독교 국가들의 관심을 불러 모으려는 것이고, 다른 하나는 망명한 한인들에게 조국의 독립을 위한 준비를 당부하는 것이었다. 또한 1,000여명의 한인들이 연극을 관람했으며, 중국인과 서양인들도 참석했음을 알렸다. 기사는 무대 장치와 관중석 텐트 설치 등을 자세히 설명하고 막간을 이용한 학생들의 노래 순서도 자세히 실으면서 공연 학생들의 의상, 공연 수준 및 음악 순서가 좋았을 뿐만 아니라 청중들의 태도 등 모든 것이 볼만한 연극이었음을 강조했다. 무엇보다 중요한 것은 이 신문기사가 하와이 현지 독자들에게 한국역사를 알렸다는 것이다. 이처럼 이승만의 《한국교회핍박》 집필 목적이 학생들의 연극을 통해서 이루어지기 시작했다.

2. 《태평양잡지》와 《한인교회보》 발간

이승만은 하와이에서 《한국교회핍박》을 출간하기 이전에 이미 한국에서 언론활동을 활발히 해 왔다. 배재학당 시절(1895~1897) 주간지 《협성회회보》와 그 후 한국 최초의 일간지 《매일신문》 발간 활동을 했다. 한성감옥 투옥 중(1899~1904)에는 신문과 잡지 기고와 저서도 집필했으며, 박사학위 취득 후 귀국해서는 YMCA 활동을 하면서 YMCA 국제 총무 모트 박사의 책을 2권이나 번역 출판하기도 했었다.

이승만은 이런 언론활동을 통하여 자신의 의사를 개진했을 뿐 아니라, 그의 의사를 대중에게 알리면서 대중 계몽을 꾀한 정력적인 언론인이었다. 따라서 그가 하와이에서 제일 먼저 이룬 작업이 《한국교회핍박》 출간인 것은 전혀 이상한 일이 아니었으며, 그야말로 이승만에게 언론활동은 숨 쉬는 것과 같은 일상이었다.

그렇다면 《한국교회핍박》 출간 후 이승만은 하와이에서 어떻게 언론활동을 이어갔을까? 이승만이 하와이에 정착했을 때 앞서 언급한 것과 같이 이미 《국민보》와 《포와한인교보》(포와는 하와이를 한문으로 쓴 말, 布哇)가 발행되고 있었다. 그런데 이승만이 하와이에 오기 전 서재필은 이승만에게 영문 월간잡지 발간을 촉구하면서 1912년 10월에는 최정익을 통해 하와이 동포들이 30,000달러 상당의 예산을 마련해 줄 것을 부탁하였다. 서재필이 영문잡지를 발간하려 한 의도는 일본의 침략을 세계에 알리고, 한국인의 독립의지를 전 세계에 호소하여, 세계 여러 나라가 한국을 지지하도록 하려는 것이었다.

그러나 서재필의 뜻과 달리 이승만이 하와이에 정착하여 알게 된 것은 하와이 동포들이 영문잡지 발간보다는 고등학교 설립을 우선시 하고 있다는 것이었다. 게다가 1913년 5월 중순부터 이승만이 하와이의 여러 섬을 돌아다니며 한인들을 만나 보니 영문잡지 발간 기금을 마련하는 것이 거의 불가능하다는 사실도 알게 되었다. 뿐만 아니라 이승만은 하와이 동포들이 '국민회'의 《신한국보》 발간은 계속하되, 한글잡지를 원하는 것도 알게 되었다. 따라서 이승만은 우선 국문잡지부터 발간하는 결정을 했다. 아마도 세계 여론을 주도하기 전에 한인들의 계몽이 우선이라고 인식했을 것이다.

《태평양잡지》 출판 경비는 여러 섬 방문을 통해 동포들로부터 받은 금액과 '국민회' 하와이 지방총회가 고등학교 설립기금으로 모금해 놓았던 2,000~3,000달러(목표액 30,000달러의 약 1/10 밖에 모금되지 않았다.)로 충당했다. 아마도 박용만의 주장으로 고등학교 설립을 원했던 것 같으나(당시 신문에서는 학교 설립 기금모집에 관한 기사를 찾을 수 없다), 한인 동포들의 호응이 기대에 미치지 못하자 결국 '국민회'가 고등학교 설립계획을 포기한 것으로 보인다. 이승만은 그 기금을 《태평양잡지》 출판 경비로 요청해 받게 된다. 마침 이승만은 한인감리교회에서 출간하고 있던 《포와한인교보》가 1911년부터 재정적으로 어려움을 겪어오다가 1913년 여름에 폐간된 것을 알게 됐다. 그리하여 《포와한인교보》 주필 겸 발행인이었던 홍치범 목사와 의논하고 그가 계속해서 성경공과만 600부를 각 교회에 배포하도록 하면서 이승만 자신은 《포와한인교보》의 활자기를 사용해 1913년 9월 1일자 순국문의 《태평양잡지 The Korean Pacific Magazine》를 발간하였다. 이 잡지는 레터용지(8.5x11인치)를 반으로 접은 크기인데, 발행 면수는 적게는 33면에서 많을 때는 102면까지로 다양했다. 정치, 종교, 역사, 과학 등의 논설과 하와이 교회소식, 감리교 청년회 소식, 독자들의 기고문들을 순 한글로 실어 약 700부 정도를 발행했다.

《태평양잡지》 한글 표지   《태평양잡지》의 뒷면 영문표지

이승만은 잡지 대금을 받아 《태평양잡지》가 자립할 수 있기를 바라면서 잡지 대금을 1호와 2호(1913년 9월호와 10월호)는 각 0.20달러를 받았고, 11월호부터는 0.25달러씩 받았다. 1913년 11월호에 실린 〈본사고백〉란에서 이승만의 잡지경영에 대한 계획을 읽을 수 있다.

"본 잡지는 동포의 의연금이나 자선주의를 힘입어 유지하자는 것이 아니니, 이는 많치 않은 사람의 많치 않은 재정으로 항상 연조하여서 큰 사업을 유지하기 어려운 연고라. 마땅히 영업상 주의로 세운 후에야 될 터이니 몇 달 경비를 들여서 잡지를 펴놓은 후에는 수입을 받아서 경비를 깨갈(충당할)만치 된 후에야 완전히 뿌리 잡힌 사업이 될지라. 그런즉 지금 형편으로 소부라 2,000권 가량은 발매되어야 확실한 기초가 잡혀서 차차 국한문과 영어로도 착수하여 볼지니. 이는 전수히 우리 동포가 일심으로 찬성하여 널리 전파하여 대금을 잘 받아 보내주어 경비범절을 담당하여 가게 만들어 주어야 될지라."

2,000부 가량은 판매해야 기초가 잡힐 것이라고 계산했는데, 초기 발행 부수 자체도 700부로 대금 수입은 그의 절반도 안 되었을 것이다. 1923년 9월호에 실린 '태평양잡지 애독제씨에게 고함'이라는 논설은 창간된 지 10년 후의 기록이기는 하지만, 이 글에서 그동안 잡지 발행의 재정적인 측면을 알 수 있다. 총 700권의 발행 경비는 94달러(인쇄용지비 24달러, 잡지 주자(활자) 운수비 6달러, 인쇄인 월급 60달러, 잡지 발송비 4달러)였고, 잡지대금과 '대한인동지회' 보조금을 합하여 총 100달러 정도의 수입이 있었다. 700권 중 하와이 동포에게 450권, 130권은 미주 본토, 30권은 쿠바와 멕시코, 50권은 중국의 상해, 남경, 북경, 만주, 그리고 30권은 영국과 독일에, 그리하여 총 680권을 발송하고 있었다. 유럽에는 대부분이 유학생이고, 중국은 대부분이 신정부에 헌신적으로 종무하는 사람들이었으며, 쿠바와 멕시코 동포들의 사정은 궁핍하기 그지없어 잡지 가격을 받을 수

가 없었다. 미주 본토로 발송되는 130권의 절반 정도는 유학생에게 그리고 나머지 절반은 일반인에게 보내졌는데, 유학생에게서는 잡지 대금을 받지 않았지만, 일반인들도 잡지 대금을 제대로 보내주지 않았다. 1924년에는 월 평균 수입 100달러에 지출은 112달러 정도로, 재정 상태는 향상되기는커녕 더 나빠지고 있었다. 발간 초창기 출판 장소인 한인감리교회와 '한인중앙학교'가 있었던 코리안 컴파운드 1155 Punchbowl Street의 발행소 사용료는 내지 않아도 되었겠지만, 창간 후에는 곧 잡지사 자체의 활자 구입을 위해서 '국민회'에서 받은 2,000~3,000달러의 보조금 중 많은 부분을 사용해야만 했으므로 예비비로 저축해 둘 수가 없었을 것이다.

창간호와 당시의 《국민보》가 현존하지 않기 때문에 태평양잡지사가 언제 자체 활자와 인쇄기를 구입하였으며, 그 구입 액수와 구입비의 출처 그리고 구입처 등에 대한 정확한 기록을 아직까지 찾지 못했다. 다만, 현존하는 가장 오래된 1913년 11월호(제1권 3호)의 '국문은 조선의 대복'이라는 논설에 "…본사에서는 (한글 맞춤법과 문법을) 깊이 연구한 이도 없고, 또한 주자(활자)가 부족하므로 문법과 고저(맞춤법)를 따라 한다고 자처하지 못하나…"라 쓰고 있는 것으로 미루어, 이승만이 《태평양잡지》를 창간하면서 곧 활자를 확보하였음을 알 수 있다. 결국, 《태평양잡지》는 현존하는 1913년 11월호(1권 3호)와 1914년 1월호부터 4월호 그리고 6월호(1권 5~8호 와 1권 10호)와 1923년 3월호(5권 1호)로 미루어 1915년경부터 재정문제 등으로 정간 내지는 휴간하면서, 간헐적으로 출간하다가 1923년에 다시 정기적으로 발간했으리라고 추정한다.

　출판 초기에 이승만은 발행인 겸 주필로 출판에 따르는 경비조달 책임졌을 뿐만 아니라 익명으로 대부분의 글도 썼고, 어떤 때는 손수 지도까지 그려가며 자신의 글을 게재했다. 외부인의 기고문은 문양목의 '동양의 평화'(1914년 1월호), 필명 '민세'(일본 유학중이던 안재홍; 이승만이 1912년 미국으로 오는 도중 3월 29일 동경에 들렀을 때 만났다. 1924년 9월에 조선일보의 주필이 됨)의 '인도인의 혁명운동'(1914년 3월호와 4월호) 그리고 'To the Young Men of Dae Han'(1914년 6월호: 쪽수가 결손되어 원문을 볼 수 없음) 뿐인 것으로 보인다. 그때까지는 하와이 내에서 잡지사에 글을 기고해 줄 인재가 없었다고 보아야 할 것이다.

　잡지 인쇄 등 이승만을 도운 사람의 이름이 1914년 2월호에서 밝혀졌는데, 문순익이 인쇄인으로, 안현경이 간사원으로 수고했다. 또한 이들 이외에 하와이섬에 박봉순(힐로), 이만춘(호노카아), 김광현(북 코나), 차윤중(코할라), 서광석(카피후?) 최홍위(하칼라우), 카우아이섬에 박유근(와이메아), 김춘일(호라이아? 추정), 이영근(상 하나마울루), 이종관(콜로아), 오아후섬에 이정근(와이파후), 정두옥(와이알루아), 그리고 호놀룰루의 유춘관, 박원걸, 정윤필이 지사원으로 있었다. 이외에 캘리포니아주 세크라멘토(Sacramento)에 김홍균, 상항(San Francisco)에 양주은, 멕시코의 메리다(Merida)에 김기정, 청국 상해에 이위림이 지사원이었다. 이들 지사원이 하는 일이 무엇이었는지 나와 있지는 않지만, 그 지방의 소식을 전해주고, 또 그 지방의 한인에게 잡지를 배포하는 책임을 담당했으리라 추측된다. 이런 책임 제도가 언제까지 계속되었는지 알 수 없다.

한편, 1914년 4월부터는 《한인교회보 Hawaiian Korean Christian Advocate》라는 월간지가 발간되기 시작하였다. 1914년 2월 19일부터 22일까지 계속된 감리교연회에서 《포와한인교보》의 주필 겸 발행인이었던 홍치범이 《포와한인교보》가 재정문제로 1913년 여름에 폐간되었고, 대신 이승만이 《태평양잡지》를 발간하며 자신은 성경공과 600부만 인쇄한다고 보고하면서, 교회보를 계속할 방침을 강구하고 있다고 설명했다. 그리고 이 연회에서 감리교 선교부는 홍한식 목사를 교회보 발행인(publisher)으로 임명했다(홍치범은 학업을 계속하려고 미주 본토로 떠났다).

교회보 발간에 관한 1914년 3월호 《태평양잡지》에 실린 기사에 의하면, "1914년 감리교 연회서 엡워스청년회 연합대표회를 확장하기로 작정하고, 다시 교회보를 발간하도록 하였다. 교회보사 경비는 각 청년회 지방에서 수금하고 지사원이 사무를 보게 하고, 사장 겸 주필은 이승만으로 결정하였다. 따라서 각 지방의 예납금이 도착하는 대로 새 교회보 출간을 시작한다"고 설명하고 있다.

새로 발간되는 교회보 제호는 《청년회보》라 부르기로 했었다. 그런데 '청년'이라는 명칭이 독자의 범위를 너무 적게 뜻하는 것 같아 전에 사용한 '한인교보'라는 이름에 '회' 자를 첨가해 하와이 《한인교회보》로 결정했다. 1914년 4월 4일자 《국민보》에 실린 기사를 통해 《한인교회보》 제1권 제1호가 발간되었는데, 사장 이승만, 편집 홍한식 (1915년 6월~1916년 국민회 총회장), 발행 안현경 (1917~1918

국민회 총회장)이라고 밝혔다.

그런데 1914년 6월호 《태평양잡지》에 "본 잡지사에서 지나간 4월부터 하와이 한인교회보를 발행하는데, 본사 사장과 및 기타 임원들이 사무를 겸임하여 매월 1차씩 논설과 만국 주일학교 과정과 내지 및 세계교회 소문이며 하와이 한인교회 통신과 다른 배울 만한 문제로 거의 50페지 가량 하여 출간 대금은 1회에 10전씩이니 누구든지 구람코저 하시거든 본사로 기별하시오"라는 기사가 포함되었다. 태평양잡지사에서 《한인교회보》를 출간했다는 것인데, 이 기사만으로는 이 두 잡지의 관계를 정확하게 알 수는 없다. 하와이 감리교 선교부의 호놀룰루 한인감리교회에서 출간하던 《포와한인교보》가 폐간되면서 그 활자와 인쇄기를 사용하여 《태평양잡지》를 발행하기 시작했는데, 이제는 태평양잡지사가 《한인교회보》 발행을 책임진 것이다. 이로 미루어 하와이에 정착한지 1년 조금 넘은 이승만이 하와이 감리교선교부에서 명실공히 한인을 대표하는 지도자가 되었음을 알 수 있다. 한인중앙학교 교장뿐만 아니라, 잠시 폐간되었던 교회보를 다시 출간하는 것까지도 모두 이승만이 주도하게 되었다. 이로써, 이승만이 《태평양잡지》와 《한인교회보》 두 잡지의 발간을 모두 주관하게 되었고 이는 1년 조금 넘게 계속되었다. 1915년 6월에 이승만이 '한인중앙학교' 교장직을 사임하면서 홍한식이 《한인교회보》의 발행인이 되었다. 그 후 《한인교회보》는 감리교 선교부 한인교회의 기관지로 1945년까지 계속 발간되었다.

이승만보다 2개월 먼저(1912년 12월 6일) 호놀룰루에 도착해서 《신한국보》의 주필로 하와이 한인 사회의 언론을 '독점'하고 있던 박용만을 이승만은 선망 아니면 시기의 눈으로 보고 있었을 것이다. 그리고 영문잡지보다는 순한글잡지 발간의 가능성을 직시한 이승만에게 《포와한인교보》의 폐간이 자신이 주장하는 《태평양잡지》를 비교적 용이하게 발간할 수 있는 기회를 주었던 것이다. 더구나 하와이 감리교선교부에서의 이승만의 위상은 《한인교회보》 발간도 겸할 수 있도록 했다. 감리교선교부는 1914년에 《한인교회보》 발간을 위하여 180달러의 예산도 지불하였다.

이승만의 월간지 발행과 관련한 또 한 가지 특이한 점은 잡지의 이름이다. 태평양 한가운데 있는 하와이섬에서 시작한 잡지이기 때문에 '태평양'을 사용한 것은 자연스러운 것이라고 큰 의미를 부여하지 않을 수도 있다. 그러나 이승만이 하와이섬에 있는 한인들이 마치 태평양을 소유 또는 다스리는 듯 영문으로 *Korean Pacific* (한인의 태평양) 이라는 이름을 선택한 것은 5,000명도 되지 않은 하와이의 작은 한인사회보다 더 큰 의미의 세계를 꿈꾸지 않았나 생각해 볼 수도 있다.

'태평양'을 언론매체 이름으로 사용한 또 한 사람은 박용만이었다. 박용만이 1918년 7월 '국민회'를 떠나 '칼리히 연합회'를 조직하고 연합회 회보를 발간하였을 때, 회보 제호를 《태평양시사 *The Pacific Times*》라고 한 것은 이승만과 박용만의 출판관계의 반전이라 할 수 있다. 이번에는 박용만이 이승만의 《태평양잡지》와 경쟁하고자 아니면 흉내내고자 한 것 같다. 물론 하와이섬에서 누구라도 '태평양'을 사용하는 것은 자연스러운 것일 수 있지만, 작은 한인사회에서 비슷한 이름의 잡지를 연달아 출간한다는 것은 '경쟁의 표현'이라고 밖에는 달리 설명할 방법이 없다.

이승만은 《태평양잡지》를 통하여 한인사회의 변화를 원했다. 그동안 《신한국보》, 《국민보》가 주로 하와이 소식, 한국 소식, 간혹 세계 소식 등을 전해 주는 신문으로의 역할을 담당하여 오면서 한인들의 지식 향상에 일조해왔다. 이에 비해 이승만은 여러 나라의 정치, 종교, 사회 교육, 유람 등에 관한 계몽적인 주제에 집중하여 하와이 한인들의 국제문제에 관한 대중교육이나 계몽을 꾀하였다. 실제로 이승만은 순국문으로 잡지를 발행하는 4가지 이유 중 하나가 '보통 평민을 개명시키는 것이 우리의 제일 힘쓰는 바'라고 밝히고 있다. 발행 초기(1913~1914)의 《태평양잡지》 중 필자가 밝혀져 있지 않으나, 이승만의 글임을 알 수 있는 글의 제목은 아래와 같다.

1913년 11월호 (1권 3호)

- 내치주의 (The Irish Home Rule)

- 늬우욕과 땅속 세계 (New York and the Under World)

- 파나마에 대한 추후 소문 (The Panama Canal)

- 하멜 파선 사적 (Historical Comments on Hamel's Ship Wreck)

- 하멜의 일기 (Hamel's Prison Life in Korea: Translation)

- 윌슨 정책과 하와이 사탕 (Wilson's Tariff Policy and the Hawaiian Sugar)

- 일인의 뒷공론 (Japanese War Talks)

- 일본과 멕시코 (The Diplomatic Relations between Japan and Mexico)

- 원세개 대통령 (Youn Shih Kai, the New President of China)

- 손일선과 공화정책 (Sun Yat Sen and the New Government)

- 동경 유학생의 수욕 (How Japan Treats Our Students in Tokyo)

- 멕시코 풍운 (The Mexican Turmoil)

1914년 1월호 (1권 5호)

- 중화민국 헌법 초건대지

- 중화 헌법 기초 중지

- 대만혁명운동

- 중화민국의 국교문제

- 필립핀 독립

1914년 2월호 (1권 6호)

- 미국 공화사상 (Christian Democracy in America)

- 세상에 예수교 전파됨 (How Far the World Has Been Christianized)

- 미국 헌법의 발전 (Constitutional Development of the United States)

- 중화민국 헌법 초건대지 (The Constitution of the Chinese Republic, continued from the last number)

- 대만인을 조상함 (A Letter Regarding the Formosan Revolution)

- 덕법 양국의 형세 (The Relation Between France and Germany)

- 중일 양국 배상문제 (The Indemnity Question between China and Japan)

- 한일 교회 합동문제 (Will there be a union of the Korean and Japanese churches)

1914년 3월호 (1권 7호)

- 락관적 주의 (Christian Optimism)

- 볼칸반도 (The New Map of Balkan States)

- 몽고와 일아양국 (Japan and Russia in Mongolia)

- 원세개의 욕심 (Youn Shiaka's Imperial Ambition)

- 청국혁명의 손해 (Images of the First Chinese Revolution)

- 멕시코와 각국 (Mexico and the Powers)

- 한국에 새 세납 (Proposed Increase of Land Tax in Korea)

1914년 4월호 (1권 8호)

- 아이얼랜드 자치운동 (Irish Home Rule and the Ulster Movement)

- 운하선세 (The Panama Canal Tolls)

- 덕국 정계 소식 (Political Situation in Germany)

- 볼칸반도 혁명후 정형 (The Balkan States after the Revolution)

- 대만 혁명운동 후문 (More Revolution in Formosa)

1914년 16월호 (1권 10호: 쪽수 2~48 분실)

- Experiences at the Russo-Japanese Peace Conference

- Are the Philippines Ready for Independence?

- New Railroads and Military Activities in Russia

- Who is the Owner of Asian Minor
- 토이기 형편 (Turkey after the War)
- 하와이 군도 (자필 지도 p. 60)
- 하와이섬 여행기
- 아덕 전쟁설 (Germany and Her Neighbors)
- 미국 중대 문제 (The Mexican War and the ABC Powers)
- 영국 소식 (The English Parliament and the Home Rule Bill)

이승만은 《독립정신》에서 밝힌 것과 같이 기독교와 서양근대사상을 기반으로 한 그의 독립사상을 《태평양잡지》를 통하여 대중에게 알리고자 했다. 그가 옥중에서 집필했던 《독립정신》이 1909년 1월에 로스엔젤레스에서 출간되었지만, 하와이 대중들이 쉽게 접할 수 없었기 때문에 잡지를 통한 대중교육을 꾀했던 것이다. 마찬가지로, 1914년 6월호에 실린 '하와이섬 여행기'도 이승만이 1913년에 여러 섬을 돌아보며 기록한 글로서 기독교 신앙에 기반을 두고 사는 한인들에게 감사하면서 또한 한국 민족의 장래가 교회를 통해서 이루어질 것이란 확신을 강조하는 글이었다. 그의 기독교에 대한 확신은 《한국교회핍박》에서도 계속적으로 나타나고 있었다. 글 전문은 아래와 같다.

"새 교회가 수처에 설시되어 전에 보지 아니하던 사람들이 차차 합동하여 예배보기와 성경 공부하기를 주의하매. 교회가 생기는 대로 국민회 지회가 또한 설치되어 사람의 도리를 하기로 활동하는 자 날로 일어나며. 어떤 곳에서는 기왕부터 교회와 공회가 다 같이 있으나 특별한 활동력이 없던 것이 스스로 소생되어 매양한 사람도 빠지지 않고 출석한다 하는데. 그 지방의 농주를 만나서 담화하다가 아모 농장에 한인들은 다 좋은 신자들인데 범절이 다 흥왕하더라 한 즉. 농주의 말이 그 사람들이 좋은 교인인 줄 몰랐으나 각국인 농장 중에 그 곳에서 온 사탕수수가 제일 많다 하는지라. 좋은 교인은 좋은 일군이 되는 법이라 한즉 자기도 그런 줄 알겠다 하며. 그 옆에 한인농장에도 예배 볼 처소를 위하여 집을 내여 주겠노라 하더라.

우리 한인들의 가장 감사할 것이 세계에 어디를 가든지 예수교로써 모든 일의 중앙을 삼아서. 북간도와 해삼위 만주 상해 북경 등지와 외양 각처에서 모든 예수교회로 모든 사업의 근거를 세우며 이것으로 효력을 보는지라. 장차 이 교회로써 구원을 얻으며 이 교회에서 민족을 빛낼 줄 믿음으로. 다만 형식상으로 교회를 도울 뿐만 아니라 은근히 도웁기를 전력하는 어떤 지방에서 본국에 선교사업을 도와 그 동안 다수한 재정을 모아 보내며 신문이나 잡지월보에 이런 사실이나 자기들의 성명을 들어내지 말아달라고 부탁한 이가 여럿이라. 이것을 볼진대 한인들이 차차 교회로 인연하여 우리 민족의 장래 육신과 영혼상 행복을 구할 줄 확실히 믿는지라.

바라건대 모든 애국지사들은 각각 한인 전체에 도덕심을 배양하기로 근본을 삼아 모든 죄악 속에서 아주 썩어진 민족을 구하여 내는 것이 죽은 대한을 살려내는 기초요. 주색잡기에 묻혀서 사망을 자취하는 한국 백성을 구하여 내는 것이 잔멸한 대한의 한 분자를 건져내는 줄로 알아 이 도덕심으로 모든 것에 기초를 삼을진대 모든 것이 다 완전한 사업이 되어 영구한 문명부강에 나아가는 첩경이 되리라 하노라."

이승만의 《태평양잡지》에 관한 '사진신부' 천연희가 기록한 글이 있는데, 요약하면 아래와 같다(천연희는 19세인 1915년에 사진신부로 하와이에 왔다. 진주에서 정숙학교 중등과를 졸업하고 고등과에 다녔는데, 자서전적 기록 공책 7권과 23개의 카셋 테이프 등에다가 자신의 이야기뿐만 아니라 하와이 한인사회 전반에 대한 글을 남겼다).

"이승만씨는 태평양잡지 쓰는데, 백성을 깨우는 애국사상, 또 교육을 시키는 것, 우리나라가 몰라서 이와 같이 되었으니, 앞으로는 청년들을 깨워야 된다는 것, 우리가 자유를 원한다는 것, 우리가 외교를 해야 된다는 그런 말을 하고 글을 써내는데, 그 글에는 애국사상이 절절하고…" "태평양잡지에 우리가 알고 배워야 되고, 세계 소식이 어떻게 된다는 것이 있었다."

천연희의 말대로, 이승만이 하와이에서 펼쳐간 언론출판 사업은 단순한 문필활동이나 출판활동이 아니고 민주정치를 실현하기 위한 대중교육 사업의 일환이었다. 그에게 교육은 소명(召命)이었고, 그의 교육은 학교 설립과 운영, 또 학생들을 가르치는 것에만 국한된 것이 아니었고, 잡지를 통한 대중교육까지도 포함한 큰 의미의 교육이었다. 이승만은 교육 없이 민주정치가 이루어 질 수 없다고 믿었고, 민주 독립국가를 세우기 위한 대중교육도 책임지고자 했다. 이승만은 장래 건설될 새 나라를 위해서는 학교교육은 물론 언론매체를 통한 대중교육까지도 이루어야 한다고 믿고 실천한 교육자이자 언론인이었다.

이승만은 1917년 초에 태평양잡지사에서 자신의 책 2권을 출판했다. 한 권은 이승만이 1900년 투옥 중에 번역·집필했던 《청일전기(淸日戰記)》이고, 또 다른 한 권은 1910년에 로스엔젤레스에서 출간된 《독립정신》의 재판이었다. 《청일전기》는 중국에서 선교사로 활동한 알렌과 중국 지식인 채이강(蔡爾康)이 편집해 1897년에 출간한 청일전쟁 전후 국제관계서 《중동전기본말(中東戰紀本末)》을 발췌·번역하고 '전쟁의 원인'과 '권고하는 글' 등을 덧붙여 완성된 책이다. 한인들이 독립된 나라를 세우기 위하여 역사적인 전쟁의 전말을 알아야 한다고 믿은 이승만이 준비해 놓았던 '교과서'를 드디어 출간한 것이다. 이승만은 서문에서 아래와 같이 역설하고 있었다.

"만일 한인(韓人)들이 오늘날 유구국(琉球國·오키나와)이나 대만 인종들의 지위를 차지하고 말 것 같으면 이 전쟁의 역사를 알아도 쓸데 없고 오히려 모르는 것이 나을 터이지만, 우리는 결단코 그렇지 아니하여 태평양이 마르고 히말라야가 평지가 될지라도 우리 대조선 독립은 우리 한인의 손으로 회복하고야 말 터인즉 우리 한인이 갑오전쟁(청일전쟁)의 역사를 모르고 지낼 수는 없다."

이 책에는 당시 전쟁을 전후해 청국과 일본, 조선과 일본, 조선과 청국 사이에 오고 간 외교 공문이 다수 수록되어 있다. 청일전쟁 전의 긴박했던 외교 공문, 일왕의 선전포고문, 청국이 일본에 항복한 시모노세키 조약문, 청국 북양대신 이홍장과 러시아 외무장관 로마노프가 체결한 청·러 밀약문, 청과 일본이 조선 문제를 두고 서울에서 조인한 한성조약문 등이 포함되어 있다. 이승만이 하와이에서 막연하게 새 나라를 건립하자고 나서지 않았고, 오래 동안 준비하면서 기다렸음을 보여준다. 이승만의 새 나라 건설은 국제관계를 포함한 역사와 정세를 아는 국민들과 함께 이루어야 했기에, 먼저 하와이 한인들을 위해서 이 책을 출간했던 것이다.

태평양잡지사는 이승만의 두 저서 이외에 《대한독립혈전기》를 1919년 8월 15일에 출판했는데(편찬자 김영우, 편집자 서기문, 발행인 김영우), 이 책은 3·1운동과 대한민국임시정부 수립에 관한 자료집이다. 이로 미루어 태평양잡지사가 이때까지만 해도 간헐적이라도 《태평양잡지》를 출간하고 단행본도 출판하면서 명맥을 유지하고 있었음을 알 수 있다.

3. 대한인동지회의 기관지 《태평양잡지》와 《태평양주보》

이승만은 1922년 9월 구미위원부에 보낸 편지에서 《태평양잡지》 재간 의사를 표명하며, 구미위원부 위원 신형호가 지용은을 초빙해서 워싱턴 D.C. (이하 워싱턴)에서 잡지간행 작업을 모색한다. 그러나 이승만은 잡지발간 보조금으로 20~30달러만 지급할 수밖에 없어 2, 3호만 나오고 또 정간될 것을 우려했다. 하지만 결국엔 잡지 발행을 호놀룰루에서 계속하기로 결정했다. 그리하여 1923년 3월에 잡지가 재간되었다. 현재 1923년 3월호, 7월~9월호 및 1924년 4월호, 7월호, 10월호가 실물로 확인되고 있다.

1924년 11월에 열린 '대한인동지회' 하와이 대표회의에서는 그동안 이승만의 수고로 출간된 《태평양잡지》를 정식으로 기관지로 결정했다. 그러나 이미 1924년 4월호 (6권 4호)가 동지회 소유로 명시되어 있는 점으로 미루어 대표회의의 결정은 형식적이었던 것으로 보인다. 재정난도 계속되었거니와 1919년 이후 부터는 활발해진 이승만의 정치활동으로 자주 또 오랜 기간 하와이를 떠나야 했기 때문에 동지회에 《태평양잡지》 발간 책임을 이전한 것은 자연스럽고 필요한 조치였다.

'대한인동지회'의 기관지가 되면서 《태평양잡지》의 성격은 대중교육적인 면보다는 '동지회'의 소식과 활동을 알리는 시사지(時事誌)의 성격으로 변모해 갔다. 물론 시대적인 변화에 부응한 것이었고 '한인기독학원' '대한인동지회' 등에 관한 자세한 소식을 담아야 했던 사정도 있었을 것이다. 이처럼 '동지회'의 기관지가 된 잡지 내용은 아래에서 엿볼 수 있다.

1923년 7월호 (5권 5호): 주로 한국내 정세에 관한 기사
 - 파괴파의 파괴 〈국민대표회내 반대파가 임시정부의 새 국호와 연호 사용함을 반대하는 것을 비판함〉
 - 기호파가 무슨파냐 [기호파와 같은 지방색이 있는 단체는 조선을 분열시키므로 그런 조직은 해체되어야 함]

- 통-의 -기회 (통일의 일 기회) [국민대표회는 통일에 방해가 되는 단체임]

- 해외한인연합 [국민대표회에 의해 분열된 해외 한인들은 임시정부를 중심으로 단합하여야 함]

하와이 소식으로는

- [하와이 대법원이 일인들의 외국어 교육 제한을 위헌이라고 판결] 내렸다는 소식이다. 한글 학교와 관련된 사항

1923년 9월호 (5권 7호)

- 하와이 한인기독학원을 건축하기 위하여 민국 五년(1923년) 七월 十五일 하오 三시에 개토식 한 진상 (사진 포함)

- 하와이 기독학원 학생방문단 야구대와 본국 경성 배재학당 야구대와 처음으로 경쟁을 시작할 때 기도하는 진상; 한복한(한복을 입은) 로인은 三千萬동포가 경애하는 이상재 선생 (사진 포함)

- 기독학원 학생이 음악을 처음으로 배호난(배우는) 진상 (사진 포함)

- 신한민보의 포와론 [신한민보의 기독학원, 동지회 재정 등에 대한 비판을 태평양잡지가 반박함]

- 한국의 독립단과 애국당 [독립단의 독립운동금 및 군자금 모금 활동을 비판]

1924년 4월호 6권 4호)

- [중남미 여행기: 파나마 과객 지음]

- 민족적 단결은 생활의 요소 [한인들의 단결이 필요함을 강조]

잡지 재간을 의논하던 1922년 역시 하와이에서 글을 쓸 사람이 없는 것도 문제였다. 당시 교민단 임원이며, 이승만을 보필한 이창규가 구미위원부의 신형호에게 보낸 편지에 계속하여 하와이에는 글을 쓸 사람이 없음을 걱정하였다. 그러다가 드디어 1923년 3월에 '한인기독학원'의 김영우가 주필이 되었고 3월호가 출간되었다. 그러나 김영우는 '한인기독학원' 학생 고국방문단을 이끌고 여행을 해야만 했기 때문에 곧 사임했다.

다행스럽게 그 후에는 김성기(1923년 9월), 송필만, 윤치영(1924년), 김현구(1930년 3월) 등의 필자들이 나타났다. 이들 중 윤치영은 서울에서 대표야구단을 이끌고 왔다가 본토로 유학가려고 기다리면서 이승만을 돕고 있었고, 김원용은 워싱턴에서 이승만을 도우면서 발탁되었다. 식자인으로는 유인화(1923~1924)가 있었다. 그 이전에는 박진한(1923년 3월, 4월) 및 박기호(1923년 3월)였으며 그 후에는 유인화(1923~1924)와 박병언(1930년 3월)이었다. 1930년 3월호에서는 회장(사장) 이승만, 발행인(Manager) 김광재, 영업부원(Business Manager) 박내선, 원동 통신원 이정암과 보안상 신분을 밝히지 않은 내지(본국) 통신원 등이 있었음을 알 수 있다.

《태평양잡지》는 1924년에도 700부가 인쇄되어 1923년 9월호에 밝힌 것과 같이 여러 나라에 보내졌지만 운영 상태는 적자 행진을 계속했다. 무엇보다 이승만이 시도했던 '자립'에는 많이 모자라는 재정 상태였다. '동지회'의 기관지가 된 후에도 《태평양잡지》는 누적되는 적자로 결국 발행이 중단될 수밖에 없었다. 그래도 1930년까지

월간지로 간행되다가 1930년 12월 13일부터 주간지 《태평양주보》로 바뀌었다.

《태평양주보》는 1930년에서 1941년까지는 잡지 형태로, 그 후 1970년 2월 8일 폐간 때까지는 신문 형태로 발행되었다. 《태평양주보》는 1942년 1월 21일부터 1944년 2월 2일까지 《국민보》와 연합으로 발행되었는데, 《국민보-태평양주보》라는 '연합신문'은 전체 4면 중 2면을 《국민보》에 그리고 1면을 《태평양주보》에 할당했었고, 또 다른 1면은 영문판, The Korean National Herald-Pacific Weekly 로 발간했다. 《태평양주보》는 1944년 2월 19일부터 4월 29일까지 레터 용지 크기에 8~11면으로 발행되었는데, 어떤 호는 한글 앞 표지와 영문 뒷 표지가 있었고, 어떤 호는 그 반대로 인쇄되기도 했다. 심지어 어떤 호의 앞표지는 영어와 한글이 혼용되기도 했다.

'동지회'의 기관지인 《태평양잡지》와 《태평양주보》의 발행 장소는 여러 번 바뀌었다. 동지회 조직 이후 사무실로 사용하던 1306 Miller Street의 교민단총관에서 발행하였고, 1930년 이후 동지회 자체의 회관이 마련된 후에는 121 South Kuakini Street 과 931 North King Street의 동지회관에서 발행되었다.

1930년대 후반에 《태평양주보》는 매호마다 1,000부씩 배포되었는데 한 회 구독료는 30센트였고, 1년 구독료는 3달러였다. 해방 후에도 하와이뿐만 아니라, 한국, 미주대륙, 유럽, 동남아시아 등 세계 곳곳에 거주하는 한인들이 《태평양주보》를 정기적으로 구독했다.

1960년대 후반에 1년 구독료는 10달러였다. 1970년경 동지회원은 100명 미만으로 감소했고 또 한글을 읽을 수 있는 독자층의 고령화로 태평양주보사의 운영에 어려움이 있었다. 발행부수가 서서히 감소하였으며 1970년 2월 6일자로 폐간되었을 때에는 100여부씩만 배포하고 있었다.

이승만이 대중교육과 계몽을 목적으로 시작하여 동지회의 기관지가 된 《태평양잡지》와 《태평양주보》의 내용과 형태가 변화한 것은 시대의 흐름에 부합하는 것이었다. 《태평양주보》도 임시 정간된 때도 있었지만 그래도 1970년까지 발간될 수 있었던 것은 창간자 이승만의 뜻을 이해했고, 그의 뜻을 이어가고자 한 '동지회' 임원들의 도움이 있었으며, 또한 계속 구독해 준 동포 독자들, 계속해서 찬조금을 낸 동포들이 있었기에 가능한 일이었다.

교육 활동

1. 한인중앙학교

　《한국교회핍박》이 발간되자 이승만은 홀가분한 마음으로 하와이 한인들의 실태를 둘러볼 수 있었다. 1913년 5월 14일부터 6월 12일까지 '국민회' 총회장 박상하와 함께 하와이섬과 마우이(Maui)섬을 순회했다. 다시 6월 26일부터 7월 9일까지는 '국민회' 총무 안현경과 함께 카우아이(Kauai)섬을 둘러보고, 마우이섬으로 갔다가 7월 29일에 돌아왔다. 이승만은 두 달에 걸쳐 한인 동포들이 살고 있는 하와이의 여러 섬들을 모두 순방하여 한인들의 이민생활 실태를 직접 관찰했다.

　8월이 되면서 이승만은 1913년 '국민회' 호놀룰루 지방회 회장 정원필과 협의해 영어 야학교를 시작하려고 《국민보》에 학생 모집 광고를 실었다. 단 10명만이라도 학생들이 등록하면 야학교를 시작하려던 차 8월 26일에 와드맨 감리사가 이승만을 '한인기숙학교' 교장으로 임명하였다.

이승만은 곧 학교 이름을 '한인중앙학교'(Korean Central School)로 바꾸었다. 한인 교육의 중앙이라는 의미였고, 흔히 '중앙학원'으로 불려졌다. 이승만의 교장 취임과 함께 애드버타이저지는 9월 28일자 일요판에 〈한국의 선구적 편집인 겸 발행인 / 호놀룰루 학교 교사 Korea's Pioneer Editor and Publisher, A Honolulu School Teacher〉라는 제목으로 이승만 기사를 대서특필했다. 애드버타이저 지는 이승만을 '한국의 젊은 혁명가'로서 감옥에서 겪은 고초를 소개하고, 특히 그가 한국에서 최초로 신문과 주간지를 편집 발행했던 사실도 강조해 실었다. 그리고 미국의 세 명문대학에서 공부한 것과, 윌슨 대통령과 루즈벨트 대통령과 친분이 있음도 빠뜨리지 않고 소개했다. 애드버타이저지는 기사와 함께 이승만의 독사진, 옥중 동지들과 찍은 사진, 서울 YMCA 성경반의 사진과 이승만이 편집했던 《협성회 회보》사진도 곁들였다. 이 기사는 '위대한 작은 거인 The Great Little Doctor'이 이제 하와이 한인들의 교육을 맡도록 초청되었다'고 소개했다. 그리고 '그는 미국 땅 호놀룰루에서 자신이 꿈꾸는 새로운 한국의 지도자의 역할을 할 수 있는 젊은이들을 훈련하는 일에 전력하고 있다. 그는 모반자가 아니라 한국에 가장 도움이 될 높은 이상을 향하여 전력하고 있는 애국자로 평가되어야 한다'는 기자의 주장이 더해졌다.

이 기사는 물론 이승만이 제공한 자료와 사진들로 작성된 것이다. 이승만은 자기 홍보에 철저하게 준비된 지도자였다. 그는 자신과 관련된 자료를 언제나 제출할 수 있었다. 이승만은 언론 매체의 중요성과 지배력을 일찍이 인지하고 있었던 것이다. 아래에 언급하겠지만 1915년 '한인여학원' 이사진의 절반 이상을 호놀룰루의 백인(白人)들로 구성하면서, 특히 애드버타이저지의 사장을 포섭한 것은 신문 매체에 자신의 영향력이 미치도록 한 탁월한 정치력의 소산이었다.

이승만은 취임과 함께 '한인중앙학교'에 여학생 5명을 입교시킴으로써 남녀 공학제 학교를 운영하였다. 이승만이 한성감옥에 수감되어 있을 때(1899년 1월-1904년 8월) 미국의 교육제도에 관한 책들을 읽으면서 남녀공학에 대한 관심을 갖게 되었는데, 그로부터 10년 후 미국 땅 하와이에서 한인을 위한 남녀공학을 실시하게 된 것이다. 1913년 12월 14일에 애드버타이저지는 석장의 사진과 함께 '유교사상에도 불구하고 한인학교 남녀공학 시도'라는 제목으로 한인중앙학교를 소개했다. 이 학교에 최초로 입학한 5명의 여학생은 이승만이 지난 7월에 마우이섬을 둘러보고 오는 길에 데리고 온 아이들이었다. 남학생 수도 전 년도에 비해 약 3배로 증가해서 110여명이 되었다. 이승만의 명망과 한인 동포의 기대감을 짐작할 수 있을 것이다.

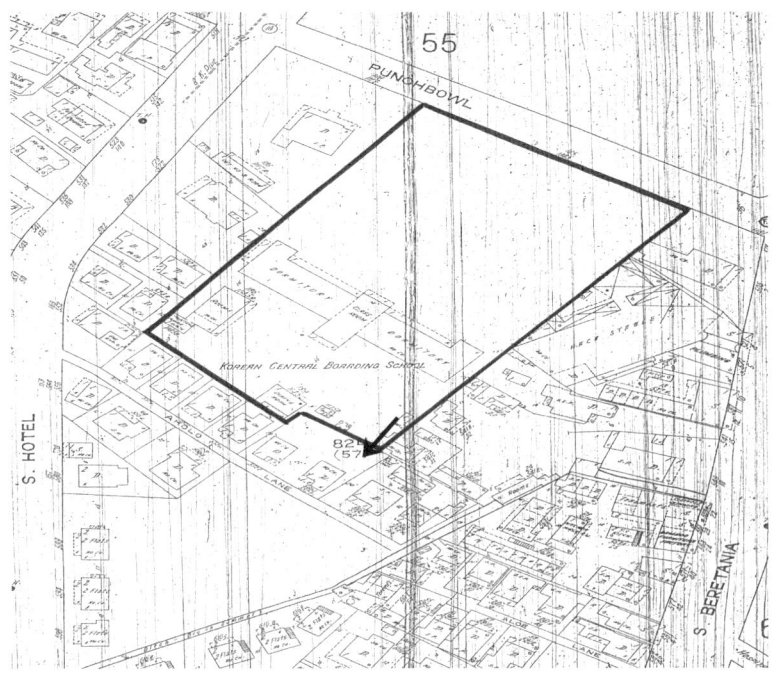

한인중앙학교가 표시된 지도 (굵은 선이 학교 부지)

한인의 요청에 부응해 하와이 감리교 선교부가 설립·운영해 온 '한인기숙학교'는 이승만이 교장으로 임명되면서 학교 이름뿐만 아니라 체제와 규모까지 변모했다. 이때부터 '한인중앙학교'는 한인청소년 교육을 위한 이승만의 학교가 되었다. 여학생 기숙사가 없었기 때문에, 이승만은 이 아이들을 감리교 본부 여선교회(Methodist Woman's Home Missionary Society)에서 운영하는 스산나 웨슬리홈(Susannah Wesley Home, 이후 웨슬리홈: 칼리히(Kalihi) 지역에 있는 Susannah Wesley Community Center의 전신)에 살도록 했다. 그런데 웨슬리홈 관련 여선교회 회원들은 웨슬리홈에 사는 여학생들이 '한인중앙학교'에 다니는 것을 반대했다. 이승만과 다른 한인 지도자들은 이유를 몰라 의아해 했다. 나중에 알게 된 것으로, 1906년에 하와이 감리교 선교부가 학교를 세울 당시 실제로 재정을 담당해 준 것은 감리교 본부 여선교회였고, 이 학교는 여학생을 가르치지 않는다는 조건으로 기금을 주었던 것이다. 그러나 그 때 학교설립에 관여했던 와드맨 감리사는 이 사실을 이승만에게 알리지 않은 채로 1913년 11월에 사임했고, 1914년 6월에 새로 부임한 프라이(William H. Fry) 감리사(재직:1914~1946)도 1915년 11월경에야 이런 사실을 알게 되었다. 남학교로 운영되는 동안은 여학생이 전혀 문제가 되지 않았기 때문에 와드맨도 이런 사실을 잊고 알리지 않았던 것이다.

한인중앙학교 교사(왼쪽 네 번째 엘리자벳 최 보모) (연세대 이승만연구원 소장)

한인중앙학교 학생 퍼레이드 참가 (1914) (연세대 이승만연구원 소장)

한인중앙학교 1914년 졸업반 (연세대 이승만연구원 소장)

여학생 문제로 여선교회와의 관계를 해결할 수 없었던 이승만은 '한인중앙학교' 근처에 월세 집을 빌려 24명의 여학생과 작고한 최진태 감리교 목사의 부인 엘리자벳 최(Elizabeth Pahk Choi)가 보모로서 함께 살도록 했다. (최진태가 1913년에 사망하자, 1919년에 이승만의 소개로 안현경과 결혼하였다. 그 후에는 자신의 성 박을 사용하여 박 엘리자벳으로 알려졌다.) 최 목사 부인 이외에 부감리사 겸 '한인중앙학교'의 교사 주부켄 내외(Rudolph and Harriet Zurbuchen)가 고문으로 함께 살면서 도와주었다. 그러나 집이 좁고 불편했기 때문에 이승만은 좀 더 큰 여학생 기숙사를 마련하려고 한인들에게 도움을 청했다. 그 때 '국민회'도 총회관 건립기금 모집을 하고 있었기 때문에 부담이 되었지만, 한인 동포들은 여학생 기숙사의 필요성을 인지하고 성심껏 기부해 총 3,600달러가 모아졌다.

이승만은 이 기금 중 2,400달러로 푸우누이 애비뉴(Puunui Avenue)에 집을 사고 나머지 돈으로 집을 확장해 갔다. 이 동네는 이승만이 하와이에 처음 도착해서 기거했던 곳으로 이승만은 그 동네 사정을 잘 알고 있었다. 1914년 가을 학기부터 45명의 여학생들이 이 기숙사에 살기 시작하였는데, 약 2.7mile(4.3km)의 학교까지 걸어 다녀야 했다. 학생들이 통학하기에는 너무 멀었기 때문에, 이승만은 어떻게 할 것인지 많은 고민을 할 수 밖에 없었다. 이 때 이승만의 건강이 극도로 악화되었음을 프라이 감리사가 보고한 것으로 미루어 이승만이 여학생 기숙사 문제로 얼마나 고심하였는지 가늠할 수 있을 것이다. 많은 생각 끝에 이승만은 여학생들이 기숙사에서 통학하는 것보다는 기숙사와 학교를 한 곳에 마련하는 것이 최선책이라고 생각했다. 그리고 또다시 한인들로부터 기금모집을 시작하면서 1915년 6월에 '한인중앙학교' 교장직을 사임하였다.

2. 한인여학원

이승만은 곧 기숙사 근처의 3.5에이커의 땅(1907년에 개장한 Oahu Country Club에 인접)을 5,000달러에 사고 1,800달러를 들여 단층짜리 학교 건물을 지었다. 그리고는 가을 학기부터 이곳을 '한인여학원'(Korean Girls' Seminary)이라 부르고 교장이 되었다. 1915년 10월 14일 수백 명의 한인들이 모인 개원식에서 감리교 선교부의 전 감리사 와드맨, 감리사 프라이, 박용만과 그리고 하와이를 방문(1915년 8월 25~12월 22일) 중이던 북미 '국민회' 중앙총회장 안창호의 축사가 있었고, 학생들의 합창 등 여흥순서도 있었다. 와드맨은 이 학교가 사탕수수 농장의 한인 여학생들에게 미국 교육을 수업키 위해서 이승만의 착안으로 시작되었다고 강조했다(당시 학교 이름의 Seminary라는 단어는 여학교를 지칭하는 것으로 성경학교나 신학교를 지칭하는 것이 아니다).

이승만은 1914년 여름부터 1916년 1월까지 즉 '한인중앙학교'의 여학생 기숙사를 지을 때부터 '한인여학원'을 설립할 때까지 총 7,700달러를 모금했는데, 이 기금 중 200달러만이 미국인이 기부한 것이었고 나머지 7,500달러는 한인동포로부터 모은 것이었다. 그렇기 때문에 '한인여학원'은 한인들의 기금으로 세운 한인의 학교, 즉 하와이 감리교 선교부와는 무관한 독자적인 교육기관이었다. 더구나, 이승만은 이 '한인여학원'의 시작을 1913년 '한인중앙학교'에서 여학생을 받아들이면서 기숙사를 마련한 때부터라고 간주했고, 이 학교를 설립하게 된 이유로는 '감리교본부 여선교회의 (약정에 따른) 반대 때문'이라고 밝혔다. 즉, 이승만은 '한인여학원'을 세우게 된 것은 처음부터 계획한 것이 아니라, 여선교회의 반대로 여학생 기숙사를 따로 지었어야 했고, 기숙사가 멀다 보니 "일보 이보(一步 二步)로 나온 것이 여기까지 이르렀다"고 피력하였다.

한인여학원 (1915)

또한 이승만은 영어 공립학교가 많지만, 굳이 영어로 가르치는 '한인여학원'이 있어야 하는 이유를 조목조목 설명했다.

"하와이에 공립학교가 많지만, 여러 기독교단에서 운영하는 사립학교들도 많이 있다. 그 까닭은 사립학교에서는 종교서류(종교 교과서)를 가르치지 못하며, 사립학교에서는 교과서를 가르치는 이외에 학생의 품행도덕과 또한 자기들이 (성공회, 천주교회, 감리교회) 원하는 주지(主旨)를 가르친다. 한인여학원의 주지는 1) 우리의 국가사상을 뇌수에 넣어준다. 2) 국어와 한문과, 대한 역사, 지리, 작문 등을 교육한다. 3) 성경을 교육한다. 4) 학문만 가르치는 것이 아니라, 학식과 도덕 정도가 높은 미주 본토 교사들이 언어동작과 모든 품행 등에 표준이 되도록 한다. 5) 각국인 (여러 민족) 교사들을 통하여 외교상 이익을 얻는다. 6) 한인들이 이런 유익한 사업을 하는 것으로 각국인에게 칭찬을 받는다. 이 여섯 가지 보다 더욱 중요한 것은 한인들이 합심하여 이런 사업을 운영하는 중에 차차 독립사상이 발전되고, 모든 일의 규범이 되어 우리끼리 자치하여 간다면, 이것이 곧 독립의 근본이다."

이승만은 감리교 선교부에서 독립해 한인의 기금으로 설립된 '한인여학원'을 통해 한인들에게 기독교적 민족주의 사상을 고취시키고 국권회복을 준비하려 노력했다. 1915년 6월에 '한인중앙학교' 교장직을 사임한 이유가 바로 이것이었다. 그러나 이승만은 '한인여학원'이 하와이 감리교 선교부의 도움을 받지 않고 한인들이 설립한 독립된 학교라고 주장하면서도, 1915년 10월 개원식에 하와이 감리교 선교부의 감리사들을 초청하였을 뿐만 아니라, 1916년 2월 17일에서 21일까지 열린 감리교 연회에서는 '한인여학원'에 관한 보고도 했다. 이승만은 감리교 연회에 보고한 의도를 아래와 같이 설명하고 있다.

"우리가 오랫동안 감리교회와 긴밀한 관계를 가져왔고, 그동안 한인들이 하는 일에 대하여 자랑스럽게 감리교 연회에 보고해 왔다. 감리교 연회에 보고하는 것은 반드시 감리교회 일뿐만 아니라 다른 단체의 일이라도 서로 원하면 보고할 수 있다. 그 좋은 예가 하와이 금주회(禁酒會)가 1916년 감리교 연회에 보고한 것이다."

자랑스런 한인의 일을 보고할 수 있는 기회를 마다할 이유가 없고, 또한 그동안 지속해온 감리교회와의 관계를 단절할 필요가 없었던 것이다. 외교가(外交家) 이승만이었다.

이승만이 감리교 선교부와 불편한 관계를 갖게 된 것은 1914년 6월에 새로 부임한 프라이 감리사 때문인 것으로 잘못 알려져 왔다. 그러나 사실은 필라델피아의 감리교 이사부 임원들이 여학생 입학과 관련하여 여선교회 회원들로부터 불만의 소리를 들었고 또한 입증되지 않은 소문으로 이승만에 대해 의심을 했기 때문이었다. 프라이 감리사가 이승만을 나쁘게 평가했기 때문이 아니며, 오히려 프라이 감리사는 이승만의 교육사업을 하와이 감리교의 모든 선교활동 중 가장 우선되는 활동으로 간주하고 있을 정도였다. '한인중앙학교'는 하와이에서 감리교 선교부가 이어오고 있는 유일한 일반 교육사업이었다. 일본인 학교나 필리핀인 학교는 설립하지 않았고, 할 수도 없었다. 프라이 감리사는 이승만이 감리교회에서 지도자의 직분을 성실히 하고 있는 것에 고마워하면서 계속 그를 옹호했다. 프라이 감리사는 이승만이 '한인중앙학교장'을 사임한 후에 열린 1916년 연회 중 어느 저녁 집회에서 이승만에게 시계와 잉크 함이 달린 탁상전 등을 선물했다. 그리고 이승만의 교육사업을 칭송했고, 더구나 3년 동안 월급도 받지 않고 봉사한 점에 진심으로 고마워했다.

학교가 시작되고 안정되면서, 1914년 12월에 이승만 교장은 '한인여학원'의 '탁사부'(이사회 Board of Trustees)를 조직하려 했다. 1916년 4월에 작성하여 발표된 10개조의 〈탁사부 조례〉는 아래와 같다.

'이사부는 여학원을 위하여 하와이 전체에서 후원한 사람들 중 11명으로 구성하여 학교 기지와 가옥 소유권에 관하여만 상관하며, 학교 건물 건축이나 수리는 교장의 책임이며, 기지나 건물을 교환할 때에는 이사부 2/3의 동의가 있어야 하며, 학교 기지와 건물은 여학교와 기숙사로만 사용하고 다른 소용(용도)으로 변경하지 못하며, 이 여학교는 한인의 기부금으로 조직된 한인의 공동 교육기관으로 정치나 종교 단체에 부속되지 않는다.'

1916년 11월 13일에 하와이 정부에 등록된 '한인여학원' 영문 정관(Charter of Incorporation of the Korean Girls' Seminary)에 의하면 초대 이사장은 이승만이고, 이사는 애드버타이저지의 사장겸 편집인 매터슨(R.O. Matheson), 호놀룰루 조합교회의 어드만(John P. Erdman) 목사와 제일감리교회 목사 부인 루프바로우(Mrs. Anna H. Loofbourow)와 워터하우스(E.B. Waterhouse), Hee Kyeung Rey(이희경 李喜

徹), Young M. Park(박용만), Ahn Hyun Kyung(안현경), Chung Won Myeng(정원명)으로 되어 있다. 약 2년간의 이사 선정 과정에서 10여명의 한인 지도자들만을 고려했으나 5명의 한인만 선정되었고 4명의 백인이 포함된 것은 이승만이 실질적으로 학교에 도움을 줄 수 있는 인사들만 선정하는 냉철한 판단을 내렸기 때문이었다. 동시에, 하와이 사회의 저명한 4명의 백인이 이사직을 수락하였다는 사실은 하와이에 정착한지 4년도 채 되지 않은 이승만이 현지 지도자들과 폭넓은 관계를 수립하였다는 것을 알려주는 것이다. 또한 하와이 사회에서 교육자 이승만의 위상이 이처럼 높았다는 것도 알 수 있다.

그런데, 한인이 독립적으로 운영하는 학교에 백인 이사를 두는 것과 관련해서 동포들 사이에서는 곧 '한인여학원'이 백인의 소유가 될 것이라는 소문이 퍼졌던 모양이다. 이 소문에 대해 이승만은 백인 이사를 선정한 3가지 이유를 밝혔다.

"1) 우리의 사업을 각국인의 안목에 존숭(尊崇)한 지위를 보임이며, 2) 이런 좋은 친구들이 이름을 내고 뒤에서 광포하며 돕는 중에 우리가 그 보호를 얻으며 각국인의 신앙을 얻어서 재정상 도움을 받을 것이며, 3) 이런 유력한 사람들에게 우리의 하는 바 좋은 일을 보인즉 백인계에 자기들끼리 공포하여 칭찬하여 주니 다만 학교뿐만 아니라 한인 전체가 다 그 효력을 받고 있다. 더구나 이승만(회장), 이희경(부회장), 박용만, 안현경, 정원명 등 5명의 한인이 이사로 있으니, 한인들의 사업을 남에게 줄 리가 없다."

이에 덧붙여 이승만은 이 4명의 백인 이사들을 간단히 소개하면서 대인관계와 외교의 필요성을 피력했다.

"어드만은 하와이 선교총회의 총무이며, 호놀룰루의 큰 부자 딜링햄(Dillingham)의 사위이다. 태평양상업보(애드버타이저지) 사장 매테슨은 한인에게 오랫동안 동정을 표하여 왔다. 워터하우스의 아들들은 모두 호놀룰루의 큰 부자들이다. 미국 감리교회 목사 부인 루프바로우도 또한 한인들에게 동정을 표한 것이다. 이런 좋은 친구들이 한인의 일을 도와주려 하는 것이며, 이사가 되어서 한인의 학교를 차지하자는 생각은 꿈에도 하지 않는다. 이들을 의심하며 싫어하는 것은 어두운 생각으로 좋은 친구를 배척하는 것이다."

'한인여학원'의 학생 수는 1915년 개학 당시에 45명이었던 것이 1916년 가을 학기에는 73명으로 증가되었다가 봄 학기에는 줄어서 57명이 되었다. 1916년 2월 28일자 애드버타이저지는 '한인여학원의 성장 Seminary For Korean Girls in Flourishing Condition'이라는 제목 하에 '한인여학원'을 자세히 소개하면서 이승만이 50여 명의 학생과 찍은 그룹사진도 실었다. 이 기사에 의하면, 교장 스탁스(L.G. Starks) 여사는 오래곤주의 포트랜드에서 왔고, 기숙사 사감 디킨슨(Mariam Dickinson) 양은 매릴랜드주의 포코목(Pocomoke)에서 왔는데, 이들은 자원봉사로 외국 선교 임무를 수행하고 있었다. 다른 두 명의 미국 여교사는 우라잇(Mrs. M.K. Wright) 부인과 맥카기(Mrs. P.A. MacCaughey)이며 이들은 약간의 보수를 받았다. 이승만 자신이 이들 교사 채용을 담당하여, 편지도 보내는 등 전적으로 학교 행정에도 참여하고 있었다.

한인여학원 교사진 (이승만 옆이 송헌주)

'한인여학원'의 학제는 공립학교와 같은 학제로 모든 과목을 영어로 가르쳤으며, 또한 2명의 한인 교사(이름은 밝혀져 있지 않으나 부교장은 송헌주)가 하루에 30분씩 한글도 가르쳤다. 책으로만 공부만 한 것이 아니라 재봉, 요리, 집안 정돈 등 실습도 진행됐는데, 학교를 졸업한 후 집으로 돌아가 집안을 돌볼 수 있도록 하는 것이라고 했다.

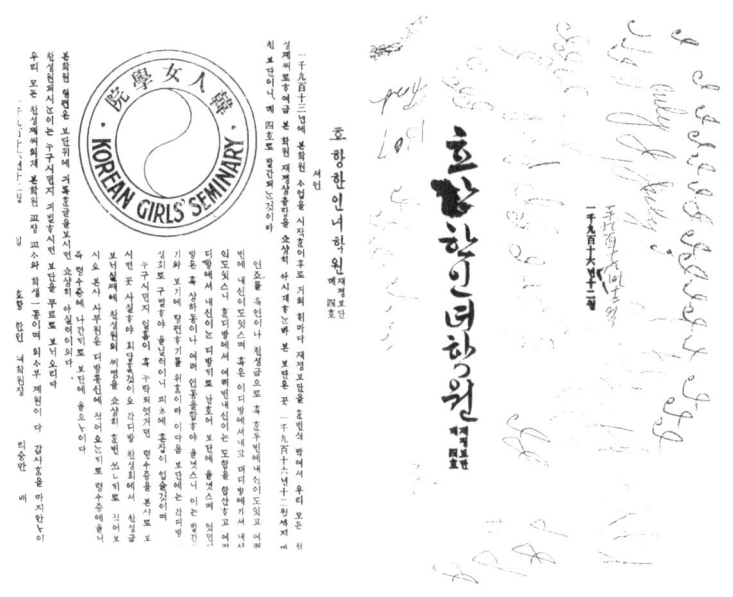

한인여학원 재정 보단 (1916)

1916년 12월에 발간된 《호항 한인녀학원 재정보단 제4호》에 의하면(재정보단 제1호부터 3호까지는 남아있지 않다), 1913년부터 1916년 12월 말까지 약 4년 동안에 총 수입금이 15,840.05달러였고, 총 지출은 11,738.33달러로 잔여금이 1,052.17달러였다. 4년 동안 한인들의 후원과 미국인 친지들의 후원으로 '한인여학원'이 어렵게나마 흑자로 운영되었음을 알 수 있다. 한인 교사와 백인 교사들의 월급은 지급되었지만, 이승만은 '한인중앙학교'에서와 마찬가지로 월급을 받지 않았다.

1917년에 '카와이아하오 여학원'(Kawaiahao Girl's Seminary)과 '밀스 학교'(Mills Institute)를 운영하는 '회중교회'의 복음회가 '카와이아하오 여학원'과 '한인여학원'을 합병(amalgamating)하려는 상세한 계획서를 이승만에게 보냈다. '카와이아하오 여학원'은 1864년에 하와이 원주민 여학생을 위하여 설립되었고, '밀스 학교'는 1892년에 중국인 남학생을 위하여 설립되었다. '카와이아하오 여학원'에 몰리 홍(Mollie Hong: 1913년 6월에 민찬호와 결혼)이 다닌 것을 시작으로 계속하여 여러 한인 학생이 다녔으며, 한인 여학생들의 수는 물론 일본인, 중국인 여학생들의 수가 계속 증가했다. 그리하여 1908년에는 '카와이아하오 여학원'에 한국어반, 일본어반, 중국어반을 설치하고, 각 민족 여학생들이 모국의 언어와 문예에 익숙해 질 수 있게 했다. 1916년 당시 총 학생 108명 중 6명의 한인 여학생이 있었으며, 하와이 원주민 학생은 48명, 중국인 31명, 일본인 10명, 필리핀인 5명, 그리고 기타의 민족 학생 8명이 있었다.

1908년에 '카와이아하오 여학원'이 32에이커의 마노아(Manoa) 부지(현 미드퍼시픽학교 Mid-Pacific Institute 부지)로 이사했고, 2년 후에는 '밀스 학교'가 그 곳으로 이사했다. 같은 부지로 이사한 두 학교는 1923년까지 각각 운영되다가 1923년에 남녀공학으로 병합하면서 공식으로 '미드퍼시픽 학교'로 이름을 바꾸었다. 공식 변경 이전에도 '미드퍼시픽'이라는 이름을 사용했으며 한인들은 일찍부터 이 학교를 '태평양학원'이라고 불렀다.

'한인여학원'과 '태평양학원'은 기독교계 사립학교로서 서로 우호적인 관계를 갖고 있었다. 1917년 2월 22일에 태평양학원이 주최한 축제에 '한인여학원'의 참여를 원했기 때문에 '한인여학원' 학생들이 '광화문 장식 수레'를 만들어 참가하기도 했었다.

한인여학원의 광화문 장식 수레 (1917)

1917년 당시 호놀룰루에 중국인이나 일본인 여학생을 위한 독자적인 학교가 없었는데, 한인 여학생을 위한 '한인여학원'만 따로 있었다. 그렇기 때문에 '카와이아하오 여학원'과 '한인여학원'을 병합해 모든 동양계 여학생들을 한 학교에서 가르치려는 계획을 세웠고, 이 계획을 이승만 교장에게 전달했던 것이다. 이승만은 이 계획안을 번역하여 후원회원과 한인 단체에게 돌리면서 그들의 의견을 물었다. 그들의 대체적인 답변은 "한인의 학교는 한인이 유지하겠다"였다. 이승만은 의견을 종합하여 아래와 같은 장문의 답을 '카와이아하오 여학원'에 보냈다. 이 답장에서 이승만과 '한인여학원'을 후원한 동포들의 민족주의적 교육의 책임과 욕구를 알 수 있다.

1) '한인여학원'은 한인들이 한인을 위하여 설립했기 때문에 합병 문제는 [내가 단독으로 결정하는 것이 아니라] 한인들이 결정하여야 한다.

2) 합병계획안을 한글로 번역하여 한인 단체들에게 배포하였다. 한인 단체들은 독립된 '한인여학원'을 계속 운영할 것을 만장일치로 가결하였다.

3) 한인기독교 지도자들은 한인들이 자녀들의 교육을 책임지고 이행하는 것이 좋다고 믿는다. 자녀들을 교육한다는 것은 부모로서 또 시민으로서의 책임을 이행하는 것이며, 교육의 책임을 수행하는 것은 한인 자신들을 좀 더 나은 그리고 긍지를 갖는 주민이 되도록 하는 것이기 때문이다.

4) 마지막으로, 우리도 '태평양학원'처럼 여러 민족을 합병하여 균등한 사회를 이루는 이상(理想)을 위하여 노력하고 있다. 그러나 한인들이 이 섬에 온 것은 12년 밖에 되지 않았기 때문에 이런 이상을 실현할 기회가 없었다. 우리는 현재 상황에서 '한인여학원'을 지금대로 계속 운영하는 것이 이 이상을 가장 효과적으로 실현시킬 수 있다고 믿는다.

'한인여학원'은 1918년 1월에 남학생을 받아들이기 시작하였다. 1916년 말에 54명의 여학생이 있었는데, 1918년 1월 학생수는 약

100명으로 증가했고, 이 중 35명이 남학생이었다. 여학생들은 학교 기숙사에서 살았고, 남학생들은 학교 근처에 '국민회'가 운영하는 기숙사에서 통학했다. 교사도 1명 더 증가되어 총 9명의 교사가 가르쳤다.

한인여학원 오케스트라 퍼레이드 참가 (1916년경) (연세대 이승만연구원 소장)

남학생이 들어옴으로써 '한인여학원'의 활동은 한층 더 활기를 띠었다. 애드버타이저지는 1918년 5월 1일과 19일 두 번에 걸쳐 '한인여학원' 학생들의 음악회에 관한 기사를 실었다. '한인여학원' 학생들이 5월 18일에 음악회를 가졌는데, 오케스트라, 독창과 글리 클럽(glee club)의 합창 순서가 있었다. 지난 6개월 동안 '하와이 왕립악단(Royal Hawaiian Band)'의 단장인 버거 대위(Captain Heinrich Wilhelm Berger)가 자원봉사로 학교 오케스트라를 조직하고 지도했으며, 또한 베이커 여사(Mrs. E. Baker)는 성악을 지도했다. 신문 기사는 6개월 전에는 음악의 기본도 모르던 학생들이 이렇게 훌륭한 연주를 할 수 있는 것은 지도 교사들의 노고의 결과라고 하면서 음악회 순서까지도 자세히 보도하고 있었다. 5월 1일자 기사는 오케스트라와 글리 클럽 사진 두 장도 실었다.

애드버타이저지는 이렇게 '한인여학원'뿐만 아니라, 한인들을 위한 우호적인 기사를 계속 보도해갔다. 이승만이 신문사 사장과 우호적인 관계를 맺음으로 "돈 한 푼 안들이고 한인의 앞길을 각국인에게 열어주는"(《재정보단》 제4권, p. 42) 홍보효과를 얻는다는 것을 이미 알고 있었음은 새삼 밝힐 필요가 없을 것이다.

한편, 하와이 감리교 선교부는 그야말로 공황상태에 처하게 됐다. '한인여학원'이 남학생을 받아들이면서 '한인중앙학교'에 다니던 대부분의 학생들이 '한인여학원'으로 옮겼고, 교인들도 이승만과 따로 모여 예배를 보기 시작함으로써 호놀룰루 한인 감리교회에 비상이 걸렸다. 호놀룰루 한인 감리교회의 활동 즉 교회와 교육을 모두를 잃게 될 지경이 되었기 때문이었다. 코리안 컴파운드는 한인의 교회와 교육 모두를 대표하는 그야말로 감리교 선교부의 아이콘이었다.

프라이 감리사는 이미 남학생이 점점 줄어가고 있던 1917년 말부터 '한인중앙학교'를 한인에게 넘겨줄 것을 생각하고 있었다. 한인 감리교 지도자들에게 3년 내지 5년간 연 1달러의 학교시설 임대료를 내고 운영하도록 하는 계획도 만들어 놓았다. 그렇지만 감리교 선교부는 1918년 4월 18일에 모인 이사회에서 어떻게 하면 이승만을 다시 '한인중앙학교'와 연계해서 한인들을 규합할 수 있을까를 심각하게 논의했다. 그리고는 이승만에게 4월부터 8월까지 월급 50달러를 주자고 결정하게 된다. 물론, 이승만은 이 제안을 받아들이지 않았다.

애드버타이저지는 1918년 1월 9일에 '한인여학원'의 재무담당 매터슨의 보고서를 인용하면서 '한인여학원'에 관한 기사를 실었다. 이 기사는 '한인들이 자신들의 학교를 유지 Korean Support Their Own School' '회계보고서에 의하면 한인들이 작년에 91%의 경비를 부담 Treasurer's Report Shows They Pay Ninety-one Percent of Expense During Past Year' 라는 제목으로 1917년도 학교 운영비에 관하여 자세하게 설명하고 있다. 기사는 '한인여학원'의 총 수입이 11,252.43달러이며, 총 지출은 9,460.70달러로 흑자로 운영되었다고 적고 있었다. 운영비의 세부내역도 보도하고 있었는데, 총 수입의 약 33%(3,670.75달러)는 한인들이 '국민회'를 통하여 보조하고 있었으며, 약 22%(2,442.65달러)는 학비로 들어온 것이라고 밝혔다. 그 밖에도 약 11%(1,233.75달러)의 토지 구입과 건축을 위한 특별 찬조금이 있었고, 약 16%(1,880달러)의 일반 찬조금도 있었다고 썼다. 특별히 이 기사는 전체 수입 중 55%(6,177.65달러)는 순전히 한인들이 보조금, 학비, 기숙사비로 낸 것이라는 점을 강조하고 있었다. 한 학생당 1년 경비가 학비, 기숙사비, 그리고 음악비 등을 포함하여 100달러가 조금 넘는데, 이 경비의 91%를 한인들이 부담했다고 분석하고 있었다. 이 기사는 아래와 같이 계속되었다.

"한인여학원은 하와이에 있는 모든 학교 중에서 공립학교제에 속하지 않고 하와이 주민에게 조금도 부담을 주지 않는 학교이기 때문에 한인들이 자녀들을 위한 학교를 외부의 도움 없이 운영한다는 긍지를 갖고 있다."

애드버타이저지 사장 매터슨을 '한인여학원' 이사로 발탁한 이승만의 지력(知力)은 이승만의 교육사(教育史) 뿐 아니라 한인 이민사에서도 중요한 족적을 남기게 했다.

3. 한인기독학원

이승만은 1918년 9월 학기부터 '한인여학원'을 8년제 남녀공학으로 재조직해 '한인기독학원'(Korean Christian Institute, 흔히 줄여서 KCI라고 불렀음)이라 부르고 개교했다. 푸우누이 부지는 경사가 심하고 넓은 평지가 없어 이곳에 학교 시설을 더 이상 확장할 수 없었다. 이승만은 와이알라에 스트리트(Waialae Street) 3320번지 구(舊) '알리이올라니 학교'(Aliiolani College: 당시 'College'는 고등학교를 지칭)를 임대하고 9월 학기부터 개교했다. 이곳에서 '국민회'는 1919년 4월 12일에 '독립 경축일' 기념식을 거행한다. 이승만이 일찍이 '한인여학원'을 '한인의 기금으로 설립한 한인의 공동 교육기관'이라고 천명하였듯이 '한인여학원'을 계승한 '한인기독학원'도 한인의, 한인에 의한, 한인을 위한 공동 교육기관이 되었다.

한인기독학원 (1918)

한인기독학원 (1919) (연세대 이승만연구원 소장)

"독립경축일" 기념식 (1919) (연세대 이승만연구원 소장)

초대 교장은 '한인여학원'의 교사였던 핫슨(Mabel Hartson) 여사였다. '한인여학원'의 영문 정관에 학교의 목적이 순전히 '교육과 자선'(purely educational and eleemosynary purposes)이라고 간단히 언급하고 있었는데, 이 목적 이외에 이승만은 한인기독학원을 위해 4가지 지침을 작성해 두었다.

첫째는 교육과 종교 활동을 지향하는 것이며
둘째는 한국인의 주체성을 확보하는 것이며
셋째는 젊은이들의 지도력을 양성하고 기금 모금을 하며
넷째는 사회교육을 지향하는 것이다.

호놀룰루의 스타 블르틴(*Honolulu Star-Bulletin*)지는 "'한인기독학원'이 기숙사를 제공하면서, 한인 학생들에게 기독교 교육을 실시하며, 좋은 시민이 되고, 좋은 가정을 꾸릴 수 있도록 가르치며, 한인사회를 이끌어갈 기독인 지도자를 양성하는 것"이라는 이승만의 교육 목적을 기사화했다. 기사는 '한인여학원'에 이어 '한인기독학원'에서의 이승만의 교육 목적과 포부를 다음과 같이 요약 보도하고 있었다.

1) 교과서를 통한 지식 전달뿐만 아니라, 공립학교에서는 가르칠 수 없는 성경 과목을 통하여 기독교 신앙을 갖도록 하고, 또한 언어, 동작, 품행 등 인성교육에 주력한다.
2) 미국인 교사들이 한인학생을 가르치면서 한국이라는 나라를 알게 되고, 한국 학생들의 뛰어난 교육활동이 이들에게 모범이 되면, 자연적으로 외교상 이익이 된다고 확신한다.
3) 무엇보다도 한인동포들이 합심하여 교육사업을 운영하면 독립사상이 발전되고 자치능력이 증가하게 되는데, 이것이 바로 독립의 근본이라고 믿고 실천한다.

개교한 첫 학기에 남학생 37명과 여학생 64명이 등록하였고, 4명의 미국인과 2명의 한국인 교사가 그들을 가르쳤다. 방과 후에 가르친 한글과 한국사를 제외한 모든 수업은 영어로 진행되었다. 교과과정은 공립학교 과정과 같았고, 졸업 후 공립 고등학교에 진학할 수 있었다. '한인여학원'에서와 마찬가지로 정규 교과목 이외에 성경도 가르쳤으며 여학생들은 가사 과목과 재봉을, 그리고 남학생은 수공(手工, manual training)도 배웠다. 1919년 5월에 보이 스카우트(Boy Scout Troop 19)가 조직되어 대부분의 남학생이 보이스카우트의 회원이었고, 여학생들은 YWCA 소녀회원이었다. 여러 가지 스포츠 팀이 있었고, 오케스트라와 합창단도 있었다. 학비는 무료였으며, 1년 기숙사비는 실비에 해당하는 60달러였는데, 기숙사비를 낼 수 없는 학생에게는 면제해 주기도 했다. 학생들은 방학 동안에 마당일이나 부엌에서 일하면서 필요한 비용을 마련했다. 학교 이름에서 드러나듯이, 학교 분위기는 기독교적이었다. 그래서 하와이 교육청장 맥카기(Vaughan MacCaughey)는 '한인기독학원'의 학생들을 미국화시키고 동시에 기독교인이 되도록 가르치고 있는 것에 대하여 여러 번 고마움을 표시하면서 격려했다.

한인기독학원 보이 스카우트 (1919)》

Gospel Mission 1919년 10월호 겉장을 장식한 한인기독학원 여학생 (연세대 이승만연구원 소장)

한편, 이승만의 '한인기독학원'은 하와이 감리교 선교부가 일반 교육사업을 완전히 중단하는 계기가 되었다. 1915년 '한인여학원'이 설립된 후에도 하와이 감리교 선교부는 66명의 남학생으로 '한인중앙학교'를 계속 운영했다. 1917년 말에는 남학생 30명뿐이었고, 방과 후에 45명의 어린 아동들이 한글반과 성경반을 다니고 있었다. 그러다가 이승만의 '한인기독학원'이 개교함과 동시에 그나마 있던 대부분의 남학생들조차 '한인기독학원'으로 전학해 버렸다. 감리교 선교부는 할 수 없이 한인 감리교 지도자들에게 '한인중앙학교'를 자체적으로 운영하라며 학교건물 사용과 운영기금으로 1,200달러를 주었다. 이로써 감리교 선교부는 1906년부터 시작한 일반교육사업을 중단하게 된 것이다. 방화중, 이선일 목사 등은 새로 이사회를 조직하고 동포들에게 적극적인 도움을 호소하면서 2년 동안 어렵게 '한인남학교'(Korean Boys School)로 운영했지만 결국엔 폐교하게 됐다. 코리안 컴파운드에 있던 감리교회 교인 수도 줄어서 썰렁했다. 감리교 선교부는 1922년에 이 부지를 팔았고, '제일한인감리교회'(1916년에 이름이 변경됨)는 1520 휘트 스트리트(Fort Street: 현 Pali Highway와 Likelike Highway가 교차하는 곳으로, 부지가 없어짐)로 이사했다.

하와이 감리교 선교부가 운영한 '한인중앙학교'의 교장을 지냈고, 또 '한인여학원' 교장, '한인기독학원'의 이사장이 된 이승만은 하와이 사회에서 교육자로 명망이 높았다. 그리하여 1918년 말, 윌리암 얩(William Kwai Fong Yap)이 하와이 단과대학을 종합대학으로 만들려는 계획을 위해 하와이 사회 유지들의 서명을 받을 때에 이승만을 빼놓을 수가 없었다. 438명의 유지들이 서명한 계획서가 하와이 의회에 상정되었고 1919년 4월 30일에 그 안이 채택됨으로써 1920년 9월 학기부터 하와이 대학이 종합대학으로 승격되었다. 얩의 계획에 동조하여 서명한 438명의 명단 가운데 유일하게 단 한 명의 이름 앞에 'Dr.' 라는 칭호가 붙어 있다. 바로 프린스톤 대학에서 박사학위를 받은 Dr. Syngman Rhee였고, 이승만은 이처럼 한인사회뿐만이 아니라 하와이 전체에서도 명망 높은 교육자였다.

'한인기독학원' 이사장 이승만은 로스엔젤레스에 있는 민찬호를 제2대 교장으로 생각했다. 민찬호는 1878년에 이승만의 고향인 황해도 평산에서 출생했다. 이승만보다 3년 연하였지만, 이승만과 같은 해(1895)에 배재학당에 입학하였고, 이승만은 1897년에 졸업하고 민찬호는 1902년에 졸업한다. 1898년 5월에 배재학당의 '협성회'가 발행하던 주간지 《협성회 회보》가 일간지 《매일신문》으로 제호를 바꾸어 발행되었을 때 '협성회'는 이승만이 회장, 민찬호가 사적(문서담당), 이승만의 배재학당 동기인 문경호가 사찰유전(査察流轉, 감사)이었다.

하와이대학교 인준 탄원서에 포함된 이승만의 서명
(오른쪽 위에서 4번째 줄이 이승만의 서명)

한인기독학원 졸업반 (1918) (연세대 이승만연구원 소장)

민찬호는 1905년 여름에 하와이에 도착하면서부터 1911년까지 호놀룰루 한인감리교회 목사로 시무하면서 《포와한인교보》 발간을 담당했었고 또한 '밀스학교'에서 한인학생부를 담당한 잘 알려진 지도자였다. 민찬호는 1911년에 로스엔젤레스의 '남가주 대학'(University of Southern California)에 입학하여 1916년에 신학학사를, 1917

년에는 신학석사 학위를 받고 로스엔젤레스 한인교회에서 목회를 하고 있었다. 이승만은 1919년 1월 21일, 로스엔젤레스로 가서 민찬호를 만나고 그에게 '한인기독교회'와 '한인기독학원'을 맡아 줄 것을 요청한다. 이승만의 요청을 받은 민찬호는 1919년 10월 10일에 도착해 '한인기독학원' 제2대 교장직과 '한인기독교회' 담임목사직을 맡았다. 민찬호가 취임하기 직전 가을 학기의 학생 수는 144명(남학생 77명과 여학생 67명)으로 늘어나 있었다.

한인기독학원 교사 (1919)

1919년 1월21일 로스엔젤레스를 방문해 민찬호를 만난 이승만은 그 때부터 필라델피아, 워싱턴. 뉴욕 등지를 돌아다니며 교민들을 대상으로 연설 활동을 하던 중 3월 10일에 필라델피아에서 고국의 3·1운동 소식을 접했다. 3·1운동 후 세 갈래(해삼위, 상해, 한성)의 대한민국임시정부가 세워졌고, 이승만은 1919년 4월 11일 중국 상해에서 조직된 대한민국임시정부(이승만은 'Republic of Korea'로 영역하였음)의 국무총리로, 그리고 4월 23일 한성(서울)에서 선포된 임시정부의 집정관 총재(이승만은 'President'로 영역하였음)로 추대, 임명되었다. 이승만은 또한 같은 해 9월 15일에 해삼위(Vladivostok), 상해, 한성의 임시정부를 통합한 '통합임시정부'의 대통령으로 선출되었다. 이승만은 워싱턴에 머물면서 대통령직을 수행하다가 부임하기 위해 상해로 가는 도중이던 1920년 6월 29일, 호놀룰루에 왔다.

그리고 7월에 하와이 감리교 선교부에 '한인기독학원'을 맡아줄 것을 요청했다. 대한민국임시정부의 대통령으로 선출된 이승만이 학교일에 전념할 수 없어 학교운영을 포기하려고 한 것이다. 하와이 감리교 선교부는 이 요청을 받고 문을 닫았던 '한인중앙학교'를 다시 운영할 수 있으리라는 희망으로 곧 9명의 이사로 인수위원회를 조직하고 '한인기독학원' 인수준비를 시작한다. 그러나 이승만 동조자들의 반대로 인해 이 계획은 무산되었다.

1920년 11월 16일자로 상해로 떠난 이승만은 1921년 1월부터 상해 임시정부에서 대통령직을 수행하다가, 그 해 6월 29일자로 하와이로 돌아왔다. 하와이에 도착한 지 며칠 뒤 이승만은 그동안 학교운영이 여의치 않아 학생 수가 점차 감소하기 시작했다는 보고를 받는다. 그러나 해결책을 강구할 사이도 없이 1921년 8월 10일자로 다시 미주 본토로 떠났다. 그 후 이승만과 민찬호는 자주 편지를 주고받았다. 민찬호가 1922년 6월 12일에 워싱턴에 있던 이승만에게 보낸 편지에 대한 답장(날짜가 적혀있지 않음)에서 이승만은 민찬호가 그동안 학교를 운영하면서 약 7,000달러의 부채를 진 것을 힐책한다. 그는 서신을 통해 이 부채를 해결할 방법을 강구 못하겠으면, 아예 학교 문을 닫는 것이 좋겠다고 썼다.

한인기독학원 졸업반 (1920) (연세대 이승만연구원 소장)

이렇게 이승만은 민찬호를 힐책하고 대신 길리스(Ansel W. Gillis 한국명 吉理書)를 '한인기독학원' 교장으로 초빙한다. 길리스는 이승만이 배재학당 시절에 한국어를 가르쳐 주고 영어를 배웠던 여성 의료 선교사 화이팅(Georgiana Whiting)의 사위로서, 미 북장로교 선교사로 한국에서 평양 지방을 중심으로 선교활동을 하다가 1919년 7월에 사임하고 귀국하여 로스엔젤레스에 살고 있었다. 길리스는 1922년 10월 27일자로 호놀룰루에 도착하여 학생들을 가르치면서 교장직을 수행했다. 1922년 말 하와이 교육국의 보고서에 따르면 '한인기독학원' 학생 수는 2년 전의 144명에서 55명(남학생 29명과 여학생 26명)으로 줄어든 것으로 기록되어 있다. 1918년 학교 설립 당시의 101명에 비해 절반 가까이 줄어든 셈이었다.

한인기독학원 졸업반 (1921) (연세대 이승만연구원 소장)

한인기독학원 졸업반 (1922) (연세대 이승만연구원 소장)

상해에서 대통령직을 수행하다 하와이로 돌아와 1921년 8월 10일에 본토로 갔던 이승만은 1922년 9월 7일자로 호놀룰루로 돌아왔다. 그리고 다시 '한인기독학원' 일에 전념했다. 본연의 교육자로 돌아온 이승만은 전 교장 민찬호와 함께 1922년 10월 26일부터 11월 6일까지 호놀룰루에서 열린 제1차 범태평양 통상회의에 한국 대표로 참가한 서울의 동양물산주식회사 전무 취체역 김윤수를 만나 기독학원학생들의 학교 건립기금 모금을 위한 고국 방문 가능성을 의논했다. 해외동포 학생들이 학교기금 마련을 위해 모국을 방문한다는 것은 이미 선례가 있었다. 1921년 4월 25일부터 6월 4일까지 이강(李剛)이 블라디보스톡 중학교 설립을 위해 학생음악단을 인솔하여 고국을 방문했고, 같은 해 8월에는 간도(間島) 동포들이 고국에 가서 간도의 유일한 동포 중학교인 영신학교 확장을 위해 국내 동포들의 지원을 요청한 바 있었다. 1922년에도 블라디보스톡 학생 연예단, 기독청년회 음악단, 천도교 청년회 연예단 등이 잇달아 고국을 방문했고, 서간도의 동포모국방문단이 다녀가기도 했다.

하와이 한인들의 경우 모국방문은 이미 1912년부터 개별적으로 이루어지고 있었는데, 호놀룰루의 일본영사관에 여권을 신청하여 여권을 발급받고 다녀올 수 있었다. 따라서 기독학원 학생들도 모국방문을 위하여 일본여권을 신청해야만 했다. 그러나 하와이를 포함한 미주 한인사회에서는 학생들이 일본여권으로 고국을 방문한다는 계획을 두고 친일 논란이 벌어졌다. 그리하여 《태평양잡지》 1923년 3월호는 "호항학생의 내지 유람설"이라는 제목아래 학생들의 모국방문은 '본래 러시아령과 중국령의 우리 학생들이 음악대와 야구단을 조직하여 내지에 유람하고 온 상황을 듣고 우리도 그와 같이 하여보자는 주의로 시작한 것이라'고 설명하고 있었다.

학생들의 고국방문 계획에 논란이 일던 1923년 5월 16일, 밀러 스트리트(Miller Street) 1306번지 '동지회' 사무실에서 이승만은 '한인기독학원' 관계자들과 가진 회의에서 1916년 11월에 하와이 정부에 등록된 '한인여학원' 정관의 이름을 '한인기독학원'으로 바꾸기로 결정하고, 5월 31일자로 하와이 정부에 이름 변경을 신청했다. '한인기독학원'이 개교한 지 5년이 되도록 정식으로 학원 정관을 등록하지 않았었는데, 이 때 비로소 정관 등록을 한 이유는 학생들의 고국방문과 관련되었을 것이라고 추측할 수 있다. 학생 20명과 교사 3명의 여권 발급에 정식으로 등록된 학원 증명서가 필요했을 것이기 때문이다. '한인여학원'이나 하와이섬 동지촌의 경우, 이승만은 언제나 정부에 정식으로 법인과 정관등록을 했지만, '한인기독학원'만은 따로 정관 등록을 하지 않았다. 아마도, '한인기독학원'이 '한인여학원'을 재조직 한 것이었기 때문에 따로 등록이 필요하다고 생각지 않았거나, 이승만이 오랫동안 하와이를 떠나 있었기 때문이었을 것이다.

'한인기독학원'의 정관은 1916년의 '한인여학원'의 정관에서 학교 이름과 학교 자산 액수만을 변경하여 (50,000달러에서 250,000달러로 인상) 5월 31일자로 이름 변경과 함께 등록하였다. '한인여학원'의 목적과 이 사진의 이름도 1916년의 것을 그대로 유지했다. '한인기독학원'이 개교한 1918년 가을에 이미 하와이를 떠난 이희경도 그대로 포함된 것은 '한인기독학원'이 '한인여학원'의 재조직체임을 강조한 것으로 볼 수 있거나, 아니면 단지 서류상으로 학교 이름만 바꾼 것으로 볼 수 있을 것이다. '한인여학원'과 '한인기독학원'의 태극 문양 로고(logo)도 같고 학교 이름만 바꾼 것도 같은 맥락에서일 것이다.

한인여학원 로고   한인기독학원 로고

1923년 6월 20일, 재학생 55명 중에서 20명(남학생 12명과 여학생 8명)과 교사 민찬호, 김노디, 김영우로 구성된 방문단이 '링컨호'(S.S. Lincoln)로 호놀룰루를 떠나 요코하마를 경유하여 7월 5일 서울역에 도착한다. 《동아일보》는 이때부터 방문단이 서울역을 떠나 호놀룰루로 돌아오는 9월 2일까지 한국의 30개 이상의 도시와 마을, 또 남만주 지린(吉林)시와 차오양(朝陽)이라는 마을을 순회하는 동안 계속해서 이들의 활동을 상세히 보도했다.

  '한인기독학원' 학생 모국방문단은 경비를 제외하고도 약 4,900달러를 학교 건축비로 모아서 9월 18일에 돌아왔다. 이 4,900달러(2014년도의 구매가격으로 약 10만 달러)는 학교 신축에 필요한 15,000달러의 3분의 1에 못 미치는 액수로 다소 실망스러웠지만, 하와이 한인 학생들이 고국을 몸소 체험했고, 고국 동포들이 말로만 듣던 하와이 한인 학생들을 직접 만나볼 수 있었으며 또한 《동아일보》가 밀착 취재해 기사를 계속 실어준 것은 큰 수확이었다.

  학생들이 한국을 방문하고 있는 동안 이승만은 1923년 7월 15일부터 학교 건축을 시작해 두 달 후 학생들이 돌아 온 바로 다음 날인 9월 19일에는 '한인기독학원' 교사와 남녀기숙사 낙성식을 거행했다. 이날 낙성식에는 700여명의 한인들이 참석해 '한인기독학원'이 독자적 교사를 갖게 된 것을 축하했다. 이 낙성식에서 민찬호와 김영우 교사가 고국방문 보고를 했다.

칼리히 교사 신축식에서 개토하는 이승만 (1923)

　새 교사로 이전한 '한인기독학원'의 학생 수는 점차 증가했다. 1928년에 54명이었고, 1929년에는 74명, 1930년에는 75명으로 5세부터 16세까지(9학년)의 학생들이었으며 5명의 교사가 가르쳤다. 고국방문을 마치고 돌아온 김노디 교사가 기숙사 사감 겸 교장으로 직무를 수행했으며, 매해 졸업생들을 배출했다. 그러나 학교는 계속해서 재정적인 도움이 필요했다. 학비는 받지 않았고, 한 달에 10달러인 기숙사비를 탕감 받는 학생수도 늘어나고 있었다. 또한 낙후되어 가는 시설들도 계속해서 수리비를 필요로 했다. 학교 운영을 위해 1925년 10월, 학원 부지 중 2.9에이커를 4,225달러에 팔았고, 또 1926년 9월에는 7.5에이커를 10,000달러에 팔아 운영비로 사용할 수밖에 없었다.

1930년도 교직원은 이사장 이승만, 부이사장 강영복(의사), 서기 이용직(한인기독교회 목사), 회계 Chester Livingston 그리고 이사 Dr. Y. Park, D. J. Day, C. J. Pietsch, 교장대리(acting principal) 양유찬, 기숙사 사감 김노디였다. 1930년 이 후 학생수는 계속 감소했고, 김노디의 월급도 지급할 수 없을 정도로 재정 형편이 어려워졌다. 이 시기는 경제대공황으로 미국 사회 전체가 경제적으로 어려운 때였다. 한인들의 학원 지원도 원만치 못했고, 더구나 하와이섬의 '동지촌'이 당면한 재정적 어려움으로 이승만은 더 이상 '한인기독학원' 업무에 관여할 여유가 없었다. 이런 저런 이유로 해서 기독학원의 운영은 어려울 수밖에 없었다.

새 교사 건물과 학생 (1930년)

김노디는 1927년 10월에 건강상의 이유로 본토로 여행을 했는데, 그 동안에 교사였던 볼(Mrs. Anna L. Bole) 여사가 임시 교장직을 맡았다. 김노디의 휴가를 보도한 신문 기사는 '지난 4년간 김노디가 학교 재정이 어려운 가운데 교장직을 맡아 수고한 것에 대하여 학교 교직원과 학생들이 감사했다'고 알렸다. 김노디는 1930년경에 다시 학교로 돌아왔다가 1932년에 교장직을 사임한다. 그 후 '한인기독학원'은 교장 없이 기숙사로만 운영된 것 같다.

1931년 4월경, 하와이섬의 '동지촌'이 파산하면서 이승만은 실의에 빠졌다. 그리고 그 해 가을인 1931년 11월에 여행길에 올랐다. 그 때부터 4년 2개월 후인 1935년 1월 24일, 이승만은 신부 프란체스카(Francesca Donner Rhee)와 함께 하와이에 도착해서 기독학원 기숙사에 기거했다. 이승만 자신이 교장직을 맡고 부인은 기숙사 사감이 되었다. 기독학원 설립 후 이승만 자신이 교장직을 맡아야 할 정도로 학교 운영에 어려움이 있었을 뿐만 아니라, 개인적으로도 새살림을 차린 이승만이 기거할 곳조차 별도로 마련할 수 없을 정도로 궁핍했다. 이런 상황에서도 이승만 부부는 학생들을 위해 할 수 있는 모든 것을 다 하고 있었다.

교장 이승만은 1936년 7월에 학교 재정보고서를 발간했다. 재정보고서는 학교 설립 후 매년 발간하다가 1928년 이후 중단되었다. 재정보고서 발간사의 서두를 보면 교장 이승만이 **"금년에 우리가 학교를 다시 주장하게 된 첫 해에…"**라고 쓰고 있다. 이를 미루어 보면 1932년 이후 학교에서 학과 과정을 가르치지 않았고, 기숙사만 운영되었다가 이승만이 하와이로 돌아온 후에 비로소 학교가 정상으로 돌아온 것임을 알 수 있다. 1936년 재정보고서에 의하면, 1935년 7월과 8월 방학기간에 이승만의 월급조로 10달러씩과, 기숙사 곡상(주방장)의 월급 12달러의 반인 6달러를 지급했다. 9월에는 국어교사 월급이 39달러, 이승만 월급 9달러, 주방장 월급 12달러가 지급되었고, 10월에는 백인 교사 2명의 월급 100달러, 국어 교사와 주방장의 월급 39달러, 이승만의 월급 15달러가 지급되었다. 그 후 1936년 6월까지 교장 이승만, 백인교사 2명, 국어교사, 주방장의 월급 등이 계속 지급되었다. 학생수는 40명 정도였다.

《태평양주보》1938년 6월 1일자에 〈기독학원: 한인의 정체성〉이라는 논설이 실렸다(pp. 1-4). 논설의 요지는 '한인기독학원에서 영어·영문을 가르치는데, 영어·영문은 정부(공립)학교에서도 잘 교수함으로 어려운 재정에 한인의 학원을 설립할 필요가 없다. 한인기독학원을 특별히 설립한 것은 한국역사, 한국어, 한국문화를 교수키 위한 것이다'라고 학원의 존재이유를 밝히고 있다. 이런 이유로 기독학원은 가을학기부터 한문교사를 두기로 결정한다. 더구나. 학생들이 오후에 정원 가꾸는 일로 시간을 보내는 대신, 오후에도 국문을 공부하도록 정원사를 따로 고용하는 등 학생들의 한국 관련 공부를 위해 특별한 조치들을 취했음을 알 수 있다. 또 '한인학원찬성회'(후원회)에 주무원(직원)을 두어 찬성금(후원금) 모집에 주력토록 했다. 후원금은 1,000달러를 목표로 하였는데, 한문교사, 정원사, 주무원의 1년 경비였다. 1938년 여름방학 동안에는 하기 국어학교를 개설해서 오전, 오후반으로 나누어 가르쳤다.

1938년 8월, 교장 이승만은 마우이섬에서 오는 학생 벳시 김(Bessie Kim, 당시 10세) 남매 3명을 맞으러 호놀룰루항까지 손수 운전해 갔다. 언니 마가렛(Margaret), 오빠 에드워드(Edward)와 벳시까지 차에 태워 학교 입구까지 이승만이 직접 운전했다. 차가 학교 문 앞에 이르자 한 백인 여성이 기다리고 있었다. 오빠 에드워드가 한국말로 "저 백인 여자가 누구야?" 라고 물었다. 그러자 핸들을 잡고 있던 이승만이 영어로 답했다.

"She is my wife." (2012년, 85세가 된 벳시 여사가 생생하게 기억한 일화)

매일 아침 예배(chapel) 시간에 프란체스카가 치는 피아노에 맞추어 학생들이 찬송가를 불렀다. 피아노를 치고 싶어 한 벳시에게 프란체스카는 도, 레, 미 음계를 차근차근 가르쳐 주기 시작하여 1939년에 워싱턴으로 완전 이사하기 전까지 6개월간을 가르쳤다. 벳시는 8년 동안 '한인기독학원'을 다닌 후 마우이로 돌아가 마우이 고등학교를 졸업했다.

1939년 3월 30일에 교장 이승만은 프란체스카를 두고 홀로 워싱턴으로 떠났다. 앞으로의 외교활동 재개 가능성과 필요성을 알아보고자 한 것이다. 이승만이 없는 동안 '한인기독학원'을 대신 맡아야 했던 프란체스카는 그 해 6월 4일에 거행된 '한인기독학원'의 23회 졸업식에 임시 교장으로 참석했다. 그리고는 방학 중에 이승만과 합류하기 위해 7월 2일에 워싱턴으로 떠났다.

 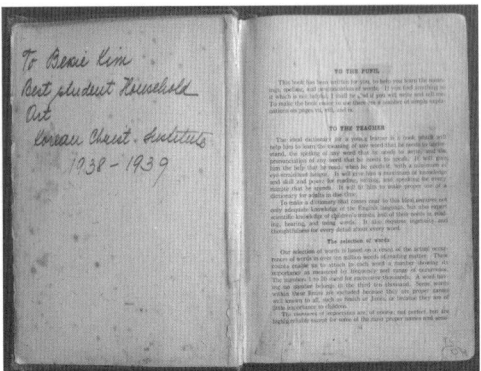

Bessie Kim이 우등상으로 받은 사전 (1939)   사전에 쓴 프란체스카의 친필

임시 교장 프란체스카가 없는 여름방학 동안 '한인기독학원' 기숙사에는 35명의 학생이 머물고 있었다. 1명의 백인 남자 선생이 남학생 기숙사 사감으로 또 2명의 백인 여선생이 여학생 기숙사 사감으로 학생들을 보살폈고, 이만춘 국어선생이 사무를 맡고 있었다.

워싱턴의 연방국회가 여름휴가에 들어가자, 9월초에 개교할 '한인기독학원' 개교 준비를 위해 이승만은 프란체스카와 함께 하와이에 돌아왔다(1939년 8월 10일). 돌아온 이승만은 양유찬을 '한인기독학원' 이사장으로, 이원순을 학원 교무 담당자로, 이원순의 부인 이메리를 기숙사 사감으로 임명하는 식으로 '한인기독학원' 업무를 정리했다. 1935년 1월부터 부부가 함께 '한인기독학원'의 재활과 운영을 위해 최선을 다해왔지만 이제는 양유찬, 이원순, 이메리 등에게 맡기고 떠나야 될 때가 되었던 것이다. 이승만 부부는 1939년 11월 10일 호놀룰루를 떠났는데, 프란체스카는 떠나기 전날까지 학생들을 가르쳤다.

워싱턴 D.C.로 떠나기 전 이승만 부부 (1939)〉 (이덕희 소장)

'한인기독학원'을 이어 받은 양유찬, 이원순은 학교운영을 정상화 하려고 했으나 '한인기독학원'을 필요로 하는 시대는 지나고 있었다. 1940년대에는 대부분의 한인들이 농장지대가 아닌 도시에 거주하고 있었으며, 극소수를 제외한 대부분의 학생들은 집 근처 공립학교에 다니고 있었다. 이런 상황에서 호놀룰루 칼리히 계곡에 위치한 '한인기독학원'의 기숙사에 살면서 공부하는 학생수가 감소해 간 것은 자연스러운 현상이었다. 부모가 없거나, 다른 섬에서 온 학생들만이 기숙사에 기거했고, 한글과 한국역사를 배우도록 하기 위해 기독학원을 고집한 몇몇 부모의 자녀 말고는 더 이상 '한인기독학원'을 필요로 하지 않게 된 것이다.

이승만이 민족주의에 입각하여 기독교 교육에 충실하면서 지도력을 겸비한 건전한 시민을 양성할 목적으로 설립한 '한인기독학원'은 1947년에 폐교되었다. '한인여학원'과 '한인기독학원'은 도합 34년의 역사를 지켰다. 재정적으로 넉넉하지 않은 한인 사회, 더구나 7,000명도 되지 않은 작은 한인 사회에서 어려운 학교살림을 이끌어 왔다. 한인 동포의 기금으로 시작하여, 한인 동포의 계속적인 후원과 미국인 친지들의 후원금으로 새 교사를 마련하고 학교를 운영한 것은 이승만 이외에는 아무도 할 수 없었던 일이었다. '한인여학원'과 '한인기독학원'은 학비를 받지 않았고 기숙사비만 실비로 받아가며 200~300명의 졸업생을 배출하였다. 이승만의 학교설립과 운영은 기독교 신앙을 바탕으로 민족주의에 입각한 교육사업이었다. 하와이에 공립학교가 많았는데도 불구하고, 어렵게 재정을 모아서 한인학생을 위한 학교를 별도로 설립하고 운영한 과정을 살펴보면 이승만은 새로 설립될 국가를 계획하고 준비하는 이른바 장기계획가였음을 알 수 있다.

'한인기독학원' 졸업생으로 한국으로 돌아가 활동한 사람들 중에는 월터 정(국무총리 특별보좌관), 박만서(남선전기회사 사장), 이영구(부산중학교 교장)가 있다.

4. 인하공과대학

넉넉한 기금이 조성될 수 없었던 가난한 한인사회에서 이승만의 끈질긴 노력과 수고로 동포들로부터 후원금을 얻어 운영해 온 '한인기독학원'은 1947년에 폐교되었으나, 기지는 남아 있었다. '한인기독학원' 이사회는 부지 약 24에이커를 1950년 10월에 138,500달러에 팔고, 여자기숙사 시설이 있는 땅 1.12에이커는 남겨 놓았다. 1953년 8월에는 노후한 한인기독교회 소속 한인양로원을 팔고 새 양로원 시설을 마련하려는 과정에서 노인 20명이 이 기숙사로 옮겨와 거주했다. 남겨 놓았던 1.12에이커의 땅은 1955년 11월 15일자로 하와이 정부가 칼리히 터널(현 Wilson Tunnel)로 가는 도로(현 Likelike Highway)를 확장하기 위해서 매입하였다.

양유찬 이사장은 학교부지 24에이커를 판 기금으로 한국 대학원생들이 학업을 계속할 수 있도록 미주 본토의 대학원을 물색하면서 학교 설립자 이승만 대통령에게는 이 기금의 사용에 대한 의견을 물었다. 보고를 받은 이승만 대통령은 1951년 7월 14일자 답장에 "방매금 중 5,000달러로 여자기숙사 건물을 수리하고, 양로원을 그 곳으로 옮겨 노인들이 거처하기에 좋도록 하라"고 지시했다. 나머지 돈 약 133,500달러(2014년도 구매가격으로 약 2,700,000달러)는 인천이나 서울 근처에 '한하대학'이라는 대학교를 건설할 것이라고 했다. 이승만의 구상은 아래의 장문 편지에 나타나 있다.

"오래전에 하와이 이민으로 들어간 동포들이 희생적 공헌으로 그 자녀들의 교육을 위해서 기독학원을 세웠던 그 역사를 영원히 기념케 함과 동시에 옛적에 감리교 목사 조지 히버 존스 목사가 인천에 있을 때에 이민을 열어놓아 인천에서 배를 타고서 여러분이 하와이 갔던 것을 또 기념할 것이로되. 그 대학 안에는 처음부터 종사하던 기독학원 발기 주동자들과 또 찬성회원들의 명록과 기타 역사적 관계를 기록하고 그 때의 사진과 물질을 얻어 보유하여 모든 동지들의 역사까지라도 올려두게 하자는 계획인데. 그 지단을 정부에서 얻든지 혹 다른 원조로 얻든지 해서 돈을 들이지 않고 얻도록 해 볼 것이며. 그 외에는 유지한 재정가들을 얼마 얻어서 혹 기본금도 세우고 또 다른 수입도 있게 만들어 가지고 영구히 발전해 나가게 하려는 것입니다. 내가 본래는 이것을 하와이에다가 학자금을 적립해 두든지 혹 다른 공약사업에 쓰려고 해보았으나 찬성회 여러 동지들의 소원이 본국에 갖다가 무슨 교육상에 써서 도움이 되게 해 주기를 청하는 바, 하와이 우리 청년들은 이것이 그다지 필요하지 않겠으나 여기서는 큰 도움이 될 터임으로 하와이 동포와 본국 동포 사이에 연락하는 그 정의를 영원히 표하기 위하여서라도 이보다 더 좋은 것이 없겠음으로 이와 같이 작정하니 이 글을 보고 찬성원 일동이 다 이것을 찬성하거든 양[유찬] 대사에게 알려 가지고 이 돈을 찾아서 김[용식] 총영사에게로 보내면 속히 시작해 볼 것이오. 만일 이보다 더 좋은 방안이 있으면 찬성원들이 원하면 달리 생각해 볼 수 있겠으니 협의하여 속히 기별하시오."

한국동란 중에 이승만은 과학기술교육과 외국어교육을 위한 고등교육기관을 설립할 것을 구상하고 있었다. 이승만은 1953년 7월 31일 외국어대학의 설립을 문교부에 지시하여 이를 국립대학으로 추진했다. 마침 대학설립을 준비하고 있던 한국육영회의 계획과 결합하여 1954년 1월 18일에 정부의 보조금으로 재단을 인가함으로 '한국외국어대학'이 1954년 4월 20일에 개교하게 된다. 한편, 그가 구상하고 있던 과학기술자 양성을 위한 공과대학의 설립은 하와이

'한인기독학원'의 기지 판매에 관한 보고를 받은 후 실천에 옮겨지게 되었다. 학교 이름을 구상 초기의 이름인 한국과 하와이를 의미하는 '한하'에서 인천과 하와이를 뜻하는 '인하'로 바꾸었다. 인하공과대학 설립에 관한 김법린 문교부장관의 담화는 아래와 같다.

"그동안 본 대학의 재단 확립을 위하여서는 하와이 동포들의 눈물겨운 기부금 15만불과 정부보조금 100만불 및 인천시 기증 교지 12만여 평을 필두로 정부 각 부처와 산하 공무원의 갹출금, 대한 중석회사, 화신산업주식회사, 대한금융단 등 각 기관, 전국 방방곡곡으로부터의 기부금 등 총 2,700만환이 넘는 거액이 단시일 내에 수집되어 이제 2억 5천만환의 재단을 구성하게 된 것은 우리 교육사에 일찍이 그 유례를 볼 수 없는 성사로서 우리 교육기관의 발전을 위하여 크게 치하하여 마지않는 바입니다."

'한인기독학원' 부지 방매금은 '인하공대'로 곧 전해지지 않았고, '인하공대' 건축이 확실해 질 때에 보내려고 호놀룰루 은행에 예치해 두었다. 드디어 1962년 11월 17일에 하와이의 기금관리위원(최백렬과 윌버트 초이 Wilbert Choi) 최백렬이 기금을 서울로 가지고 가서, 최백렬, 윌버트 초이 그리고 인하공과대학 학장(김장훈) 등 3명의 이사(trustee) 이름으로 이 기금을 한국상업은행에 23,315,895원(179,353.04달러를 한화로 바꾼 액수) 입금하였다. 최백렬은 "이 기금이 하와이 교포들의 독립운동을 위하여 이루어진 기금이며 조국을 위한 성의를 잊지 않도록 쓰어져야 한다는 것과 동 자금이 단순히 운영을 위하여 소모만 되는 것을 방지할 수 있는 관리 운영체를 구성하여 달라"는 요지를 인하대학 측에 알렸다.

한편, 한인기독학원 이사회(이사장 강영복, 서기 필립 홍, Chester Livingston, John L. Dunstan, Leslie Scott, Mrs. Frank Midkiff, 최성대, 양유찬, 김영기)는 1954년 1월 29일에 특별회의를 소집하고 폐교된 '한인기독학원'을 해체할 것을 결정하여, 4월 23일 정식으로 해체되었다. 해체문(Decree of Dissolution, Korean Christian Institute)이 남아있다.

Kula Kolea 길 표지판

개인주택단지로 개발된 한인기독학원 부지에는 Kula('학교'라는 하와이 말) Kolea('Korea'라는 하와이 말) 라는 이름의 도로가 있어 한인 학교가 있었음을 시사하고 있다. 이 길 이름은 개발업자가 한인 학교가 있었음을 기념하여 붙인 것이다. '한인기독학원' 교사 자리에는 '칼리히 초등학교'가 있는데, 주소가 2471 Kula Kolea Drive 이다.

위에서 기술한 것과 같이 이승만은 한인 여학생기숙사 구입을 시작으로 '한인기독학원'을 개교할 때까지 여러 번의 부동산 거래를 했다. 1913년 2월 3일 그야말로 맨 손으로 하와이에 도착한 이승만은 '한인중앙학교' 교장으로 기숙사에 기거하면서 교육에 전념했다. 이승만이 하와이 감리교 선교부의 도움을 받지 않고 순전히 한인들의 성금으로 여학생기숙사를 마련하고, 여학생기숙사를 '한인여학원'으로 또다시 '한인기독학원'으로 운영할 수 있었던 것은 이승만의 교육자로서의 열정과 명성에 '국민회' 회원들을 포함한 한인 동포들의 계속적인 후원이 있었기에 가능했다. 또한 이승만은 꾸준히 부동산 거래와 부동산 담보 대출 등을 통해 학교 부지 마련은 물론 건축비도 마련할 수 있었다. '한인기독학원'의 계속되는 운영비 부족을 메우기 위해 기독학원 부지 일부를 팔기도 하면서 어렵게나마 1947년까지 '한인기독학원'이 유지될 수 있었던 것은 '한인기독학원'이 부동산을 소유했기에 가능한 일이었다. 동포들의 성금으로 여학생기숙사 부지를 구입했을 때부터 이승만이 주장하여 확보한 한인의 토지 소유권은 그의 부단한 노력 덕분에 유지될 수 있었던 것이다.

그의 학교 관련 부동산 거래는 한인 청소년의 교육을 위한 것이었고, 마지막에는 학교부지 판매금이 대한민국에 새로 설립되는 공과대학으로 이어졌다. 누구도 이승만이 어느 개인의 혹은 단체의 땅을 가로채서 사리사욕(私利私慾)을 채웠다고 말할 수 없다. 이승만이 얼마나 많은 부동산 거래를 하고, 담보 대출을 받고 또 갚으면서 마지막으로 한인기독학원의 36.5에이커 부지를 구입하였는지를 〈부록 1: 이승만의 학교관련 부동산거래〉에 상세히 밝혀 두었다.

선교활동 및 교회 개척

1. 한인 감리교회 지도자 양성 집회

이승만은 《한국교회핍박》을 집필하던 중 1913년 2월 27일부터 3월 2일까지 3박4일간 '펄 씨티 공원'(Pearl City pavilion)에서 성경공부와 감리교 교역에 관한 훈련 집회도 주관했다. 대상은 호놀룰루 제일감리교회에서 열린 하와이감리교 연회에 참석했던 한인 감리교회 교역자들과 평신도 지도자들이었다.

사흘 동안 계속된 이 집회는 한인 감리교회 교역자들의 가장 큰 집회였고 가장 알찬 활동이었다. 100여명의 한인 목회자와 평신도 대표들은 성경과 감리교 교역을 공부하였을 뿐만 아니라, 서로간의 유대관계를 돈독히 했다. 부 감리사 주부켄은 "이 집회를 통해서 참석자들은 협동정신을 가지게 되었고 '값비싼 진주'를 발견하는 기회였다. "It brought the leaders together in a spirit of cooperation, and many found the 'pearl of great price' at this meeting"고 보고했다. '값비싼 진주'는 물론 이승만이었다.

이승만, 홍치범 외에 다른 섬에서 온 목사들과 감리교 연회에 왔던 루콕(Naphtali Luccock) 감독, 와드맨, 다른 교파 지도자, 판사 등이 연사로 참석한 것으로 미루어 이 집회가 와드맨 감리사의 주선으로 이루어진 것 같다. 스타 블르틴(Honolulu Star-Bulletin) 지는 증가하는 한인 교인들뿐만 아니라 다른 민족 교인들도 이런 종류의 교역자와 평신도 지도자 훈련이 필요하다고 역설했다. 하와이에서 이승만은 이 집회를 통해 감리교 교역자 훈련의 모범적인 지도자로 부각되었다.

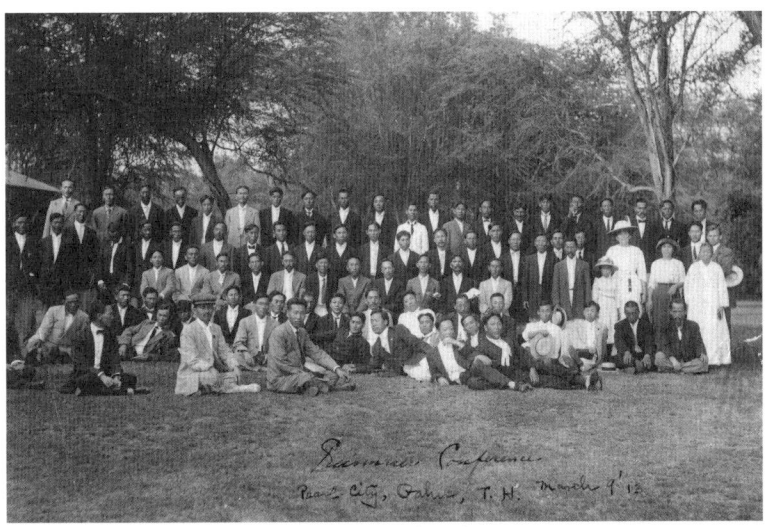

한인 교역자 양성 집회를 마치고 (1913) (연세대 이승만연구원 소장)

5개월 후 와드맨 감리사는 감리교 선교부에서 운영하는 한인기숙학교 교장으로 이승만을 임명했다. 1904년 11월 이승만이 하와 이를 처음 방문했을 때 이미 이승만의 카리스마적 지도력을 인지했고, 또한 목회자 양성 집회를 통하여 그의 지도력을 재삼 확인하게 된 와드맨 감리사가 이승만을 교장으로 임명한 것은 극히 자연스런 결과였다. 더구나, 친일 성향을 가진 와드맨이 한인사회에서 어려움을 겪고 있었을 때였기 때문에 와드맨은 전적으로 이승만에게 의지하게 되었다(와드맨의 어려움에 관하여는 필자의 《하와이 대한인국민회 100년사》 제1장 참조).

이후, 이승만은 직접 한인 사역자 임무를 맡기도 했다. 이승만은 와이파후 교회(기도처)에서 주일마다 설교를 했고, 1914년 초부터는 정규적으로 예배를 볼 수 있도록 도와주었다. 1909년부터 이 교회를 담당했던 김유순 목사가 1911년에 귀국한 후 목회자가 없어 정규적으로 예배를 보지 못하던 상황이었다. 이승만은 또한 1915년에 호놀룰루 한인감리교회의 홍치범 목사가 학업을 위해 미주 본토로 간 후 송헌주 목사가 1916년에 부임할 때까지 계속 설교를 맡아서 했다. 이승만이 프린스턴 대학교에서 박사학위만 받은 것이 아니라 신학도 공부했기 때문에 목회할 자격도 있었던 것이다.

2. 호놀룰루 한인 YMCA 조직

1913년 4월에 YMCA 국제위원회 총무 마트 박사(Dr. John R. Mott)가 호놀룰루를 방문했다. 그는 호놀룰루 YMCA에게 일본인, 중국인, 그리고 한인의 YMCA를 조직하는 것이 동양 소수민족과 함께 활동할 수 있는 가장 좋은 방안이라고 조언했다. 마트는 또한 한인 YMCA를 위한 최적의 인물이 이승만이라고 천거한다. 마트가 이승만을 천거할 수 있었던 연유는 이승만이 박사학위를 받고 서울로 돌아가 1910년 10월부터 1912년 3월까지 서울 YMCA의 한국인 총무 내지 학감으로 근무한 데에서 비롯됐다.

이승만이 학생부와 종교부 간사로 학생들의 교육과 청년운동을 총괄적으로 지도하면서, 성경반을 인도하고 강연과 설교도 하며 YMCA 전국망을 구축한 것이다. 또한 번역사업도 열심히 해서 마트가 저술한 *Religious Department of the Student Association*을 《학생청년회의 종교상 화합》으로 그리고 *Work for New Students*를 《신입학생 인도》로 번역해 출판했다. 더구나 1912년에 마트가 서울을 방문하였을 때에는 서울 YMCA 총무 질레트(Phillip L Gillett)와 함께 '105인 사건'으로 일경(日警)에 체포 될 위기에 있던 이승만을 마트가 구해내는데 일조하기도 했었다.

그런 이유로 해서 호놀룰루 YMCA는 1913년 가을에 이승만을 명예이사로 임명하였다. 한국에서 이미 2년간이나 YMCA 경험을 쌓은 프린스턴대 박사 출신의 이승만을 마다할 이유가 없었던 것이다.

이사 이승만은 감리교 선교부 와드맨 감리사와 한인감리교회 홍한식 목사와 함께 한인 YMCA 조직을 위해 노력했다. 1914년 1월에 호놀룰루 YMCA는 한인 YMCA를 조직하여 호놀룰루 YMCA의 지부로 두기로 결정하게 된다. 이승만은 마트 박사를 통해 최상호를 데려오도록 주선했다. 최상호는 서울 YMCA에서 이승만과 함께 일한 적도 있을 뿐 아니라 1911년부터 동경의 한인 YMCA 부총무로 있으면서 이승만이 1912년 4월 미국으로 오는 길에 일본에 들렸을 때 카마쿠라(鎌倉)에서 열린 한인학생대회에서 재회하기도 했었다. 이승만이 경험 있는 최상호를 원한 것은 자연스러운 것이었고, 그의 연봉의 반(240달러)은 YMCA에서 지급하고 나머지 반은 '한인중앙학교' 이사회에서 지급하기로 했었다. 이로 미루어 당시 '한인중앙학교', 교회, YMCA까지 모두가 감리교회를 중심으로 이루어지고 있었고, 그 중심에 이승만이 있었음을 알 수 있다.

이승만의 주선으로 하와이로 오게 된 최상호는 1914년 3월, 호놀룰루에 도착하여 사무실을 《국민보》 편집실 옆방으로 정하고 활동을 시작했다. 4월에 67명의 한인들이 모여 한인 YMCA 이사 9명(김종학, 박상하, 박용만, 신흥균, 안원규, 이내수, 이승만 한재명, 홍한식)을 선출하고, 회장에 이승만, 부회장에 박상하, 서기에 홍한식, 재무에 안원규를 각각 임명한다. 이들 이사와 간부들은 교회 목사, 단체장, 그리고 사업가들이었는데, 이들이 이승만의 도움으로 미국 단체의 첫 이민한인 '지부'를 결성할 수 있었다. 한인들의 현지화 내지 미국화의 시작이었던 것이다.

산하 조직으로는 교육부, 사회부 및 직업 알선부를 두고, 1년에 회비를 1.50달러로 정하고 그 자리에서 156달러를 모았다. 직업 알선부는 호놀룰루 일간지에 기사를 내는 등 여러모로 노력하여 한인들에게 직장을 찾아주었다. 대부분이 정원사와 집안일을 돕는 일이었고, 재단사, 청소부 자리를 찾는 이들도 있었다.

1915년 말, 최상호는 건강상 이유로 서울로 돌아갔고, 1916년부터 이태성이 총무로 활동하였다. 이승만도 '한인여학원' 설립 등 학교 일로 바빠졌기 때문에 한인 YMCA 활동에 직접 관여할 수 없었다. 그러나 호놀룰루 YMCA 지도자들은 이승만의 지도력과 한인 사회에서의 위상을 늘 인식하고 있었다. 1917년 3월에 호놀룰루 YMCA 이사회가 소수민족 YMCA들을 통합하여 누우아누(Nuuanu) 지부를 결성하기로 하고, 1918년 봄에 웨스터벨트(W. D. Westervelt)와 이승만을 포함한 10명의 이사회를 조직했다.

그런데 1년 후인 1919년 3월 21일 이사회에서 그동안 이사회에 참석하지 않은 이승만 대신에 중국인 Mr. Pang을 임명한다. 아래 밝히는 것과 같이 이승만이 감리교를 떠났기 때문에 이루어진 일이었다. 호놀룰루의 백인 지도자들은 모두 감리교, 회중교회, 성공회 교회 등에 속한 교인이었다. 그래서 이들은 미국 감리교를 떠나 독립된 교회를 조직하는 이승만을 더 이상 YMCA 지도자로 인정하고 싶지 않았던 것이다. 호놀룰루 YMCA의 '거절'은 이승만에게도 잊고 싶은 기억이기도 했을 것이다. 이승만이 1953년 10월 26일에 양유찬 대사를 통하여 자신과 한국 YMCA의 관계에 관한 글을 발표했을 때 호놀룰루 한인 YMCA에 관해서는 전혀 언급하지 않았다. 물론 주제가 한국 YMCA에 관한 글이었기 때문이기도 했겠지만, 그 때 일을 떠올리고 싶지 않았는지 모른다.

Nuuanu YMCA에 걸려있는 창립 이사 사진

1931년 하와이의 한인수는 6,461명으로 중국인, 일본인 등에 비해 적었고(전체 인구의 1.8%) 더구나 1.5세(당시에는 이 단어를 사용하지 않았다)와 2세들의 미국화로 한인 YMCA의 필요성이 없어졌다. 호놀룰루 YMCA 이사회에서 한인 총무를 없애기로 결정하여, 1914년에 시작된 한인 YMCA 조직도 이로써 끝이 났다. 이승만의 도움으로 시작된 한인의 현지화, 미국화가 결실을 맺었기 때문이었다.

3. 한인기독교회

이승만이 '한인중앙학교'에 여학생을 받아들이면서 시작된 웨슬리홈을 운영한 미국 감리교단 여선교부와의 껄끄러운 관계는 교단 전체와의 관계에까지 영향을 미쳤다. 결국, 이승만은 '한인여학원' 설립을 준비하면서 하와이 감리교 선교부가 운영한 '한인중앙학교' 교장 직을 사직했다. 1916년부터는 이승만을 따르는 감리교회 교인 약 30명이 친목 겸 예배를 시작하면서 하와이 감리교 선교부가 진정으로 한인들의 교회와 교육기관을 도와주는가에 대한 논의도 자주 있었다. 그렇게 모여 예비와 친목을 다지던 이들의 수가 70~80명으로 증가되었고, 이들은 1917년 초부터 '한인여학원'에 모여 예배를 보게 되었다. 이 예배 모임은 꾸준히 계속되어 1918년 말에는 성인 230명과 아동 165명이 모이고 있었다. 더구나 호놀룰루 이외에 오하우섬, 와히아와(Wahiawa)와 하와이섬, 마우이섬, 카우아이섬 등에서도 이런 형태의 새 예배 모임이 시작되었다. 이 같은 현상에 대해 감리교 선교부로서는 심히 당황하지 않을 수 없었다.

1918년 11월에 프라이 감리사가 쓴 메모에는 가을부터 《국민보》에 '한인중앙학교'를 좋지 않게 평하는 기사가 실리기 시작했다고 했다. 그리고 드디어 1918년 10월 12일자 《국민보》에 이승만의 글이 실렸다면서 그 글을 요약하였다. 이 《국민보》는 현존하지 않는데, 《신한민보》 1918년 11월 14일자가 같은 글을 "국민보의 창도하는 교회의 기회"라는 제목으로 실었다. 이 글은 아래와 같다.

"우리는 예수교회가 한인의 제일 큰 기회로 믿는 바이니, 한인의 제일 큰 기회를 방해하는 사람이나 방해하는 물건이 있으면 우리는 우리의 힘 자라는대로 하나님의 뜻에 합당한 대로 그 방해를 받지 않도록 변통하는 것이 우리 한인의 천직이라 하노라.

현금 하와이 한인의 교회 형편을 볼진대 자유교회와 감독교회(성공회교회)와 미이미교회(감리교회)가 분열하며, 국민회와 미이미교회가 분쟁하는 중 하나님의 영혼상 일이 점점 타락해 가는 경우를 다시 당하였으매, 우리는 희망이 점점 어두워 가는 염려가 없지 않은지라.

지금 그 연고가 어디 있으며, 그 허물이 뉘게 있는가 하는 것은 피차간에 다 소용없는 말이고. 우리가 일체로 긴절케 여길 바는 어찌하면 우리의 큰 희망되는 우리의 교회를 더 확장시키겠느냐 하는 문제니. 이 문제에 대하여는 모든 한인된 사람이 누구를 물론하고 생각코저 아니할 자 없을진저.

대저 지금 세상에 제일을 제가 할 줄 아는 백성은 능히 부지할 뿐 아니라 날로 부강에 나아가고 제일을 제가 할 줄 몰라서 남다려 하여 달라고 미루어 두고 있는 자는 필경 제 것을 다 남에게 잃고 남의 노예가 됨을 면치 못하는 법이라. 이것은 더 설명치 않아도 당장의 우리의 당한 바와 우리의 보는 바를 빙거하여 다 알 바이로다.

교회는 사람의 눈에 보이지 않는 신령의 복락을 구하는 근본이며. 인간사회는 신체의 행복을 구하는 근본이니. 하나는 마음을 다스리는 자요 하나는 육신을 다스리는 자라. 그러므로 종교상 독립 자유의 근본이 서지 못하고 국가의 독립 자유를 도모하는 자 없나니. 이는 곧 마음이 남을 의뢰하는 자 능히 육신을 자립할 수 없는 연고라.

마틴 루터가 천주교회의 속박을 타파한 후 유럽 열강의 독립사상이 발달되었으며, 영왕(英王) 헨리 제8세가 영국 교회를 세운 후로 독립 국권을 완전케 하였으며. 근래에 이르러 일본 교회가 모든 명목을 합하여다가 한 독립적 교회를 세운 것이 또한 이 연고라.

우리 한인도 조만간 장차 이와 같이 되어야 교회도 우리 교회가 완전히 서겠고 그 결과로 장차 국가적 독립도 새로 기초가 잡힐지니. 모든 정신이 있는 한인들은 다 이것을 주의하며 경영하거니와. 오늘 대한 형편으로 보면 내지(본국)에서는 이런 운동을 할 처지도 못 되었고 본국 교회가 아직 준비도 완전히 못 되었다 하겠으나, 하와이 형편으로는 능히 교회도 자치할 만치 된지라.

그런즉 하와이에 온 교인들은 이 기회를 가지고 한번 이용하여 스스로 한인의 만세 복리될 기초를 여기서 세워 차차 그 영향이 미치는 대로 대세를 회복하는 것이 곧 이때에 있으니. 모든 장원한 앞길을 보시는 이들은 이에 합동함이 가하도다.

하물며 현금에 인심이 동일하여 호항이니 각 지방이 다 같은 상태를 가져서 우리끼리 우리의 영혼상 사상을 주장하자는 주지가 생기며. 그 중 몇 사람은 이것을 불가라 하여 합동이 되지 못함에 자연 교회가 퇴보되며 다른 중대한 사업도 이것으로 인연하여 영향을 받게된고로 각처에서 동지한 신자끼리 따로 모여 예배를 보는 형편이 4도에 거의 동일한지라.

본 항에서는 근자에 우리 교회 임원 제씨와 교우들이 의논하고 한인학원에서 학생 일동과 합동하여 예배를 보고자 하는 고로 본 학원에서는 의례히 예배보는 동시에 학부형들과 합동하여 보는 것이 어려운 것도 없을 뿐더러. 작년에도 하여 오든 바인 고로 우리 학원에서도 찬성하는 뜻을 표하여 기왕 교회 임원 제씨의 책임대로 여전히 띄고 따로 예배 보아 한인계의 천국 사업을 한 층 더 확장하고자 하는 바라.

이 중에서 한 두가지 주의할 바는 우리가 아주 따로 떨어져서 미이미* 교회와 영영히 남이 된다 함도 아니요. 아뭇쪼록 미이미 교회 안에 있는 교우들을 우리에게로 오게 만들자는 주의도 아니며. 모든 관계는 다 여전히 지켜서 미이미 교회와 합력하여 한인의 사업을 할 수 있는데까지는 합동할 것이오. 믿지않는 동포들을 주 앞에 나오게 할 것이며. 피차간에 감정을 풀어 교인의 자격에 합당치 않은 상태를 보이지 않을 것이요. 다만 심지가 상적치 못하여 서로 한 교회 안에 모이기 어렵고 한인의 사업을 함께 받들어 나아가지 못하며. 인하여 교회가 퇴락되는 폐단을 막기 위하여 우리 동지인끼리 따로 하나님을 섬기며 영혼상 복리를 더욱 힘써 도모하여 한인의 희망을 잃지 말게 하자 함이니. 이 뜻이 곧 각 지방 교우 중으로서 발표하여 실시한 지 오랜 바라. 우리도 이 뜻을 찬성하며 모든 유지인사가 다 운동에 합동하기를 바라노라."

*(당시 감리교의 영문은 Methodist Episcopal Church였고, 줄여서 ME라 했는데 한인들은 ME를 "미이미"라고 불렀다.)

프라이 감리사의 메모에는 위의 글을 요약한 것 이외에 호놀룰루, 카우아이섬 콜로아(Koloa), 하와이섬 카파에호(Kapaeho), 마우이섬 파이에아[파이아 Paia]와 하나(Hana) 교회의 동향도 포함되었다. 그리고 '애드버타이저지의 편집인 매테슨(Matheson: 한인여학원 이사로 한인여학원에 관한 좋은 기사를 많이 실었다.)이 사직하고 일본으로 가기 때문에 이제 이승만이 기댈 사람(백인)은 어드만(Erdman: 한인여학원 이사) 뿐이다. 그런데, 이승만의 교육활동이 독립 교회 설립과 연계되어 있다면, 어드만이 지속하여 도와줄 것인지는 의문이다'라고 덧붙였다. 감리사의 긴장감 또는 불안한 심리를 엿볼 수 있는 것이다.

1918년 12월 23일 호놀룰루와 와히아와, 카우아이섬의 콜로아와 케카하(Kekaha), 마우이섬의 푸우네네(Puunene)-파이아, 하나- 케알리쿠(Kealiku), 그리고 하와이섬의 호노카아(Honokaa), 카포호(Kapoho), 카우-파할라(Kau-Pahala)와 라우파호에호에(Laupahoehoe)의 대표 14명(이승만, 윤계상, 신성일, 송경신, 이누신다, 박영기, 이종관, 임평순, 장재현, 박원백, 김경준, 노성현, 조석진, 고성준)이 모여 예배드린 후에 여러 가지 주제들을 논의했다. 그리고 이 날 지금까지 모여온 회중을 정식으로 '한인기독교회' (The Korean Christian Church)라 부르기로 결정했다. 이승만이 호놀룰루 제일한인감리교회에서 제적 통고서를 받은(1918년 11월 8일) 후 1개월 반 만에 이루어진 일이다.

하와이에 정착하여 5년 동안 한인 감리교회의 지도자로 활동하면서 하와이(미국) 감리교 선교부로부터 정신적·물질적으로 지원을 받아 온 이승만에 의해 한국민족의 최초의 독립된 기독교회가 개척된 것이다. 1913년 3월《한국교회핍박》에서 한국 교회의 독립을 준비하여야 한다고 설파했던 이승만이 드디어 하와이에서 한국 교회가 독립할 수 있음을 선포한 것이기도 했다.

'한인기독교회'를 설립한지 13년 후에 이승만은《태평양주보》(1931년 6월 20일)에 〈우리 사업의 목적〉이라는 글을 실었는데, 이 글에서 이승만은 한인이 주장하고, 한인이 소유하자는 목적에서 한인기독교회를 세운 것이라고 또다시 설명하고 있었다.

"몇 가지 세운 사업의 목적은 우리 민족 장래에 복리될 것임으로 기초를 굳게 세워 이 목적으로 발전하여 점차로 크게 되기를 바라는 것이니….

교회일로만 말할지라도 우리의 사랑하는 여러 동지들이 나와 함께하여 한족의 장래 복리를 줄만한 교회를 기초 잡아 한인의 주장으로, 한인의 소유로 발전시키자는 목적으로 동심합력하여 지켜 나왔나니."

하와이 감리교 선교부 관할에 있었던 한인 교회의 자립도를 보면, 왜 이승만은 한인들이 교회의 주체가 되어야 한다고 주장했는가를 이해할 수 있다. 예를 들어, 1917년 힐로 교회 목사의 월급이 63달러였는데, 교인들은 5.50달러만 담당했고, 사탕수수 농장이 10달러, 감리교 선교부가 47.50달러를 담당했다. 교회 건물도 농장과 감리교 선교부가 마련하여 주었다. 자립된 교회가 아니었고, 교인들은 전혀 '내 교회'라는 의식을 갖지 못한 채 미국 감리교 선교부에서 해 주는 대로 따라가고만 있었다. '사진신부' 천연희가 당시의 한인 감리교회 목사들을 "자기네들 월급을 보호하는 사람들"이라고 평했는데, 그리 과격한 표현이 아닌 것 같다.

이런 상황에서, 이승만은 재산권을 주인의식의 기초로 인식·주장하였고, 주인의식이 있어야 교회부흥도 따른다고 믿었다. 이승만은 그의 생각을 《태평양주보》(1940년 9월 7일) 〈교회와 학교에 대하여〉라는 글에서 밝혔다.

"우리 교회와 학교를 따로 세운 것은 우리가 타국인과 연락을 끊는다든지 우리가 독립 교회라는 명예만 취하자[는] 것이 아니고 우리도 남과 같이 우리 것이 있어야 되겠다는 각오로 시작한 것입니다. 남이 주장하여 세워주는 것은 아무리 좋아도 우리 것은 아닙니다. 남의 하는 사업에 우리 돈을 갖다 암만 많이 넣어도 우리 것이 되지 못합니다. 물론 우리 것이나 남의 것이나 우리가 가서 예배 보았으면 그만이지 구별할 것이 무엇이냐 하겠지만은 남에게 가서 부쳐서 예배를 보는 것은 얼마 후에 남이 도와주지 않으면 없어지고 말지마는 우리 것은 조그맣게라도 시작해 놓고 우리 저력을 들여 확장하면 영구히 우리 것으로 크게 만들 수 있는 법이니. 우리도 남들 하는 전례를 따라서 우리 것을 세워가지고 우리 것을 크게 만들려는 계획으로 시작한 것입니다." (p.4)

이승만은 더 나아가 한인 교회가 외국 선교부의 관할에서 벗어나 독립된 교회행정을 할 수 있기 위해서 한인기독교회를 설립한 것이라고 1944년 12월에 당시 한인기독교회 담임목사 유경상에게 설명하였다.

"내가 한인기독교회를 설립했을 때 한인 감리교인들 뿐만 아니라 미국인 교인들도 나를 버릴 것이라는 것을 잘 알았습니다. 그러나 한인 교인들이 외국 선교부에 의존하지 않고 한인 교회 운영을 주장하여야 한다는 결심을 했습니다. 물론 감리교인들이 우리 교회 교인들을 질타하고 원망하는 것은 자연스러운 이치였습니다.

이승만이 한인기독교회를 개척한 1918년 말에 백인, 일본인, 한국인, 필리핀 4개 민족의 감리교 회중에 한인 교인들은 줄곧 전체 감리교인 수의 60%라는 높은 비율을 차지하고 있었다. 그러나 '한인기독교회'가 설립되면서부터 많은 감리교인들이 '한인기독교회'에 출석함에 따라 감리교인 수는 격감하기 시작했다. 1915년에 200명 가까운 교인들이 '제일한인감리교회'('호놀룰루 한인감리교회'에서 1916년에 이름이 바뀜)에서 예배를 보았는데 1920년에는 겨우 70명만이 예배를 보고 있었다. 다른 섬에도 '한인기독교회'가 설립되면서 한인 감리교인 수는 마찬가지로 줄었다. 1915년에 13개의 한인 감리교회들의 주일예배 참석수는 총 평균 1,058명이었으나 1920년에는 12개의 교회에서 432명만이 예배를 보게 되었다. 더구나, 1920년대부터 사탕수수 농장에서 일하는 한인들의 수가 줄어들기 시작하면서 농장에 있는 한인 감리교회들이 하나 둘 문을 닫기 시작했다. 1921년에 여러 섬의 사탕수수농장에서 일하는 한인들의 수가 총합 1,150명이였는데, 1930년에는 484명밖에 남지 않았다. 그래서 1930년에는 여러 농장교회들이 문을 닫아 8개의 한인감리교회만이 남게 된다.

  1918년 '한인기독교회'로 옮겨 간 감리교회 교인들 중에는 '한인기독교회'를 감리교회의 계속으로 간주한 이들도 있었다. 이들은 특별한 교리나 교회 운영방침 때문에 교회를 옮긴 것이 아니라 지도자 이승만을 따랐다고 볼 수 있다. 그렇기 때문에 많은 교인들은 '한인기독교회'에서의 활동을 감리교회 활동의 연장으로 생각하고 있었다. 좋은 예가, 한인기독교회 부인보조회의 설립을 '1915년 3월 14

일에 미이미 (감리교)교회당에서 시작되었다고 간주'한 것이다.

이러한 한인 감리교인의 움직임을 두고 '이승만이 감리교회를 분열시켰다'고 해석할 수도 있다. 실제로 하와이 감리교 선교부는 교인들의 움직임을 "분열 division" "문제 trouble" "협의할 줄 모르는 inability to agree among themselves" 등의 용어로 표현하고 있었다. 또한 1911년에 귀국했던 김유순 목사가 1917년 미주 본토로 가는 길에 하와이를 방문했는데 이 때 김유순 목사가 이 문제를 무마 내지 해결해 주기를 바라기도 하였다. 김유순 목사는 그 해 11월부터 10개월을 머물면서 여러 교회에서 부흥회를 갖는 등 교인들을 지키려고 노력했다. 그러나 감리교 선교부조차 "한인들이 너무 정치적으로 선동되어 김유순 목사가 더 이상 무마하려 하는 것이 현명하지 않다" 고 낙담하는 보고를 하고 있었다(1919년 연회록 p. 27). 한인 교인들의 '독립된 교회'에 대한 움직임에 감리교 선교부조차 속수무책이었던 것이다.

'한인여학원'에서 시작한 예배 모임이 와이알라에 애비뉴의 '한인기독학원'에서 계속되었고, 그 곳에서 '한인기독교회'라는 이름으로 정식 조직된 것이다. 1922년에 '한인기독학원'이 칼리히 계곡의 부지를 구입하자 그 부지 안에 조그만 교회 건물을 지었다. 그리고 얼마 지나지 않아 교인들은 240명으로 불어나 좀 더 큰 교회건물이 필요하게 되었다. 1922년에 스쿨 스트리트 622 번지(622 N. School Street)의 45,800스퀘어 피트(약 1,272평)의 부지를 매입하고, 캣슬(W. R. Castle) 회사에서 17,000달러의 건축 빚을 내어 한인 목수들이 새 교회건물을 건축했다.

1922년 11월 19일에 드린 헌당예배에서는 800명 이상의 초청장이 발부되어 많은 사람들이 참석하였다고 애드버타이저지 기사가 밝혔다. 헌당예배 순서에는 교인들 이외에 웨스터벨트 목사의 개회기도, 민찬호의 후임으로 온 '한인기독학원' 교장 길리스의 성경봉독, 파머(A. W. Palmer) 목사의 설교 등 외부 인사들도 많이 참석했다. 참석한 외부 인사들 중에는 특별히 초청하지 않은 인물인 일본 영사도 있었으나 온 사람을 돌려보낼 수 없어 그대로 참석하게 했다. 그런데 일본영사는 헌금 시간에는 뒷문으로 빠져나갔다. 마침 길리스 교장이 헌금 50달러를 익명으로 냈는데, 이 50달러가 일본 영사가 낸 것이라는 소문이 났고, 급기야 《태평양잡지》(1923년 3월 1일 pp. 30-31)에 해명기사를 실어야 했다.

예배순서에 따라 교회 성가대의 찬양이 있었을 뿐만 아니라, 구세군 밴드의 협주, 제일한인감리교회 성가대의 찬양, 한인부인구제회의 특별 찬송도 있었다. 특기할 것은 제일한인감리교회(황사용 담임목사) 찬미대(성가대)가 찬양을 한 것이다. 이승만이 감리교회를 떠나 '한인기독교회'를 개척했을 때 많은 감리교인들이 새 교회에 출석하였기 때문에, 이 두 교회의 관계가 원만치 않았으리라고 추측하는 것은 잘못된 것임을 일러 준다.

한편 이 교회당 건축 빚을 갚는 방법으로 교회 옆에 아파트 건물을 지어 세를 주었다. 임대 아파트 소유 관행은 현재까지도 계속되고 있어, 교회 재정에 도움이 되고 있다. 교회당을 세운지 불과 2년

이 되지 않아 교인의 증가와 함께 주일학교 학생은 14반에 234명이 되었다. 그리하여, 교회 옆의 땅을 사서, 그 곳에 있던 두 채의 집을 목사실로 만들고 주일학교 몇 반도 이곳에서 모였다. 당시 교인들의 건축헌금에 관한 기사를 1924년 11월호 《한인기독교보》의 〈호항교회 소식〉란에서 읽을 수 있다.

한인기독교회 헌당 예배 후 (1922)

"호놀룰루 한인기독교회 중앙 예배당을 지은 지가 불과 2주년에 교회가 날로 왕성하여 주일이면 매양 회당이 좁아 교우들이 곤난할 뿐더러 주일학교 생도가 234명이니 14반이 한 방에 있어 공부하기에 심히 복잡하더이라. 회당을 늘리기 위하여 회당 옆에 기지를 6천 500원에 사고 이 기지에 있는 집 두 채를 목사실로 만들고 주일학교 몇 반은 거기서 할 터이라 하며. 그 내용을 들은 즉 그 기지 사는데 1천 500원 가량은 백인 친구들이 돕고 또 1천 500원은 교우자매 중에 강수사나 씨라고 하는 이가 있어 그 근근히 모은 돈 1천 500원을 교회에 기부하였다 하니 하와이 한인 역사에 처음 되는 일이라. 듣는 자마다 내외국인이 그 성의와 공심을 탄복하더라."

이민 초기부터 하와이 감리교 선교부의 도움을 받아 온 '한인감리교회'의 교인들이 독립된 '한인기독교회'를 조직한 지 4년 만에, 빚은 있더라도 교인들 자신들의 헌금으로 자체 교회당을 건립한 것이다. 교회도 교인들이 소유해야만 주인 의식이 생기고, 주인 의식이 있어야 교회도 자란다고 믿었던 이승만의 주장이 현실화된 것이다.

4. 한인선교부 조직

미국(하와이) 감리교회를 떠나 개척된 '한인기독교회'는 기성교파에 속하지 않은 독립된 교회였다. 교회제도는 미국 감리교 제도처럼 장로, 권사 등 직제 없이 평신도 위주의 민주주의적 원칙을 따르는 제도를 택했다. 1918년 12월 23일에 열린 '한인기독교회'라 정식 이름을 지은 여러 섬의 교회 대표 14명의 모임은 여러 지방 '한인기독교회'들의 조합(association)이라고 할 수 있었다. 초기에는 이 조합을 '중앙한인기독교회'(Central Korean Christian Church)라 불렀는데 이것이 '한인기독교회'의 자체 교단조직이었고, 미국(하와이) 감리교단에서 '독립한' 감리교회였다.

'중앙한인기독교회'는 1924년 12월 9일부로 하와이 영토의 법인체로 정식 등록됐다. 법인체 등록 요청서에 서명한 이들은 C. H. Min(민찬호), Sung K. Kim(김성기), Duk Y. Shon(손덕인), K. H. Min(민근호), L. H. Kwok(곽래홍), Hong Wi Choi(최홍위), Chang H. Shon(손창희), Kyeng C. Chun(전경준), Suk Chin Cho(조석진) 등이었다. 이 조합은 하와이 영토내의 모든 '한인기독교회' 안수 목사들과 모든 교회의 교인 수 각 25명에 비례하여 선출된 평신도대표들로 조직되었다. 호놀룰루와 와히아와, 힐로 '한인기독교회'가 구성원 교회였고, 1936년에는 로스엔젤레스의 '한인기독교회'가 참여했다.

이 조직의 목적은 복음전파를 위하여 서로 도우며, 하와이에 있는 한인들에게 기독교를 전파하고, 외국에 선교사들을 보내거나 도와주며, 하와이에 교회설립과 목사양성, 여러 형태의 교육기관을 설립하거나 보조하며, 성경이나 관련된 서적과 문서들을 출판하는 것이었다. 그러나 감리교 교단 조직과는 달리 목사 파송 제도는 갖추지 않았다. 따라서 각 교회가 목회자를 찾아 초청·임명했다.

이승만이 1918년 12월 23일에 '한인기독교회'로 탄생한 호놀룰루의 새 교회 초대 목회자로 사병춘(Sa Pyung Choon)을 임명한 것 같다. 사병춘이 1919년의 호놀룰루시 디렉토리에 기재되어 있긴 하지만 그에 관해 알려진 것은 전혀 없다.

당시 한인 감리교 목회자 중에는 이승만의 새 교회 조직에 반대한 이들도 있었고 동조한 이들도 있었다. 그런 이유로 해서 이승만조차 감리교 목회자를 '한인기독교회'의 초대 목회자로 선정할 수는 없었을 것이다. 무명의, 적어도 감리교회 목회와 관련이 없던 사병춘을 앞세운 것은 이승만이 감리교 선교부와의 갈등을 확대시키지 않으려 했던 것으로 보인다. 10개월 후에 로스엔젤레스의 한인 교회에서 목회를 하던 전 호놀룰루 '한인감리교회' 목사 민찬호를 '한인기독교회' 목회자 겸 '한인기독학원' 교장으로 초청했다. 그 후 민찬호는 10년간 목회를 이끈 후 1929년 3월에 사임했다. 그 후 약 8개월간 이명우와 안시흡이 임시로 목회하는 동안 이승만은 또다시 후임자를 물색하다가 워싱턴에서 이승만의 구미위원부(The Korean Commission for America and Europe)를 도왔던 이용직을 수소문했다. 그리고 이승만은 George Washington University에서 정치학 석사(1921)와 영문학 석사(1922)를 받은 후 1928년 뉴욕의 유니온 신학교(Union Theological Seminary)에서 신학학사를 받은 이용직을 초청했다. 이런 식으로 이승만은 '한인기독교회'를 시작한 후 몇 차례나 직접 목회자를 선정했다. 무엇보다 당시 이승만 만큼 미국 내 한인들에 관한 지식이나 인맥을 가진 사람이 없었기 때문에 호놀룰루 교회 목회자 선정 책임을 본인이 질 수밖에 없었던 것이다.

'중앙한인기독교회'는 1931년 2월에 '한인선교부 Korean Missions'로 이름을 바꾸었다. 하와이 감리교회가 하와이 선교부(Hawaii 혹은 Hawaiian Mission)라는 체제를 가진 것과 비교되는 '한인 선교부'라는 민족 명칭의 체제를 가졌다. 이것은 이승만의 민족주의 교회 주장의 표현이라고 할 수 있다.

'한인 선교부'는 2007년까지 호놀룰루 '한인기독교회'와 힐로 '한인기독교회'(1985년에 미국 남침례교단에 속함)가 구성원으로 존속하면서 매년 4월에 '평신도대회' 또는 '평신도대표회의'라는 명칭 아래 연회를 가졌었다. 그러나 현재는 존재하지 않는다.

5. 광화문 문루 교회당

1931년 4월 '동지촌'이 파산된 후 외국에 나가 있던 이승만은 1935년 1월 24일에 신부 프란체스카(Francesca Donner)와 함께 하와이로 돌아왔다. 이승만 부부가 오기 전에 교회 지도자들과 '동지회' 지도자들은 두 번이나 전보를 보내어 '신부와 같이 오지 말고 우선 혼자 오라'고 했지만 만 59세의 이승만은 34세의 오스트리아 신부와 함께 돌아왔다. 아마도 이승만이 미국에서 활동한 독립운동 지도자 가운데 두 번째로 '다문화 가정'을 이루었을 것이다. 첫 번은 서재필이었다. 이승만 부부가 도착한 다음 날에 교회에서 환영식을 가졌는데, '한인기독교회' 교인뿐만 아니라 많은 동포가 모여 참석자는 900명이나 되었다.

이승만이 돌아옴으로 해서 그간 부진했던 새 교회당 건축 모금은 더욱 활발해질 수 있었다. 이승만은 양유찬과 던스턴 박사(Dr. J. Leslie Dunstan)를 특별건축기금 위원으로, 그리고 리빙스턴(Chester Livingston)과 김윤배를 공동이사로 임명하여 건축기금 모집을 백인 친지들에게까지 확대해 갔다. 그 결과로 웨스터벨트(William D. Westervelt)가 5,000달러, 아테턴 트러스트(Juliette M. Atherton Trust)

가 1,000달러, 캣슬 부인(Mrs. George P. Castle)이 1,500달러, 카우아이섬의 윌칵스(Elsie Wilcox)가 100달러를 보내왔음이 1936년 1월 7일에서 13일까지 열린 연회에서 보고되었다. 이어서 3월에는 릴리하 스트리트(Liliha Street)에 위치한 62,495스퀘어 피트 (1.4에이커, 약 1,800평)의 기지를 하와이 천주교단으로부터 구입할 수 있었다.

이승만이 끌어들인 백인 친지들의 배경을 살펴보면 하와이에서 이승만의 위상과 인맥의 규모가 얼마나 폭이 넓었는지를 알 수 있다.

던스턴은 1901년 런던에서 출생하고 뉴욕의 콜럼비아 대학에서 공부했고 유니온 신학교(Union Theological Seminary)에서 신학박사 학위를 받았으며 1933년부터 호놀룰루의 Central Union Church의 부목으로 목회를 하고 있었다.

리빙스턴은 1880년 오하이오주 출생으로 1906년에 카메하메하학교(Kamehameha School) 교사로 호놀룰루에 왔다. 음악, 수학, 기계공학 설계도 작성 등을 가르쳤고, 이 학교의 채플 설립을 도왔다. 그리고 이 채플의 음악부장으로 수고했으며 한편으로는 Central Union Church의 성가대원으로 교회 활동에도 적극적이었다. 1917년부터 1922년까지 Honolulu Iron Works 회사의 엔지니어부에서 일하다가, 그의 동생 Stanley Livingston의 부동산회사에 입사했다. 그는 하와이 사회에서 유명인사였으며, 재력도 겸비하고 있었다. 리빙스턴은 1930년에 '한인기독학원'의 이사(회계)로서 학원 기금모집에도 참여했다.

웨스터벨트는 1849년에 오하이오주 오벌린에서 출생하여 클리블랜드를 위시하여 뉴욕주의 Morristown, 콜로라도주의 Manitou와 덴버, 그리고 시카고에서 목회를 하다 1899년에 하와이로 왔다. 그리고 하와이 역사에 심취하게 되어 많은 저서를 출판했다. 그는 1923년부터 '한인기독학원' 이사로 기금모집에도 참여하는 등 여러 모로 이승만에게 도움을 주었다.

캣슬은 1851년에 호놀룰루에서 출생한 재벌 캣슬가(家)의 2세로 1903년부터 1916년까지 Castle & Cooke 회사의 사장을 지냈다. 그런 그의 부인이 이승만에게 1,500달러를 희사한 것이다.

엘시 윌칵스는 조지 윌칵스의 딸인데, 아버지 윌칵스는 카우아이 섬의 재력가로 Grove Farm, Kekaha Sugar Company 등 사탕수수 농장의 주인이며 저명한 자선사업가였다.

1937년 6월에 교인 모두가 여러 날에 걸쳐 새 교회 부지의 잡초를 제거하는 등 새 교회당 건축을 위하여 열심히 준비했다. 드디어 1937년 10월 3일에 새 교회당 건축을 시작하여 여섯 달에 걸친 공사 끝에 1938년 4월 24일 헌당식을 가졌다.

전면에 광화문 문루(門樓)를 세운 서양식 건물은 김찬제가 사진을 보고 설계한 것으로 약 41,000달러의 건축비가 들었다. 이 건축비는 미국인 친지로부터 받은 14,245달러와 교인들의 헌금 17,577달러로 충당했다. 교회의 상징인 종탑이나 십자가 대신 한국 건축양식을 가미한 교회당이 최초로 호놀룰루에 건설되었다. 조선왕조의 정궁 경복궁의 대문인 광화문 문루를 가미하는 구상을 누가 했는지에 관한 기록은 전혀 찾을 수 없다. 그러나 8살에 인천에서 온 설계자 김찬제 또는 비슷한 어린 나이에 이민 온 건축위원장 양유찬이 그런 구상을 할 수는 없었을 것이므로 이승만의 구상임이 확실하다고 보아야 할 것 같다. 이승만은 1917년에도 '한인여학원' 학생들이 '광화문 장식 수레'를 만들어 태평양학원 축제에 참가하도록 했었다.

광화문 문루 교회당 (1938)

광화문은 1919년 3·1 운동 후 일본이 조선총독부 석조 건물을 세우기 위해 철거하려고 했다가 반대에 부딪혀 겨우 살아남았지만, 1926년에 위치를 옮겨야만 했던 아픈 역사를 가진 건축물이다. 무능하고 부정부패에 빠진 조선왕조를 비판하고, 한국이 새롭게 기독교 국가가 되어야 한다고 주장한 이승만이 조선왕조의 경복궁을 한국을 상징하는 건축물로 생각하고, 그래서 광화문 문루를 교회 건물에 가미했던 것이다. '광화'(光化 빛나서 교화한다)라는 이름(門號)은 '光被四表(광피사표) 化及萬方(화급만방)에서 따온 것이다. 세종 16년(1633)에 집현전 학자들이 택한 이름으로 '나라의 위엄과 문화를 널리 만방에 보여 준다'는 뜻이다. 기독교에 근거한 민주국가를 널리 만방에 보여주고자 한 이승만이었다.

   1938년에 건축된 교회당은 재건축되어 2006년 6월 3일 헌당예배를 드렸다. 전통 한국식 공법으로 지어야하는 광화문 문루 건축이 호놀룰루시의 건축법에 저촉되는 점이 많아 약 6년의 건설과정을 거쳐 완성되었다. 이 교회당은 전 세계 유일의 광화문 문루를 포함한 교회 건물이다.

2006년에 재건된 교회당

교회 현판

대한인동지회 활동

1. 대한인동지회 조직

1910년 3월 21일에 북미 상항(샌프란시스코) 지방 '대한인국민회' 회원이 된 이승만이 1913년 2월 3일자로 하와이에 정착했지만 그가 즉시 하와이 '국민회'에 참여하지는 않았다. 아마도 이승만은 하와이의 여러 정황을 살피면서 또한 동조자 내지 측근들을 규합할 시간이 필요했을 것이다. 드디어 1915~1916년도 '국민회' 총회장에 감리교 목사 홍한식이 선출되었고, 1917~1918년에는 안현경이 총회장에 선출된다. 이들은 이른바 이승만의 측근이었고, 1918년 총회장 안현경 시절에 이승만은 하와이지방총회의 서기 겸 재무로 임명된다. 그동안 배후에서 '국민회' 지도자들의 활동을 주시 내지는 조정해온 이승만이 '국민회' 임원으로 나선 것으로 그가 단체를 통한 정치적 행보를 본격적으로 시작했다고 볼 수 있다. 그러나 '한인기

'독학원'의 개교와 '한인기독교회'의 개척 등으로 바쁜 이승만이 정식으로 '국민회'의 수장으로 나설 시기는 아니었다.

이승만의 북미 상항지방 국민회 회원증 (1910)

재무 이승만이 서명한 대한인국민회 의무금 증서 (1918)

앞서 언급되었지만, 이승만은 1919년 1월 16일 호놀룰루를 출발해 미주 본토 여러 곳을 방문하고 워싱턴과 뉴욕을 오가며 활동하고 있다가 3월 10일 필라델피아에서 3·1운동 소식을 접했다. 이 소식에 고무 받은 서재필과 이승만은 그동안 계획하고 있었던 '한인대회' 준비를 서둘렀다.

4월 14일부터 16일까지 필라델피아 소극장에서는 미국 각지에서 온 150여명의 대표들이 참석한 '한인대표자대회'(The First Korean Congress)가 열렸다. 이 대회야말로 이승만의 '본격적인 정치활동' 즉, 나라의 주권을 되찾고 새로운 정치구조를 만들어 내기 위한 활동의 시작이었다. 이렇게 이승만의 가시적이고, 본격적인 정치활동은 기실, 미주 본토에서 시작되었던 것이다.

3·1운동 후의 대한민국임시정부는 모두 세 지역(해삼위, 상해, 한성)에서 세워졌으며, 이승만은 1919년 4월 11일 상해에서 조직된 대한민국임시정부(이승만은 "Republic of Korea"로 영역하였음)의 국무총리로,

그리고 4월 23일 한성(서울)에서 선포된 임시정부의 집정관총재(이승만은 "President"로 영역하였음)로 추대, 임명되었다. 이승만은 또한 9월 15일에 해삼위(Vladivostok), 상해, 한성의 임시정부를 통합한 '통합임시정부'의 대통령으로 선출되었다. 이승만은 워싱턴에 머물면서 대통령직을 수행하다가 1920년 12월 5일 상해에 도착해 현지 부임했다.

그러나 임시정부 내 여러 세력 간의 알력과 워싱턴에 설치한 '구미위원부'(The Korean Commission for America and Europe)의 내분 등 여러 가지 이유로 이승만은 6개월 만에 다시 하와이로 돌아와야 했다. '구미위원부'는 1919년 3·1운동 소식을 접한 후 4월 25일, 이승만이 워싱턴에 설치한 '대한공화국 임시사무소' 혹은 '한국공화정부공관'이라고 부른 기구를 계승한 그의 외교활동 본부인데, 1919년 8월 25일에 (한성임시정부) 집정관 총재의 직권으로 발족시킨 사무소였다. 이승만은 1920년 9월에 현순을 '구미위원부' 임시위원장으로 임명했다. 그런데 1921년 4월, 이승만이 상해에 머물고 있던 중, 현순 '구미위원부' 임시위원장은 임의로 주미한국대사관을 설립해 버렸다. 이에 이승만은 현순을 해임했고, 현순은 이에 맞서 이승만을 비난하면서 구미위원부의 내분이 발생한 것이었다.

이승만이 상해에서 대통령 직무를 맡아보고 있는 동안, 1921년 3월에 공표된 임시정부의 교민단령(內務府令 제4호)에 의해 '대한인국민회 하와이총회'가 '하와이 대한인교민단'(大韓人僑民團; 영문 명칭이 Korean Residents' Association이지만, 해체된 대한인국민회의 영문 이름인

Korean National Association을 계속 사용했음)으로 개편되었다. '국민회'가 '교민단'으로 개편된 배경에는 '하와이 국민회'를 '미주 본토의 국민회'로부터 분리시켜 장악하려는 이승만의 의도로 보는 해석도 있다. 그런데, 아래에 언급한 '대한인동지회' 조직을 살펴보면, 이 해석이 과장 내지는 왜곡된 것으로 보인다.

당시 '교민단'은 상해 임시정부가 기존의 한인 조직체를 변경·흡수해 재조직한 단체였다. '한인기독교회'의 민찬호 목사가 단장, 그리고 사업가 안원규가 부단장으로 선출됐다(1921~1922). 교민단령은 각지의 '교민단' 활동을 임시정부 내무부에 수시로 보고하고, 또한 사업과 재정, 임원의 변동사항, 거류민 명부를 매년 보고하도록 규정함으로써 임시정부의 관할기관으로서의 성격을 분명히 하고 있었다. 그로부터 약 2년 후인 1923년 1월 23일에 모인 '하와이 교민단' 임시의사회에서는 아래의 두 조항을 자치규정에 추가하고 있었다.

- 본 민단은 하와이 교민을 통활 보호키로 구미위원부에 속하여 정부기관으로 정할 사
- 민단의 명칭과 장정은 현행대로 쓰되 다만 총부단장은 (구미)위원부장의 인준을 얻어서 행공케 할 사

이 규정에 따라 하와이 교민단은 '상해 임정'이 아니라 워싱턴에 있는 '구미위원부'의 지휘를 받게 되었다. 이를 두고 김원용은 "교민단 설립이 임정의 교민단령을 준행하는 것이라고 하였으나, 그 실정

은 대한인국민회를 분립하여서 그 연립제도를 파손하고 세력을 압도하던 것이며, (중략) 구미위원부에 예속되어 이승만의 세력 부식을 후원하였다"고 해석하고 있다(《재미한인오십년사》, 1959, pp. 157-158). 그러나 고정휴는 "당시 상해에서 반이승만, 반임정 세력의 주도로 열린 국민대표회의 결과로 임정의 지도체제가 바뀌거나 임정을 대체할 새로운 조직이 생길 가능성에 대비하여, '하와이 교민단'을 '구미위원부'의 관할 하에 둔 것"이라고 설명한다(《이승만과 한국독립운동》, 2004, p. 189). 즉, 이승만이 하와이의 '국민회'를 자신의 영향력 안에 두고자 한 것이라는 해석이다.

'국민회'가 '교민단'으로 개편 된지 3개월 후인 1921년 6월 29일, 상해에서 호놀룰루로 돌아 온 이승만을 환영하기 위해 하와이의 4섬 지도자 39명이 회장 최재덕과 서기 김태희를 위시하여 '위하회'라는 이름으로 7월 7일 교민단총회관에 모였다. 이들은 국민통일에 관한 중요한 문제를 토의하고서, '大韓人同志會'(대한인동지회, 이하 '동지회')를 조직했다. 1919년 9월 세 지역의 임시정부들이 통합된 후에도 여러 가지 이유로 단체 간에 분쟁이 있고, 임정을 없애려는 움직임까지 있는 상황이었다. '동지회'란 이름 그대로 이승만과 같은 뜻을 가진 사람들이 임정 옹호를 목적으로 조직한 모임이었다. 1921년 7월 28일자《신한민보》는 '7월 7일에 이 대통령을 심방키 위하여 호항에 모인 인사들이 임시정부를 옹호할 목적으로 설립한 회'가 '동지회'라고 기사화하고 있었다. 1950년도 1월 7일자《태평양주보》에 발표된 〈동지회 설립 이유〉(이 글의 저자는 드러나지 않은데, 당시《태평양주보》 주필은 안시흡이었다.)를 보면 '동지회'를 조직한 이유와 목적을 잘 알 수 있다. 다음은 이 글의 발췌문이다.

"백성이 보호하면 정부가 있고, 백성이 보호치 않으면 정부가 없다. 우리가 우리 정부를 보호하지 못하였기 때문에 10여년 전에 우리는 정부를 잃었다. 외지에 나온 한인들은 가는 곳마다 단체를 조직하여 사회를 이루고, 그 사회를 곧 무형 정부로 인증하여 그 사회명목으로 대동단결하여 조직적 민족이 되었다.

어느 지방에서 어떤 단체를 세우든지, 모두가 그 목적을 깨닫고 사심을 버려 그 단체를 정부기관으로 인증하고, 또 다른 지방에서도 이 단체에 복종하고 단결을 이루면 우리 국민이 세계가 공인하는 한 단체 정부를 이룰 수 있다.

불행히도 우리 인심이 같지 않아서 한 지방에서도 2, 3 단체가 다투고 각각 자기 이름 밑에서 통일을 이루고자 한다. 그러기 때문에 통일도 못되고 정부를 인증하자는 목적도 말살 되었다.

우리 동포는 이제 담대히 나서서 우리 정부를 복종함으로 2천만 민족의 단결한 정부를 뚜렷이 세상에 들어내어, 우리 국민의 완전한 독립을 각국이 승인하도록 만들기를 결심한다. 이 목적으로 합동단결하자." 《태평양주보》, 1950년 1월 7일, p. 2)

위 두 글에서는 최재덕과 김태희 등 하와이 동포들이 자발적으로 조직한 '동지회'가 어떻게 체계화 되었는지 그 과정에 대해서는 명확히 알 수가 없다. 그런데, '동지회' 조직이 선포되기 1년 전인 1920년 7월 22일, 이승만이 이용직(1920년~1921년 구미위원부의 통신원)에게 보낸 편지(《이승만 동문 서한》, 상권, pp. 133-134)에서 '동지단'(동지회) 조직에 관한 내용을 찾을 수 있다. 이 편지 중 '동지회'에 관한 부분은 아래와 같다.

"동지단사(同志團事)는 각(各) 처(處)에서 동일(同一)한 결심(決心)으로 재정(財政)을 기위수합(旣爲收合)하여 하처(何處)로 송부(付送)할년지 내간(來問)하는지라. 23동지(二三同志)가 상의한 결과로 수조(數條)를 정하엿나니 명칭(名稱)을 특별운동회(特別運動會)으로 정(定)하고 동지(同志)들과는 내용적(內容的) 주의(主意)를 통지(通知)하되 기외(其外)는 범인(凡人)을 일체(一體)로 청(請)하야 허입(許入)하는 거시 가(可)하다 한지라. 민찬호(閔贊[燦]鎬)·이종관(李從[鍾]寬)·김유호(金裕浩) 삼씨(三氏)로 주무원(主務員)을 정(定)하야 은행(銀行)에 임치(任置)하고 이인이상(二人以上)의 연서(連署)로 지발(支撥)하며 하시(可時)던지 아(我)의 청구서(請求書)를 의(依)하야 지출(支出)하게 하자 하엿나니 차(此)가 잘 될 줄로 지(知)하오. 공동(共同)리 발포(發布)하는 문자(文字)에는 특별운동(特別運動)이라고만 하고 수모(誰某)를 위(爲)한다는 구절(句節)은 업시 할 거시며 단(但) 동지인(同志人) 간(間)에만 차(此)를 밀통(密通)하는 거시 가(可)하외다."

이로 미루어, 이승만이 이미 1920년 여름, 상해 임정으로 부임하기 이전에 이미 동지회 조직을 생각하고, 은밀하게 조직이 성사되도록 물밑 작업을 해 두었음을 알 수 있다. 단체 명칭을 우선 '특별운동회'로 하고 민찬호, 이종관, 김유호를 주무원으로 생각했다. 이 세 사람의 이름으로 은행구좌를 열어 2명의 서명으로 지출할 수 있도록 하는데, 어느 때든 이승만 자신이 청구서를 보내면 지출하게 되어 있었다. 이승만은 이 조직을 발표할 때에 단순히 '특별 운동'이라고만 하고 '누구(이승만 자신을 일컬음)를 위한다'는 구절은 드러내지 않은 채 할 것을 계획했다. 다만, '동지인'들 사이에만 이 사실을 비밀리에 알리는 것이 좋을 것이라고 생각했다. 즉 '동지회'는 '이승만 자신의 활동을 위해 같은 뜻을 가진 사람들을 치밀하고 의도적인 계획으로 은밀히 규합하여 조직한 이승만 후원단체'였다. 그리고 1921년 7월에 하와이 동포의 이름으로 정식으로 '현 정부를 옹호하며, 교포들의 대동단결을 도모하는 것'에 목적을 둔 '동지회'의 탄생을 알렸고, 임원 민찬호, 안현경, 이종관의 명의로 15조의 〈동지회 규정〉을 7월 14일에 선포하게 된다. 민찬호는 '한인기독교회'의 목사이며 '교민단' 총단장이었고, 안현경은 1917~1918년 '국민회' 총회장이었고, 이종관은 '국민회'가 '교민단'으로 개편되었을 때에 '국민회' 총회장(1919-1920)이었다. 1920년 7월, 이승만은 민찬호, 이종관, 김유호를 임원으로 고려했는데, 1921년 발표 당시에는 김유호 대신 안현경으로 바뀌었다. 〈동지회 규정〉이 세 사람의 이름으로 선포되었는데 설립 당시의 회장단 조직에 관한 기록은 찾을 수 없고, 민찬호, 안현경, 이종관을 '임원'이라고만 하고 있다. 1921년 7월에 발표된 15 조항의 〈동지회 규정〉은 아래와 같다.

1. 회 명칭은 동지회라 함.
2. 본 회 목적은 현 정부를 옹호하며 대동단결을 도모함.

3. 불충불의한 국민이 유하여 현 정부의 위신을 타락케 하며 위해를 주는 일이 있으면 본회는 일심으로 방어하되 상당한 방법으로 조처할 사.

4. 모든 한인은 물론 남녀를 물론하고 전일에 있던 부분에 속해 있던지 현 정부에 성충을 다하고 본 회 목적을 준수하기로 맹세한 자는 허입케 할 사.

5. 본 회 목적을 다하기 위하여 각체 통신으로 기맥을 상통할 사.

6. 본 회 회원은 책임자를 각별히 신임할 사.

7. 중대한 관계되는 사건은 극히 비밀을 지킬 사.

8. 현 정부가 만일 위란할 경우에 이를 지경이면 우리는 몸과 물질을 다하여 옹대하기로 결심할 사.

9. 회원 중에 본 회 목적을 준수하다가 타 방면에 위해를 입게 되는 경우에는 본 회 에서는 일심으로 극력 보호할 사.

10. 본 회 기관을 유지하기 위하여 직원을 치하되, 주무원, 서기, 재무 3인으로 정함.

11. 각 지방 직원은 해 지방회원이 투표선정하고 본 기관 직원은 각 지방 회원이 공신함.

12. 본 회 재정은 월연금과 특별금 2 종으로 정함.

13. 본 회 규칙 가감은 각 처 회원에 재함.

14. 본 회원은 매 삭 월연금으로 25전씩 내어 경비를 지용케 할 사.

15. 통상 경비는 매 삭 백 원으로 정하여 주무원의 생활비로 60원씩을 그 중에서 지발케 함.

김원용은 그의 책《재미한인오십년사》(p. 200)에서 동지회의 규정이 5 조항이었다고 기록하면서, 그 중 한 조항이 "본 회의 사명은 총재의 대정 방침을 보좌하며 명령을 절대 복종함에 있음"이었다고 서술하였다. 그러나 위에서 볼 수 있듯이, 1921년에 공포된 15조 규정 어디에도 이런 조항은 없다. 더구나 이 1921년 규정에는 '총재'라는 직책도 없었다. 총재 직책은 1924년 11월 17일부터 21일까지 열린 '하와이 동지회 한인대표회의'에서 결정되었고, 그 후 1930년 7월에 채택된 〈동지회 헌장〉에 포함되었다. 이 개정된 헌장에도 '절대 복종함'이라는 조항은 없는 것이다.

'동지회'가 설립되면서 사무실은 밀러 스트리트의 '교민단' 총관(국민회총회관)에 두었다. 교민단 총단장 민찬호, 전 국민회 총회장 이종관과 안현경이 발표된 '동지회'의 임원 세 명이었으며 '국민회총회관'이 하와이 한인들의 공동 소유이기 때문에 이승만은 '동지회'가 총관을 함께 사용하는 것은 당연한 일로 생각했다. 물론 사무실 임대료를 내야 한다는 생각도 하지 않았을 것이다.

이승만은 '동지회'가 결성된 지 한 달 후인 1921년 8월 10일에 다시 호놀룰루를 떠나 11개월 동안 미주 대륙을 여행했다. '구미위원부'의 당연직 위원인 이승만은 11월부터 1922년 2월까지 워싱턴에서 개최된 〈워싱턴 군축회의〉, 일명 〈태평양회의〉에 한국 독립문제를 제기하기 위해 이 회의에 한국대표(대표단은 이승만, 서재필, 정한경, Frederic A. Dolph 와 Charles S. Thomas로 구성)로 참석해 발언권을 얻으려 했지만 실패했다. 결과적으로 이승만은 '구미위원부'를 축소·정리해서 운영하게 되었다. 또한 3년 뒤인 1925년 3월 15일에는 상해 임정 임시대통령 박은식이 '임시대통령' 제1호로 '구미위원부' 폐지령을 내렸고, 이어서 3월 18일에는 상해 임정 의정원에서 이승만을 대통령직에서 탄핵했다. 그러나 이승만은 '구미위원부' 폐지령을 무시하고 축소된 '구미위원부'를 1939년까지 유지해 갔다.

이승만은 1922년 5월 10일에 워싱턴에서 호놀룰루의 '동지회원 일동'에게 글을 보내면서 '동지회는 광복사업을 조직적으로 돕는 것이며, 재정을 저축하여 장래를 준비하려고 하는 것'임을 강조하고 있었다.

1922년 9월 7일에 호놀룰루로 돌아온 이승만은 곧 '동지회' 재정보고서 작성에 착수한다. '동지회'는 1921년 결성 이후 그 해에 두 번에 걸쳐 재정보고를 했으나(보고서는 현존하지 않음) 그 후에는 발표하지 못하고 있었다. 《동지회 제3차 재정보단》은 1921년 11월부터 1922년 9월까지의 재정 현황을 알리는 보고서이다. 이승만의 글로 보이는 재정보단의 〈서문〉에서 아래 글을 읽을 수 있다.

"본 회 설립 이후로 국사에 도움이 부지중 다대하였으며, 장차 앞으로 행할 일이 또한 산과 바다 같으니 우리는 아무쪼록 어려운 것을 어렵다 말며 괴로운 것을 괴롭다 말고 시종이 여일하게 목적을 성취하기까지 기약합시다. 우리 동지 두 글자의 의미가 깊고 크니 그 의리와 정의를 지켜서 실상 동지의 자격을 행할지며. 아직 우리 회에 참가치 못한 이에게 우리 목적을 알려서 아직까지 피차 서어히 지내는 사람들로 하여금 손을 잡고 같이 나가게 하는 것이 또한 우리 목적을 속성하는 도리외다."

이승만은 다시 '동지회'의 설립 목적을 이 재정보고서에 자세히 실었다.

"대저 국가 대사업을 돕는 데는 각 개인이 서로 일하는 것 보다 여럿이 합하여 조직적으로 하는 것이 더욱 유익한 바 우리 한인의 단체가 여럿이나 그 안에 모든 사람의 사상과 의향이 같지 않음으로 국가사업에 도움이 자연 박약하여 지나니. 그럼으로 우리 동지회가 조직되어 모든 뜻같은 사람들을 합하여다가 단체적 행동으로 광복대업을 촉성하려 함이라. 이 목적이 심히 광대하고 장원합니다."

이 재정보단에 의하면 220여명의 회원이 적게는 0.25달러, 많게는 4.75달러의 회비를 내어 1921년 11월부터 1922년 3월까지 5개월 동안에 총 963달러가 모금되었다. 재정보단의 설명대로, 그 동안 재정 업무를 책임진 사람이 여러 번 바뀌어 보고서에 일관성이 없고 정확하게 작성되지는 않았지만, 대강의 재정 형편을 알 수 있다. 수입금에서 이승만에게 매달 약 100달러를 지급했으며 주무원 월급 60달러와 사무실 운영비용 등으로 1,012.32달러를 지출해서 부족금이 4.32달러로 보고하고 있다.

1924년 1월 29일, 미주 본토로 갔다가 11월 1일에 돌아온 이승만은 11월 17일부터 20일까지 4일 동안 '하와이 한인대표회'를 호놀룰루에서 가졌다. 특이한 것은 이 회의를 '동지회 대표회'라고 부르지 않고 '하와이 한인대표회'라 부른 것이다. 이 회의에 '동지회' 소속의 24개 지방대표와 '한인기독학원', '기독학원찬성회'(후원회), '태평양잡지사', '한인기독교회', '부인보조회'(한인기독교회 소속) 등 '동지회'와 관련된 6개 단체 대표들뿐만 아니라, '부인구제회'와 '교민총단' 대표들도 참석했다. 이 회의는 사실상 '동지회' 회의로 이 회의에서 이승만을 '동지회' 총재로 선출했고, 이사부를 두기로 하여 이사에 민찬호(기독교회중앙부장), 김영기(교민총단장), 김노디(기독학원), 김유실(부인구제회중앙부장), 곽래홍(기독학원찬성회중앙부장), 윤치영(《태평양잡지》 주필), 김성기(동지회 주무원)가 선출되었으며 윤치영이 회계, 허성이 서기로 임명되었다. '동지회'와는 별도의 조직체인 '부인구제회'와 '교민총단'의 대표가 '동지회' 이사로 선출되었다는 것은 이 두 단체의 대표가 이승만 지지자였기 때문이라고 볼 수 있고, 한편 '동지회'를 범한인 단체이면서 동시에 한인단체의 연합기구로 인정하려는 의도인 것으로도 볼 수 있다. 이 회의에서 《태평양잡지》를 기관보로 정하고 1년 대금을 3달러로 정한다. 단 동지회원이 1,000명이 되면, 무대금으로 발송하기로 했다. 또한 〈동지회 3대 정강〉과 〈3대 정강 진행방침〉을 결정했다.

 《태평양잡지》 주필 윤치영은 1924년에 서울 YMCA 야구단의 하와이 방문에 동행했다가 귀국하지 않고 남아 있었으며, 1925년 8월에는 학업을 위해 미주 본토로 갔다. 야구단이 방문하게 된 것은 1923년 '한인기독학원' 학생들이 한국을 방문해 친선 경기를 가진 데서 시작됐다. 윤치영과 함께 하와이로 왔던 야구단장 허성과 선수 박안득도 귀국하지 않았다. 허성은 로스엔젤레스로 이주한 뒤 1939년에는 로스엔젤레스 지역 '동지회' 이사로 선출된다. 박안득은

1930년 당시 '한인기독학원'에서 국어와 음악을 가르치고 있었다.

하와이 한인대표회를 마치고 (1924)

〈동지회 3대 정강〉

1. 우리 독립선언서에 공포한 바 공약삼장을 실시할지니 삼일정신을 발휘하여 끝까지 정의와 인도를 주장하며 비폭력적인 희생적 행동으로 우리 대업을 성취하자.

2. 조직적 행동이 성공의 요소이니 우리는 개인행동을 일체 버리고 단체 범안에서 질서를 존중하며 지위를 복종하자.

3. 경제 자유가 민족의 생명이니 자족자급을 함께 도모하자.

〈동지회 3대 정강 진행방침〉

1절. 대업을 성취하기에 3천 3백만의 일치 행동을 요구할지니 우선 1백만 동지의 맹약을 얻어 대단결에 기초를 이루기에 제일차에 진행 방침을 정하나니 이것을 완성하기까지는 시위운동이나 혹 남을 배척하는 주의를 먼저 취하지 말고 다만 민족 대단결에 전력을 할지니 각 동지는 매일 한 점 이상 시간을 공헌하여서 이 정책을 속히 성취하기로 힘쓰자.

2절. 우리 주의와 상반되는 동포에게 억지로 권하거나 시비하지 말고 각각 자기의 성심으로 남을 감복시키기를 힘쓸지니 결코 동족의 쟁론을 피하자.

3절. 계급과 종교와 지방 등 모든 구별을 타파하여 민족 대단결에 장애를 없이할지니 이상 정강과 방침에 절대 동의하는 남녀는 다 일체 동지로 인정하자.

4절. 우리의 의복과 가구 등 일용 물품을 우리끼리 공급하여 우리 민족의 생활정책을 개발할지니 일반 동지는 가급적 이것을 실시하기를 각각 애국애족하는 중대한 책임으로 인정하라.

지영희의 동지회 회원증 (1932)

'하와이 한인대표회'에서 결정한 또 한 가지 중요한 사항은 '동지회' 내에 '실업부(實業部)'를 두어 한인들의 경제력을 증진시키기로 결정한 것이다. 즉 1주에 100달러로 팔아 [1고(股)에 10달러로, 10고를 1주로 함] 자본금 50,00달러를 모집하여 '동지회 합자회사'를 설립하기로 한 것이다. 이렇듯, 1921년 7월에 결성된 '동지회'는 3년 동안 동지회 규정, 3대 정강, 3대 정강 진행방침 등을 제정하면서 앞으로의 활동을 위한 만반의 준비를 하였다.

이승만은 '하와이 한인대표회' 이후 1년 동안 '동지회' 회원인 '한인기독교회' 교인들과 이 '동지회 합자회사'를 어떻게 설립, 운영할 것인가를 의논·준비해갔다. 이승만은 합자회사를 설립하고 다 함께 물산(物産)을 장려하여 경제적인 성과를 거두려고 했다. 합자회사 설립은 '경제와 정치를 병행해야 한다'는 사실을 이해한 이승만의 작업이었다. 1925년 4월 7일에 이승만은 조선일보 주필 안재홍에게 보내 편지에 "바야흐로 합자(合資)하여 회사를 설립하고 다 함께 물산(物産)을 장려하여 소기의 성과를 거두기를 도모하고 있습니다. 이는 바로 경제와 정치의 양면을 병행하여 착오가 없게 하려는 방책인 것입니다"라고 설명하고 있었다.

이승만의 경제와 정치 병행설은 이보다 2년 전인 1923년 3월 19일에 '구미위원부' 임원 신형호에게 보낸 편지에 첨부한 '호항한인 물산장려회 취지서'에 밝힌 '정치적 독립을 위한 기계(매체)로서의 물산장려'라는 설명에서 알 수 있다. 1923년 3월 25일에 '교민단' 총관에서 '호항한인 물산장려회' 취지서 발기인 남녀 51명이 모였다. 장려회 발기 취지는 아래와 같다.

1. 우리 본국 물산과 우리의 제조물을 가급적으로 사용하여 우리의 공업을 회복함
2. 우리의 상업을 내지와 외양에 발전시키기를 힘쓰자 함
3. 우리 자손으로 하여금 자본가의 경제적 노예를 면케 함
4. 우리 자본가들을 보호하여 남의 자본가들과 경쟁할 세력을 만들자 함
5. 영업상 모든 회사와 조직체가 생겨서 적국의 회사와 조직체로 더불어 경쟁할 기회를 만들자 함
6. 경제상 실력으로 국민의 단결심을 공고케 함

7. 적국으로 하여금 대한을 점령하는 것이 저의 경제상으로도 크게 해되는줄을 깨닫게 함
8. 우리의 경제력을 회복하여 각국이 우리와 직접으로 통상 교섭하기를 요구케 할지니 상선. 은행 등 모든 연락이 차례로 열릴지라.

그런데 이 '물산장려회'는 그 목적이 제대로 실행에 옮겨지지 않은 것 같다. 그 원인을 신형호가 이창규(발기인 중 1명이며, 당시 이승만을 보필하고 있었음)에게 보낸 편지에서 알 수 있다.

"근자에 물산장려회를 조직하고 토산 사용을 권장하는 바 진실 제일 필요한 일을 시작하였습니다. 그러나 이것도 말로만 소리내고 실행을 할 방책을 연구하지 않았으면 또 헛 것이요. 가령 우리더러 뿌레드를 먹지 말고 살라 하면 뿌레드 대신 먹고 할 것을 주면서 그리하여 뿌레드 안 먹을 때도 살았다 하고 밥을 지어 먹던지 죽을 써 먹던지 하지 그것 저것 없이 다만 말로만 뿌레드 먹지 말아라 하면 아니 될 터이외다. 이와 같이 물산장려라 하면 우리 토산을 수출도 하며 제조도 하는 길을 만들며 우리 물건 우리가 쓰자 하여야 거짓말 아니 될 것이요. 그런즉 상업 기관을 하나 설치하여야 하겠습니다."

이승만은 이런 시행착오를 거치고 드디어 1925년 12월 13일에 회사 이름을 '동지식산회사'(Dongji Investment Company Limited)로 바꾸고 창립한다. '동지회' 결성 후 4년 반 만에 드디어 '동지회' 활동을 위한 재정확보의 방편으로 경제활동을 시작한 것이다. 이승만이 '경

제와 정치 병행'을 실행하기 시작한 것이다.

2. 동지촌(同志村)

1926년 1월 28일에 작성되어 2월 15일에 하와이 영토 상업국에 등록된 영문 정관 'Articles of Association of Dongji Investment Company, Limited'에 의하면 동지식산회사는 1924년 '한인대표회'에서 결정한 '동지회'의 '3대 정강' 중 하나인 "경제 자유가 민족의 생명이니 자족자급을 함께 도모하자"를 실천하기 위한 방법으로 설립된 것이다. 즉 이승만은 이 회사를 통하여 한인들의 경제력을 향상시켜 장래 활동에 필요한 재정을 확보하려 했다. 이승만은 '동지회' 회원들의 회비나 특별후원금으로는 '동지회'의 정치활동을 할 수 없는 현실을 직시한 것이다. 당시 이승만이 얼마나 활동자금 확보에 골몰하였는가는 1925년 4월 15일자로 김구에게 보낸 그의 서한에서도 알 수 있다. 이승만은 김구가 먼저 보내 온 편지에서 지적한 '深謀遠慮'(심모원려)를 언급하면서 아래와 같이 답하고 있었다.

"深謀遠慮(심모원려)는 우리가 마땅히 실행해야 할 대계가 아닌 것이 없소이다. 그러나 적수공권으로는 절대로 능히 공적을 이루지 못하오이다. 반드시 먼저 기금을 확보한 뒤에야 진행할 수 있는데, 자금이 어디에서 나오겠소이까. 제가 해결하기 어려운 것이 바로 이 한 가지 일입니다…"

그러므로 이승만이 '동지 식산회사'를 통하여 한인들의 경제력을 발전시키고, 나아가서 '동지회' 활동을 위한 재정확보를 기하는데 설립 취지를 둔 것은 당연한 것이었다.

영문 정관에 사장 신성일, 부사장 김경낙, 서기 차신호, 회계 안영찬, 감사 민찬호가 명시되어 있으며, 현재는 자본금을 70,000달러로 정하였지만 앞으로 최고 200,000달러로 확장할 것이라는 단서도 달려 있다. 이 영문 정관은 당시 보편적으로 사용한 개발회사 정관 형식을 따른 것으로 보이며, 1924년에 국문으로 제정되었던 〈동지회 합자회사 규칙〉이나 1925년 9월에 국문으로 제정되었던 〈동지회 합자회사 규칙〉과는 많이 다르다. 예를 들어, 영문 정관에는 국문 〈동지회 합자회사 규칙〉의 '목적'에 포함된 "본국 물산을 장려하며 한족의 경제력을 발전할지니 본국 물산을 수출, 수입, 산출, 교환 등 모든 영업에 가급적으로 종사할지며"라는 본국과의 관계 문구가 포함되어 있지 않다. 특기할 것은 1924년 규칙에는 "주주회의에서 임원과 이사원을 선거하며"라는 조직 설명과 함께 본회의 임시 임원은 총재(1인) 이승만, 서기(1인) 허성, 회계(2인) 윤치영과 박성균으로 기록되어 있고, 1925년 규칙에는 조직 인원수는 같은 숫자로 명기되었으나 인명(人名)은 기록되지 않았다.

한편, 1926년의 영문 정관에 사장(president), 부사장(vice-president), 서기(secretary), 회계(treasurer)와 감사(auditor) 등 5명의 임원(officers)이 있음을 밝혔으나 인명은 기록하지 않았다. 처음으로 공표된 1924년의 '동지회합자회사' 규칙에 이승만이 대표임을 표명하였지만 1925년 규칙과 1926년의 영문 정관에는 이승만의 이름이 빠졌다. 이승만은 독단적으로 회사를 운영한다는 반대자들의 관여가 일어날 것을 예측하고, 계획적으로 자신의 이름을 뺀 것이다. 이승만의 이런 의도는 그가 1927년 3월 20일자로 윤치영에게 보낸 답장에서 찾아볼 수 있다. '동지 식산회사' 설립 준비 때 회계였던 윤치영이 1927년 1월 7일에 이승만에게 보낸 편지에 "그런데 어찌하여서 각하(閣下)의 독재명의(獨裁名義)로 동지식산회사의 허가를 아니 맡으시고 공유적(公有的)으로 하셨나요? 물론 이리 하셔야 하겠지요. 만은 그저 독재적(獨裁的)으로 하셔야 합니다"라고 썼다. 이에 대하여 이승만이 "회사 주권(主權)을 명의(名義)로는 독단(獨斷)이 아니라 사실(事實)로는 독단(獨斷)이며 차(此)에 대하여는 혹 반대자의 승문(乘間)할 노(慮)가 무(無)하외다"라고 답하였다.

투자자들은 공표되었던 국문 〈동지회 합자회사 규칙〉을 근거로 투자했을 것이며, 법적 효력을 가진 등록된 영문 정관의 내용을 알지 못했을 수도 있다. 이 회사는 1주에 100달러씩 700주를 모집할 것을 목표로 삼았다. 영문 정관이 작성되었을 때까지 700주 중 75%가 약정되었고, 그 중 약 10%인 7,100달러만이 기금으로 입금됐다. 한 달 후에는 목표액의 43%인 약 30,000달러가 모금되었다. 주를 산 사람들 중에는 하와이섬의 코나 지역과 힐로에 사는 한인들 이외에 로스엔젤레스에 사는 한인들이 포함되어 총 98명의 주주가 모였다. 이승만은 모금된 30,000달러 중 13,622달러로 힐로 남쪽 18마일 떨어진 올라아(Olaa) 지역에 약 960에이커의 오히아(ohia) 나무의 임야를 구입하고 이곳을 '동지촌'(同志村)이라 불렀다. '동지촌'의 960

에이커 땅은 가로×세로 약 3.8㎢가 되며 서울 여의도 광장의 10배, 미식 축구장의 1,160배가 넘는 크기의 땅으로 한인들의 경제발전을 위한 첫 단계 사업이었다.

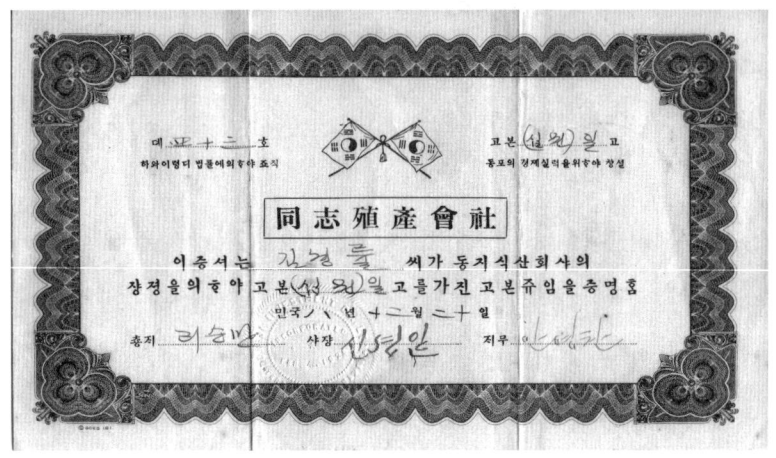

김성률의 동지식산회사 주식

'동지촌' 부지매입은 두 번 내지 세 번에 나누어 이루어졌다. 1926년 1월 6일에 100에이커가 조금 넘는 땅을 2,400달러를 주고 스프 부부(Gustavus D. and Maggie K. Supe)로부터 매입하고 1월 27일에 등기를 끝냈다(부동산 기록원 Book 804, pp. 374-376). 같은 해 6월 7일, 700에이커의 땅을 굳초우와 엑커(E.F Gutschow, Josephine Gutschow, Bertha Ecker) 등으로부터 9,500달러를 주고 또 매입한다(부동산 기록원 Book 878, p. 490.) (2014년 12월 현재까지 나머지 160에이커 구입 기록은 찾지 못하였다).

이승만은 어떻게 이곳을 알게 되었을까. 이에 대한 정확한 기록은 찾을 수 없다. 다만 이승만이 1925년 11월 20일, 김성기(한인기독교회 부목사였고, 동지회 주무원; 후에 1929년 6월부터 힐로 한인기독교회 목사로 시무)와 힐로를 방문했는데, 이 때 이곳을 둘러보았을 것이라고 추측된다. 이승만의 일지 1926년 1월 7일에는 '김경낙과 식구들이 힐로에서 18마일 떨어진 약 1,000에이커의 스프(Mr. Supe)의 땅에 입주했다'고 기록하고 있다. 1,000에이커라는 표현은 960에이커를 과장한 것이고, 아마 이때에 인접한 군초우의 땅도 아울러 살 것을 작정했던 모양이다. 힐로항은 호놀룰루항에서 배로 14시간 걸리는 거리로 오후 5시에 출발하면 다음 날 오전 7시에 도착하곤 했다. 힐로항에서 8마일 떨어진 올라아 사탕수수농장의 역까지는 기차로 갔고, 그 곳에서 5~6마일 떨어진 '동지촌'까지는 자동차나 마차로 왕래했을 것이다. (올라아 기차역은 외부협판 윤치호가 1905년 9월 8일부터 10월 3일까지 하와이 이민자들의 실태를 살피러 다녔을 때 멈춘 곳이다).

그동안 '동지촌'은 처음부터 오히아 목재사업을 목적으로 설립된 지역으로 알려져 왔다. 그러나 '동지촌'은 1903년부터 1905년까지 사탕수수농장 노동자로 이민와서 20년이 지난 후 노년으로 더 이상 사탕수수농장 일을 할 수 없고 다른 경제력도 잃은 한인들을 입주시켜 임야를 개간하면서 자작농장(homestead)을 운영하여 노인들의 일자리를 주기 위해 마련한 농장이었다. 이승만은 그의 일지에 '동지촌'을 '농장(farm)'이라고 기록하고 있다. 노인 노동자들의 수가 앞으로 더욱 증가할 것을 예상하고, 그들이 자작농의 기회를 통해 경제력을 키워 사회로 복귀함으로써(rehabilitate) 하와이 지역사회에 부담이 되지 않도록 할 뿐만 아니라, '동지회' 활동을 위한 재력을 키우는 곳이었다. 이 농장에서 한인들은 채소와 과일, 특히 꽈리를 재배했고 또 소(牛)목장도 운영했다. 꽈리는 하와이에서 '포하(poha)'라고 부르며, 방울토마토처럼 과일로 먹거나 또 잼으로 만들기도 한다. 지금도 힐로 마켓에서 살 수 있는데 껍질은 벗기고 열매만 판다.

등록된 '동지식산회사' 영문 정관에 명시된 목적은 단순히 농사를 짓는 것이 아니라 부동산과 동산(real estate and personal property) 사업으로 매매활동, 건설 활동까지도 포함하는 것으로, 부동산과 동산에 관련된 활동 목적이 자세하게 나열되어 있다.

이승만이 '동지촌'을 설립한 시기는 그가 상해 임시정부 의정원에 의해 탄핵당하고(1925년 3월 18일) 대통령직에서 면직된 때였고, 그의 나이 50세가 됐을 때였다. 대통령직 해임은 이승만을 '동지촌' 일에 몰두하도록 만든 것은 사실이지만, 탄핵당하고 할 일이 없어서 '동지촌'을 설립했다는 것은 곡해인 것이다.

1925년 말부터 1931년 4월 초까지 5년 반이란 기간 동안의 이승만 일지는 그가 '동지촌'에 얼마나 전력을 기울였는지를 보여주고 있다(이승만 일지에 1924년 11월 1일 이후부터 1925년 11월 20일까지 기록은 없고 1925년 11월 20일부터 1931년 4월 7일까지의 기록만 있다). 일지에 따르면 이승만은 매년 대 여섯 번에 걸쳐 '동지촌'을 방문하고 짧게는 하루, 길게는 두 달 이상을 머물렀다. 특히, '동지촌'을 설립한 첫 해(1926년)에는 7개월 반을 '동지촌'에서 보냈으며, 그 곳에 있는 동안 이승만은 말을 타고 다녔다. 기존의 집 두 채에 7채의 집을 더 짓고 다섯 가족들을 포함하여 30여명의 한인들이 벌목과 임야 개간을 통해 농사를 짓고 살았다. 이들은 재배한 채소와 과일 포하를 힐로에 있는 그들이 운영하는 상점에서 팔았다. 힐로 상점은 포나하와이 스트리트(Ponahawaii Street)에 위치한 4,612평방 피트(128평) 부지의 상점으로 1926년 7월 24일에 남순명·김순남 부부에게서 구입했고, 편용식(Pyun Yong-sik)이 1928년까지 그 곳에 살면서 운영했다.

이승만은 '동지촌' 운영 이외에 수년 내에 '우리(한인)의 은행'을 설립할 것과 150,000달러 상당의 부지와 건물을 새로 매입할 계획도 갖고 있었다. 은행 설립에 관한 생각은 1925년 〈동지회 합자회사 규칙〉에 포함된 '동지회 합자회사 저금부조'에 기록되어 있다. 이 저금부조는 하와이 정부에 등록된 영문 정관에는 포함되어 있지 않지만, 정관에 '동지식산회사' 자본금의 한계를 최고 200,000달러로 정한 것으로 미루어 '동지촌'은 이승만의 경제발전 계획의 첫 단계였고, 그 다음의 장기계획으로 은행까지도 구상하고 있었음을 알 수 있다.

동지촌 일부 모습 (1925년경) (이덕희 소장)

이미 언급한 것과 같이, '동지식산회사' 자본금으로 70,000달러가 모금될 것으로 예상했으나 약 30,000달러밖에 모금되지 않았고, 그 중의 반을 부지매입으로 사용했기 때문에 임야개간에 필요한 자금 충당은 대단히 어려웠다. '동지식산회사' 자본금 모금이 잘 되지 않은 데에는 여러 가지 이유가 있었으며 그 중 가장 기본적인 것은 한인들의 재정이 한계에 달했기 때문일 것이다. 1919년 9월부터 1922년 4월까지 '구미위원부'가 모금한 금액은 81,000달러의 독립공채 매입금과 그 외에 예납금 또는 의연금 등의 명목으로 모금한 돈이 67,300달러였다. '구미위원부'가 모금한 기금 이외에 미주 본토에 흩어져 살던 한인들과 하와이에 있던 한인들은 '대한인국민회', '대한인동지회', 그리고 '대한인부인구제회'에도 기금을 내야 했다. 1920년에 하와이의 한인 인구가 4,950명이었고, 1930년에는 6,461명이었으며, 미주 본토에 산재해 있던 한인의 수는 하와이 한인 인구의 1/4밖에 되지 않았다. 한인 1세의 인구수를 고려할 때 구미위원부가 모금한 액수만으로도 한인들에게서 더 이상의 경제적 도움을 기대할 수 없었음을 알 수 있다. 더구나, 이민 온 지 20년이 지나 2세들이 중·고등학교와 대학교에 갈 나이가 됨에 따라 필요한 경비도 늘어가던 시기이기도 했다. 이런 상황에서 동지촌이 한인들의 경제력 증가를 목표로 한 사업이었지만 한인들은 쉽사리 이 사업에 투자할 수 없는 지경이었다.

'동지촌'은 자구책을 강구하는 수밖에 없었다. 벌목한 오히아나무를 숯으로 만들어 파는 것이었다. 처음에는 재래식 내지는 가내용

숯가마를 만들었으나 실패했다. 그래서 이승만은 제조업 전문 에이전트(manufacturer's agent)인 터너회사(D. A. Turner Company) 사장 터너의 자문을 받고 '호놀룰루 직업학교'(Honolulu Vocational School)의 강사 윈터(George Winter)와 많은 실험을 거쳐 새로운 방법인 증류 혹은 가열 방식(retort or oven system)의 숯가마(charcoal oven)를 1928년 8월에 설치하는데 성공한다. 그 결과 24시간 마다 4톤의 숯을 생산할 수 있게 됐다. 그리고 시험적으로 300부대(bag) (이 bag이 얼마나 큰 규모인지는 밝히지 않음)의 숯가루(ground charcoal)를 미국 서해안지역에 보냈다. 그 무렵 이승만은 '숯은 오히아나무 벌목의 부산물인데, 숯제조라는 것이 아주 흥미로운 사업'이라고 기술하고 있다. 이승만은 여러 숯제조업자들이 하와이 군도에 산재하여, 오히아(ohia), 과바(guava), 알가로바(algaroba) 등의 나무로 숯을 만들지만 이들의 제조방법(pit and kiln method)이 낙후해서 2주일에 100부대 정도의 숯을 생산해 지역시장의 수요에 겨우 응할 정도에 그치고 있었음을 알고 있었다.

이승만은 이어서 1928년 9월, '페린기계회사'(Perine Machinery Company) 호놀룰루 지점장 톰킨스(Orville H. Tompkins)의 도움으로 제재소를 설치한다. 본격적으로 가동된 제재와 숯제조 사업을 위해 서양인, 하와이 원주민, 필리핀 사람도 몇 명 포함해 거의 40여명이 일했다. 때 마침, 이승만은 '진주만 해군성'의 조선(造船) 용골대(龍骨臺 keel blocks) 납품 입찰 소식을 접하고, 제재소를 설치해 준 톰킨스로부터 기일 내에 납품할 수 있다는 확언을 받은 후 입찰한다. 그의 단독 입찰이었다. '동지식산회사'는 1929년 3월 18일, '진주만 해군성'에 69,813 board feet(1 board foot=12 inch x 12 inch x 1 inch= 30평방 cm x 2.54 cm)의 목재를 납품하기로 미국정부와 계약을 맺었다(계약번호 N311S-2830). 그러나 계약기간에 목재를 납품할 수 없었고, 납품한 아주 적은 양의 목재마저 불량품으로 판정받았다. '동지식산회사'가 목재납품 계약을 지키지 못했기 때문에 미국정부는 '이합회사'(C. Q. Yee Hop & Co.)로부터 '동지식산회사'의 입찰가격보다 높은 가격으로 목재를 구입해야만 했다. 그 결과 '동지식산회사'는 계약을 위반한 벌금으로 입찰가격과 구입가격의 차액 6,016.16달러를 지불해야만 했다. 한편, '동지식산회사'는 호놀룰루의 호텔 스트리트(Hotel Street)에 가구점을 차리고, 목재가구를 만들어 팔았으나, 이 가구점도 자금 부족으로 1년 만에 폐업해야 했다.

힐로의 김성률 부부와 함께 (1930년경)

'동지촌'은 비가 많이 오는 장소였기 때문에 포장이 안 된 도로를 이용해서 제재소와 숯가마에서 나오는 물자를 수송하고 있었다. 이는 매우 난해한 수송작업이었다. 그래서 제재소로부터 철로를 놓아 6~7마일(약 10km) 떨어진 곳에 있는 올라아역까지 접속시켜 수송 문제를 해결하려 했다. 앞으로 12년내지 15년 동안 벌목할 수 있다는 계산으로 투자를 더 하려 한 것이다. 철로가 완성되면, 그 주변과 힐로의 주민들을 초청하여 제재소와 숯가마를 견학시킬 계획도 갖고 있었다. 이승만은 '동지촌'의 토지 가격이 100,000달러로 증가했다고 홍보하면서 희망에 차 있었다. 그리고 1930년 5월 19일에서 20일까지 '한인기독교회'에서 열린 '동지식산회사' 주주대회에서 550달러의 주식을 더 팔았으며, 각 지방 동지들이 협조해 '거액의 고본(자본금)이 응모될 가능이 많이 보인다'고 믿었다. 이승만은 또한 필요한 자금 확보를 위해 본토로 여행도 했다. 하지만 미국의 경제공황 등 여러 사정으로 기금 모집은 이루어지지 않았다. 결국 '동지촌' 사업은 자금 부족과 늘어나는 빚으로 인해 수지타산이 맞지 않는 사업으로 판명났다.

1930년 5월 19일과 20일 이틀 동안 있었던 '주주대회'의 보고에 의하면 자본금 70,000달러의 목표액에 절반도 모금이 안 되었으며, 부채가 토지가격 미납금 5,800달러를 포함해 약 29,000달러가 되었다. 그러나 '주주대회' 보고서에서 밝힌 것과 같이 "농업과 재목 사업에는 아직 이익을 보지 못하였을지라도 토지로는 벌써 몇 갑절의 이익을 보고 앉았으니 이것은 실수 없는 이익"이었다. 하지만 상승

된 토지가격은 팔기 전에는 이루어질 수 없는 서류상의 숫자일 뿐이었다. 6개월 후에 작성된 1925년 11월부터 1930년 10월까지의 〈동지식산회사 재정보고〉에 의하면 약 5년 동안 목재판매로 2,939달러, 목장수입으로 192달러, 농장 수익으로 20달러와 집세로 400달러 등 총수입이 약 6,200달러인 반면 지출 총액은 약 27,000달러로 부채가 20,000달러 조금 넘는 것으로 되어 있다.

1930년 10월 22일자 《同志別報》(동지별보)에 '동지식산회사' 사장 신성일이 〈동지식산회사 소관〉이라는 제목의 글을 발표했다. 글에서 신성일은 "식산회사 사업은 재목과 목탄을 내여 자본을 만들어 토지를 크게 개척하려든 계획이 자본 부족으로 실패된 것은 사실이라"고 시인하고 있다. 이로써 재목과 숯 제조 사업은 중단하였지만, 한 서양인의 회사가 벌목하고 매당 천자(1천 board feet?)에 15달러를 준다는 계약을 교섭 중에 있다고 썼다. 이 계약이 성사되면 매 달 30,000자를 벌목해서 회사 수입이 450달러가 될 것으로 계산했다. 또한, 부지를 100,000달러에 팔려고 했지만 토지매매가 전혀 이루어지지 않는 경제상황이었기 때문에 훗날 경기가 좋아지면 팔겠다는 계획도 글에 담겨져 있다. 신성일 사장의 글은 당시 한인사회에 만연되고 있는 '동지 식산회사'에 관한 풍문을 바로 잡으려는 의도에서 쓴 것으로 보인다.

1930년 12월 22일에는 '동지식산회사' 주주회의가 열리기로 되어 있어 재정보고서가 주주들에게 분배되었으나, 주주회의가 실제로 열렸는지는 알 길이 없다. 다만, '동지식산회사' 주식 11주를 산 '부인구제회'가 12월 초에 주주총회에 참가할 대표를 선정하기 위한 모임을 가졌음을 《태평양주보》 1931년 1월 10일 호에서 확인할 수 있다.

결국, '동지식산회사'는 20,000달러가 넘는 부채를 지고 1931년 4월경에 파산한다(행정적으로 동지식산회사의 등록이 말소된 것은 1935년 3월 21일이다). '동지식산회사'에 투자했던 사람들은 물론 한인 동포들의 실망과 원망이 컸음은 물론이다. 실의에 빠진 이승만은 1931년 11월 21일, 여행길에 올랐다. 이 여행은 로스엔젤레스, 뉴욕, 워싱턴을 거쳐, 제네바에 도착한 다음, 런던, 모스크바 등지를 둘러보고 1933년 8월 16일에 뉴욕으로 돌아오는 긴 여행이었다. 이 여행 중 제네바에서 프란체스카 도너(Francesca Donner)를 만났고, 프란체스카가 1934년 10월 4일에 뉴욕에 도착하여 10월 8일 결혼했다. 그리고 넉 달 후인 1935년 1월 24일, 이들 부부가 함께 호놀룰루로 왔다.

이 여행을 떠나기 전 이승만은 그의 정치·외교적 능력을 동원하여 하와이 영토 대표(Delegate to Congress) 휴스턴(Victor Stewart Kaleoaloha Houston)을 설득해 1931년 12월 8일에 〈'동지식산회사' 구제를 위한 청원안〉(H. R. 2872, A Bill for the Relief of the Dongji Investment Co. Ltd.)을 하원에 제출하도록 했다. 연방하원에서 이 청원안이 토의되고 있을 때 해군참모총장 C. F. Adams가 제출한 여러 보고서에서는 '동지식산회사' 설립 취지와 '동지식산회사'가 납품계약을 이행하지 못함으로써 정부가 본 손해액(6,016.16달러)과 납품계약을 이행하려는 과정에서 발생한 회사의 부채가 32,300달러인 점, 그리고 부동산을 포함한 자산은 15,000달러 뿐이라는 사실 등이 자세하게 담겨 있었다. 특히 상원에 제출한 보고서에는 미국정부가 벌금을 실제로 징수한다면, '동지식산회사'는 파산하는 수밖에 없으며, 그렇게 되면 이 회사는 더 이상 인도주의적인 사업을 할 수 없게 된다고 설명했다. 이 청원안은 1933년 2월 8일, 하원에서 통과되었고, 2월 16일, 같은 요지로 상원에 제출된 Senate Bill 3016이 통과되어 3월 1일부로 대통령이 서명·인가함으로서 '진주만 해군성'과의 계약에서 발생한 벌금을 탕감 받을 수 있게 됐다.

이승만이 해외로 여행을 떠나 있던 1933년 7월 12일에 '동지촌' 부지 963.35에이커가 경매되었고, 이 땅의 저당권을 가지고 있던 Union Trust Company가 12,500달러에 매입했다(State of Hawaii, Bureau of Conveyances, Book 1211, pp. 11-15). '동지촌'이 운영된 5년 반 동안에 개간된 임야와 숯가마, 제재소, 여러 채의 집들이 포함된 부지가 매입 당시의 가격(13,622달러)에 조금 못 미치는 가격으로 입찰 판매된 것이다. 더구나 이 가격은 이승만을 비롯하여 '동지식산회사' 이사들이 믿었던 100,000달러라는 가격에 비해 엄청나게 실망스러운 금액이었다. 한 달 후인 8월 5일, Union Trust는 이 땅을 김성률 부부(Sung Yool Kim and Dora Kim)에게 13,000달러에 팔았다.

이승만은 '동지식산회사'가 파산(破産)했을 때의 심경을 1년 후인 1932년 12월 11일 자 일지 끝머리에 "동지식산회사가 실패했기 때문에 포기하고, 조용히 워싱턴으로 떠났다.(Dongji Investment company project failed and abandoned and I went to Washington quietly)."라고 적었다. 1933년 7월 26일에는 스위스의 츄리히(Zurich)에서 전보를 받았는데, 김성기 목사가 7월 6일에 사망했고, '동지식산회사' 땅이 처분되었다는 소식이었다. 그날 이승만은 어려운 시기에 가장 충직했던 친구 김 목사가 소천했다는 소식이 아주 충격적이고, 또 부지 처분 소식에 마음이 매우 아프다고 그의 일지에 기록했다.

이승만이 '동지촌'을 설립한 동기를 임정의 대통령에서 탄핵된 후 정치에서 실패한 자기 면목을 새롭게 하려는 계책에서 나온 것이라고 부정적으로 해석할 수도 있다. 그러나 '동지촌'은 이승만이 사탕수수 농장에서 더 이상 일을 할 수 없게 된 한인들을 한 곳에 모아 자작농으로 경제적 자립을 도모할 수 있도록 돕기 위해 만든 농장촌이었고, 궁극적으로 한인들의 경제적 자립을 통한 광복사업을 조직적으로 도울 수 있는 재정을 마련하려고 한 '동지회'의 첫 사업이었다. 이승만의 계획에 약 100명의 주주가 동참했었고, 기대에는 못 미쳤지만 30,000달러(2014년도 구매가격은 약 600,000달러)라는 자본금도 모아졌다.

'동지촌' 실패의 요인 중의 하나는 부동산 개발사업 경력이 없었던 이승만이 비가 많은 임야를 구입한 것도 있었다. 그러나 더 심각한 문제는 이런 규모의 사업을 같이 운영할 인재가 동지회에는 그리고 아마도 하와이 한인사회에는 없었다는 점이었다. '동지식산회사'의 이사들은 이런 종류와 규모의 사업을 경영할 준비가 되어 있지 않았으며, 사실상 이름뿐이었다. 인재가 없을 때 사업을 시작한 것을, 그리고 그런 상황에서 이승만이 혼자 운영했던 것은 분명 '운영상의 미숙'이다.

그러나 가장 근본적인 문제는 자금조달이었다. 한인들의 경제력은 지난 여러 해 동안 이러저런 명목의 독립기금을 바치면서 한계에 도달해 있었다. 따라서 이들에게서 자본금 70,000달러의 절반 말고는 그 어떤 자금도 기대할 수 없었다. 미국 경제가 대공황에 들어선 관계로 별도의 기금 모집도 불가능했음은 물론이었다. 더구나 1930년 중반부터는 본토에서 온 새 지도자들이 이승만의 독재에 반발하고 도전하기 시작하면서 이승만의 위치는 전과 같지 않았고, 한인사회를 설득하기도 점점 어려워지고 있었다.

'동지촌'의 6년 역사는 이승만이 얼마나 재정확보에 골몰하면서 '동지회'의 장래를 위해 그동안 해보지 않은 사업을, 어찌보면 무모한 사업을 시작해야만 했었는지를 잘 보여 준다. 특히 정치와 경제의 병행은 말처럼 그리 쉽지 않았다. 그럼에도 불구하고 이승만은 이 기간 동안에 '태평양잡지사'도 계속 운영했으며, 1930년 12월 13일에 월간 《태평양잡지》를 주간 《태평양주보》로 바꾸고 꾸준히 기고했다. 이승만은 또한 여행을 통해 미주 본토의 한인들과 돈독한 관계를 유지했을 뿐 아니라 하와이의 백인 인사들과도 폭넓은 관계를 유지하는데 게으르지 않았다. 숯가마와 제재소 설립을 위해 만난 제조관련 엔지니어와 기계설비자들은 물론 하와이 정치계 인사들과도 긴밀한 관계를 유지해 갔다. 그렇지 않았더라면 하와이 대표 휴스톤이 '동지 식산회사'의 부채 탕감을 위한 청원안을 미 국회에 제출해 줄 리가 없었을 것이다. '진주만 해군성'의 납품입찰도 단순히 신문광고에 의해 할 수 있는 일이 아니었다. 이승만이 숯제조에 관한 상당한 전문지식도 가지고 있었다는 사실은 그가 끊임없이 배우고, 준비하는 사람이었음을 보여준다.

동지촌의 숯가마

현재 '동지촌' 부지는 분할되어 개인 소유지가 되었고, 농경지 혹은 개인주택지로 바뀌어 드문드문 주택이 들어서 있다. 1933년 7월에 김성률이 13,000달러에 구입했다가 1937년 7월에 오시로 부부(Taro Oshiro and Kiyoko Oshiro)에게 10,000달러에 팔았고, 그 후 오시로가 분할 매각했다. 그러나 아직까지도 남아 있는 숯 가마터는 개인주택지구 4필지에 인접해 있다. 2014년 8월 현재 숯가마는 알아 볼 수 있을 정도로 그 원형이 남아 있다. 가마 속의 철물은 많이 부식되었지만 높이 약 6.5feet(약 2미터), 넓이 6feet, 그리고 길이 50feet(15미터) 정도의 숯가마 속에는 나무를 담는 대형 철제 바구니가 들어갈 35인치(약 90cm) 넓이의 선로(궤도)가 있고 숯가마 밖에는 바퀴 달린 철제 바구니가 선로위에 멈추어져 있었다.

선로위에 멈추어 있는 바퀴

이 숯가마터는 Volcano Highway Route 11에서 이정표(里程標 mileage marker) 16과 17번 사이에 North Oshiro 길로 우회전하여, 다리 두개를 지나면 Komo Road가 나오고, Komo Road를 따라 2블럭 쯤 가서 Kaawale Boulevard로 우회전하여 Hinuhinu Street의 두 번째 필지에서 들어갈 수 있다. 이 숯가마터로 가는 길 Komo Road 18-4076 번지에 위치한 집은 당시 이승만이 거처했다는 2층 집인데, 현재 그 자리에 있는 건물은 1936년에 새로 지어진 것이다. 이 집 마당에는 이승만이 살았을 때 심었을 것으로 여겨지는 한 그루의 소나무가 아직 자라고 있다. 이승만이 거처했을 때에도 2층 집이었고 아래층에 부엌이 있었다. 이 집에 에탄 김(Ethan Sungkoo Kiehm: 1920년 '한인기독학원' 졸업생으로 1927년에 동지식산회사의 서기)과 그의 부인 조세핀(Josephine Park: 에탄과 같은 반)이 2년 동안 (1928~1930) 이승만과 함께 살면서 살림을 맡아 보았다. 이승만이 식사 때가 되면 조세핀에게 "다 됐는가?" 아니면 "먹게 됐는가?"라고 묻곤 하였다고 에탄 김은 기억했다. 또한 에탄 김은 자신이 이승만을 도운 유일한 2세라고 기억하기도 하였다.

이승만이 거주했던 동지촌 집 (1925년경) (이덕희 소장)

이승만이 거주했던 집터에 재건된 집 (1936) (이덕희 소장)

3. 동지회와 하와이 단체의 통일운동

이승만이 1930년 7월 15일부터 7월 21일까지 호놀룰루에서 '동지회' 미포(美布)대표회를 개최하였다. '동지식산회사'가 재정적인 어려움을 겪고 있던 기간이었다. 1921년 이후 하와이 한인사회에는 '교민단', '대조선독립단', '대한인동지회', '한인협회' 등 여러 단체가 있었는데 1930년에 이르러 이들의 통합 노력에 진전이 보이기 시작한다. 이승만은 이 기회를 놓치지 않고 한인사회를 '동지회' 중심으로 강화하고자 했다. '동지회'는 하와이에 10개 지회가 있어 16명이 대표로 참석했고 김원용이 시카고를, 최영기가 로스엔젤레스를 대표해 참석했다. 당시 한인기독교회 목사 이용직이 '동지회' 이사장이었으며, 대표회 회장에 김성기, 서기에 김광재와 최영기였다. 이들 임원 이외에 '동지회' 회원 등 교포 800여명이 참석해, '하와이 교민단 총회관'과 '한인기독교회'의 '신흥국어학교'를 오가면서 회의를 진행했다.

이 대표회의에서 가결된 조항들은 아래와 같다.
- 동지회는 오직 독립사업에 유일한 정치단체로 정함
- 구미위원부를 성심껏 후원할 것
- 1920년에 구미위원부와 임정 국무원회의에서 결정한 대로 약정문 급(及) 선언문을 발표할 것인데, 선언서 제정위원으로 김현구, 이용직, 김광재 3명을 선출

- 청년동지회를 확장할 것
- 동지회 헌장을 채택
- 원동에 동지회 지부를 설치할 것
- 《태평양잡지》에 영문부를 첨부할 것
- 동지회 명부를 인쇄·분배할 것
- 여자 회원은 유지금 10원 ($10) 이상으로 하고 남자 회원은 $30, 연례금은 남자 회원과 동등하게 [$2] 납부할 것
- 이 번 미포대회를 외국인 신문에 발표하기 위하여, 책임위원으로 이용직, 김현구, 김원용, 최영기 등 4명 선출
- 이용직, 김현구, 김경준, 박상하, 김윤배, 손덕인, 차신호, 김광재, 최성대 등 9명의 동지회 이사 선출

이 대표회에서 채택된 동지회 헌장은 1921년 7월에 작성된 15조의 동지회규정을 수정·확대한 것인데, 특히 총재인 이승만의 위상과 권한을 강화하고 있었다.

8조. 본 회 회원은 총재로 수령을 정하되 총재는 공중 추대에 의함
9조. 총재는 이사부와 대표회를 총 관리 또는 지배함
10조. 본 회는 총재의 대정방침을 보좌하기 위하여 이사부를 취하고 중앙부 소재지에 거류하는 회원 중심으로 이사원 9인을 대표회에서 선정하여 총재의 결재로 정함

이 대표회를 통해 그동안 반목하던 '대조선독립단' 회원들이 '동지회'에 들어오면서 '동지회'가 하와이 한인 사회에서 독립운동을 주관하는 조직체가 되었고, 총재 이승만이 확대된 권한으로 동지회를 운영·지시하게 된다.

동지회 미포대표회를 마치고 (1930)

그런데 '미포대회' 직전에 사건이 벌어졌다. 미주 본토에서 이승만의 초청으로 들어와 이승만으로부터 '교민단'과 '동지회' 그리고 '한인기독교회'의 직분을 받으며 이승만의 활동을 보필하게 됐던 김현구, 김원용, 이용직 등이 이승만의 독주에 제동을 걸고 나온 것이다. 이용직은 '한인기독교회' 재정문제로 이승만과 마찰을 빚고 있던 중이었다. 김현구는 자신이 주필로 있던 《국민보》에 '동지회' 중심의 합동 내지 통일운동에 관한 글쓰기를 거부하면서 1930년 8월 26일자 《국민보》에 '사직청원서를 게재하며'라는 제하의 글을 통해 이승만의 독단에 맞서고 나섰다. 1909년 이래 한인사회를 대표해 온 '국민회' 및 '교민단'도 '동지회'의 독주에 반발했다. 결국 이 '미포대회'는 그동안 이승만을 지지해 온 '교민단'과 '동지회'가 갈라서는 결과를 낳았다.

1931년 1월 초순경 연례 대표회를 개최한 '교민단'은 대표회에 참석한 지방회이사원 29명 중 14명을 새로운 자치규정에 어긋난다 하여 불참토록 했다. 이에 반발한 이원순, 김노디, 정태하 등 '동지회' 회원들이 '교민단 총회관'을 점령했다. 이 '총회관 점령사건'은 '교민단'의 주인이 누구인가라는 논란을 일으켰다. '동지회'는 조직되면서부터 '교민단'의 총회관에 사무실을 두고 있다가 1928년에 새로 지은 '한인기독교회'내로 이사했다. 그동안 이승만은 '교민단' 총회관이 하와이 한인들의 공동소유이고, '동지회'와 '교민단'은 모두 이 총회관에서 활동해온 단체이기 때문에 동일한 입장에 있다고 그의 입장을 설명해오고 있었다(《태평양잡지》, 1930년 7월호). '동지회'는 '동지회 회원'이 '교민단 회원'이며 '교민단 회원'이 곧 '동지회 회원'이기 때문에 '동지회 회원'들이 총회관에 들어가는 것 내지 점령은 당연하다고 생각했다. '총회관 점령사건'은 법정소송으로 이어졌고, 1931년 4월 16일, '교민단'의 승소로 끝났다. 결국 이승만이 '미포대회'를 통해 '동지회'를 중심으로 한인사회를 통일하려던 계획은 실패로 끝났고, '교민단'과 '동지회'의 갈등은 골이 깊어지고 있었다.

'총회관 점령사건'이 '교민단'의 승소로 끝날 즈음에 '동지식산회사'가 파산하고 '동지촌'은 문을 닫았다. 실의에 빠진 이승만은 1931년 11월에 호놀룰루를 떠나 유럽 등지를 다닌 후 프란체스카와 결혼하고 1935년 1월에 호놀룰루로 돌아왔다. 그후 이승만은 '동지회'나 임시정부의 활동에는 전혀 관여하지 않았고, 앞서 밝힌대로 '한인기독교회' 신축사업과 한인기독학원 일에만 몰두했다. 그동안 '동지촌'의 실패로 동포의 재정을 모손(耗損) 했다는 힐책을 많이 받게 된 이승만의 생활이나 활동은 모두 어렵고 지장이 많았다. 그런 이유로 이승만은 뒤로 물러앉고 다른 사람들이 나서서 일해 주기를 바랐다.

그런 중에 1937년 7월 중일전쟁이 발발하자 동포 지도자들은 중일전쟁이 동양의 전쟁이며, 결국에는 중국이 승리해서 조국도 독립할 수 있다고 보았다. 따라서 이승만과 몇몇 '동지회' 지도자들은 조국이 독립되는 때를 위해 이승만의 외교활동 재개를 서둘렀다.

1937년말이 되자 '구미위원부'의 워싱턴 사무실에서는 그동안 밀린 임대료도 정산하는 등 사무실 재개 준비로 분주했다. 한편, 하와이 동포 사회는 동포단체들이 단합해 임시정부에 대한 후원 추진을 모색했다. 특히 '국민회'와 '동지회' 두 단체의 '합동(연대) 문제'를 진지하게 논의하기 시작한다.

1938년 3.1절 기념식에서 이승만은 청년들을 위해 영어로 3·1운동에 관해 설명했다. 그리고 계속해서 자신의 입장을 설명했다.

"한인들이 합동을 부르는 이때에 내가 참여하면 합동이 못된 후에는 허물을 나에게로 돌릴 터인즉, 나는 한인들의 합동이 잘되어 대사업이 성공하기를 희망하는 것이외다. 그러나 합동이 되고라도 일은 아니하고 거저 붙잡고 앉았기만 하면, 나는 일 아니하는 백만동지를 못 얻을 지라도 일하고자 하는 한두 사람이라도 붙잡고 나가려 합니다."

이승만은 한인사회의 합동노력을 추진하는 하면서, 말로만 합동이라고 하는 사람들이 아니라 실제로 일할 사람을 원했다. 그리고 그는 '조선독립단'을 끌어들여 한인사회의 통일운동을 전개하려 애썼다. 이 과정에서 '국민회' 등 기존단체의 지도자들과 새로 미주 본토에서 온 지도자들은 이승만이 '국민회' 등 다른 단체들의 활동역사를 무시하고 '동지회'가 주도권을 잡는 것은 이승만의 '독재'라고 여기게 됐다. 그런 그들의 반발은 '민중화'라는 대안을 중심으로 조직화되면서 결국 1938년 12월, 합동 노력은 결렬되어 버린다.

이승만이 호놀룰루에서 '동지회'를 통해 활동하는 기간 동안 '동지회'는 사무실을 여러 차례 옮겼다.

1921~1928: 1306 Miller Street (교민단총회관)
1928~1929: 622 N. School Street (한인기독교회 내)
1930: 121 S. Kuakini Street (임대)
1932~1942: 931 N. King Street (장기 임대)
1942: 931 N. King Street (매입, 1949년 새 건물 건축)

(이승만은 하야 후 호놀룰루에 온 후 이 새 건물 회관을 방문하였다.)

'동지회'가 1942년에 매입하고 1949년에 새로 건축한 '동지회' 건물은 1970년에 매각됐다. 전체 매각기금(190,000달러)에서 동지회원 7명과 호상부원 33명에게 각 260달러의 호상금을 지불했다. 그리고 이승만 전 대통령의 묘지 기념비(memorial stone)를 위해 약 6,300달러의 경비를 지출했다.

대한인동지회 회관 (1949)

묘지 기념비는 1969년 말경에 서울의 임영신 중앙대학교 총장이 하와이를 방문했을 때 이승만 전 대통령이 서울 동작동 국군묘지에 안장된 지 5년이 되어가지만 비석이 없다는 사실을 알리면서 이루어진 일이었다. '동지회' 회원들은 이승만 박사 비석건립위원회를 만들어 김창수와 손(김)노디를 위원으로 위촉했다. 비석건립위원회는 하와이에서 화강암 기념비석을 구입하여 1971년 2월에 서울로 보냈고 기념비문은 서울에서 새겼다. 화강암 비용(5,000달러)과 선박운송비뿐만 아니라, 인천에서 서울까지 운반비, 기념비문 명각(銘刻) 비용 등 서울에서 필요한 약 1,276달러도 '동지회'에서 부담했다. 이에 대한 프란체스카의 감사 편지가 남아 있다.

4. 워싱턴 D.C.로 이주

이로써 더 이상 이승만이 하와이에서 할 수 있는 일은 없었다. 그는 워싱턴으로 가서 앞으로의 외교활동 재개 가능성과 필요성 등을 알아보기 위해 1939년 3월 30일, 단신으로 워싱턴으로 떠났다. 떠나면서 남긴 글이 4월 8일자 《태평양주보》에 실렸다.

"나는 1935년에 구미를 달하여 호놀룰루로 온 후로 교회나 사회의 내막을 완화주의로 교정하기를 바라고 1년 반을 두고 힘써 오다가 필경 또 싸우지 않고는 되지 못할 것을 간파하고. 그 때부터 사회나 교회 간에 도무지 간섭을 끊고 상관 않기를 결심하여 글과 말로 여러 번 선언하였으나. 40여년 적공하여 오던 우리 민족운동을 어찌 졸지에 거절하고 말고자 함이었으리오. 다만 여러 번 풍파를 지낸 결과로 새로이 깨달은 바, 내가 혼자 인도자 책임을 가지고 동포의 재정을 모손하며 독립은 회복하지 못하고 보니 자연 내게 대한 악감이 심해서 내 신분에만 어려울 뿐 아니라 우리의 하고자 하는 일을 해갈 수 없은 만치 되고 보니 차라리 내가 물러앉아서 다른 이들이 해도 될 기회도 있고, 재정도 거두어 쓸 수 있게 하는 것이 가하다는 생각으로 이렇게 한 것이니 독립은 못할지언정 동족 간에 싸우지는 말아야 하겠다는 각오를 얻게 된 까닭이다. (중략)

이렇게 침묵하고 앉은 이 사람의 속이 탈 동시에 여러 동포들의 관찰이 또한 나와 같아서, 필경은 참다 못하여 나에게 대한 원망과 질문이 들어와서, 리 박사가 아니하면 누구더러 하라고 그저 앉았느냐 하는지라. 그런즉 이런 좋은 기회를 가지고 세계를 대하야 한마디 못 하고 앉아서 내게 돌아오는 원망과 죄책은 면할 수 없이 되나니. 내가 차라리 나의 힘대로 직책이나 행하면 시비를 듣는 것이 도리어 낫겠다는 각오를 가지게 된 고로 수차 공동회를 불러서 토의하게 된 결과가 나에게 책임을 지우기에 이르렀나니. 나는 이때부터 다시 결심하고 불시로 짐을 묶어서 미주로 건너갑니다." (pp.1-2)

4월 13일에 워싱턴에 도착한 이승만은 4개월 동안 주변의 사정을 알아보다가 연방국회가 여름휴가에 들어가자 8월 10일에 호놀룰루로 돌아왔다. 9월에 개교할 '한인기독학원' 준비를 해야 했지만, 앞서 밝힌대로 한인기독학원 업무를 이전하기 위해서였다. 이사장에 양유찬, 학원 교무담당에 이원순, 기숙사 사감에 이원순의 부인 이매리를 임명하였다. 그리고 11월 10일에 이승만 부부는 워싱턴으로 떠났다.

'한인기독교회' 김형식 목사는 《태평양주보》 1939년 11월 18일자에 〈영수를 봉송하면〉이라는 글을 게재했다.

"…지난 4 [3]월에도 선생을 전송한 적이 있었고, 이번에 또다시 그를 보내건마는 우리의 섭섭한 회포는 전일에 비할 바가 아니다. 저번에는 선생께서 동포들에게 선언하신 말씀도 계셨거니와 모든 것이 일시적이었다. 그러나 이번에는 고문부 설치사건이나 기독학원을 위임처리하게 한 일만 가지고 생각하더라도 선생의 이번 길은 잠시가 아니고 기약 없는 길이다.

이 기약 없는 길을 떠나시는 선생님의 얼굴을 마지막으로 뵙지나 않는가 싶어서 눈물을 거두지 못하는 이는 거의 다 연세 많은 노인들이시오. 흐르는 눈물을 손수건으로 씻어 내다가도 빙그레하면서 웃음을 띠우는 이는 비교적 젊으신 이들이다. 울다가도 웃는 일은 웬일인가? 아마도 동양의 풍운이 잦아진 뒤로 중국의 승리냐, 일본의 패망이냐 하야 세계의 이목이 총 집중하고 있을 뿐 아니라, 동양문제에 대하야 오랫동안 침묵을 지키던 미국이 일본과의 통상조약 폐지를 선언하고 또다시 일본이 중국에 대한 정책을 변경하기 전까지는 통상조약을 다시 체결할 수 없다는 강경론을 주장하는 이때에 선생의 길은 의미 있는 길이요. 따라서 젊은 우리로서는 우리 민족의 목적을 관철하고 개선가를 부르는 영수를 불원한 장래에 환영하리라는 희망을 가짐인가 한다…" (pp.5-6)

생활비와 부동산 투자

1. 생활비

이승만이 하와이에서 나라 세우기를 위한 여러 준비활동을 할 수 있었던 것은 동포들의 지속적인 경제적 후원이 있었기에 가능했다. 그가 경제적으로 어떻게 이 활동을 이어갔는가에 대한 설명을 1924년 3월 29일, 상해 임시정부 국무위원들에게 보낸 편지에서 찾아 볼 수 있다.

"상해에서 오는 편지마다 재정 재정하고, 여기서는 가는 편지마다 조직 조직하야 서로 끝이 없으니, 피차에 형편을 모르고 이와 같이 하는 중에서 장차 오해가 생길까 염려하야 이 편지를 국문으로 소상히 씁니다. 우리는 본래 저축한 재정도 남에게 취대할 곳도 없으며, 다만 필요한 일이 있으면 사실을 들어 동포에게 청구하야, 아니 주면 아무리 급한 일이라도 못하고 주면 꼭 그 일에 쓰고 그대로 알려 주나니. 이것은 아주 정한 전례라 다른 수가 없나니, 아주 이런 줄 아시고 다시는 사사비용이나 운동비나 보내라고 요구하지 마시오."

이승만은 해야 할 일이 있을 때면 그 때마다 동포들에게 알리고 기금을 조성해서 활동을 했고, 모금된 기금은 반드시 그 목적으로만 사용했다. 뒷돈을 쌓아 두거나 또는 이리저리 기금 용도를 바꾸어 전용하는 일이 없었다. 즉, 활동을 위한 기금사용도 세워 놓은 규칙에 따라 실행한 이승만이었다. 어쩌면 이승만의 이런 태도와 습관이 융통성 없는, 독선적인 성격으로 보여졌을 수 있고, 따라서 주위의 다른 지도자들을 불편하게 했을 수도 있다. 1914년 국민회 총회장 박상하의 범용 831.15달러가 박용만의 '대조선국민군단'에 대한 지출이었을 것이라고 추측하는데(방선주, 《재미한인의 독립운동》, 한림대학교 아시아문화연구소, 1989, p. 84), 당시 이승만은 "이 항목이 국민회의 의무금 사용 내용에 결정되어 있지 않은 항목이었다"며 비난한 것으로 알려지고 있다. 같은 맥락에서, 이승만이 '한인여학원'의 《재정보단》을 출간한 것도 한인의 성금으로 설립한 '한인여학원'의 경비 내용을 한인사회에 정확하게 알리고자 한 이승만의 자세였던 것이다.

그렇다면, 이승만은 어떻게 생활을 유지해 갔을까? 어떻게 이승만이 의식주 비용을 감당하였는가에 관해서는 조사되거나 알려진 바가 없다. 어느 정도의 추측만, 더구나 '동포들의 돈으로 화려한 생활을 했다'는 확인되지 않은 비난성 추측만 있을 뿐이다. 그가 어떤 돈으로 생활을 했고, 정말 화려한 생활을 했을까?

이승만이 호놀룰루를 처음 방문했던 1904년 11월 29일 밤을 에바 사탕수수 농장에서 지내고 다음 날 본토로 떠날 때, 한인들은 여비에 보태 쓰라고 30달러를 모아 주었다. 이것이 이승만이 하와이 한인들에게서 받은 최초의 사적인 후원금인데, 이승만은 이 사실을 그의 일지에 그대로 기록하였다.

1913년 2월 3일 호놀룰루에 정착하여 《한국교회핍박》을 집필하면서 기거했던 푸우누이 집은, 앞서 언급한 '자유교회' 소유였다. 이승만이 '리창규가 house keeper'라고 사진에 적어두어, 이창규가 집사(執事)로 이승만을 도왔음을 알 수 있다. 그런데 이승만이 집 임대료와 이창규의 수고비를 직접 지불했다는 기록은 없다. 집 소유주인 '자유교회' 혹은 이승만을 초청한 '국민회'에서 부담했으리라 추측된다. 이로 미루어 이승만은 하와이에 정착하면서 자신의 숙식(宿食)을 책임지지 않아도 되었음을 알 수 있다.

이승만은 1913년 8월 말부터 1915년 6월까지 '한인기숙학교'(한인중앙학교) 교장직을 맡았을 때 학교 기숙사에서 숙식을 해결했었고, 월급은 받지 않았다. 하와이 감리교 선교부의 프라이 감리사는 이승만이 '한인중앙학교' 교장직을 사임했을 때 이승만이 3년 동안 월급도 받지 않고 봉사해주었음을 밝히면서 그의 봉사에 진심으로 고마워했다. 이에 관해서 김원용은 "이승만이 봉급을 받지 않고 봉사하겠다고 한 까닭에, 동포들이 그의 생활 곤란을 동정하여 생활비 보조를 시작해서 이승만의 생활 곤란이 없어지는 한편 차차로 동정자가 증가되어 당파 기세를 이루게까지 되었던 것이다. 1914년에는 동정자가 수백 명에 달하여서 매월 매인이 1달러 25전씩을 출연하여 25전은 수전 경비로 제하고 1달러씩을 이승만에게 주었다"고 기록하고 있으나 자료출처는 밝히지 않았다(pp. 198-199). 당시의 어느 기록에서도 이에 관하여 찾을 수가 없다. 후원금을 낸 사람들은 있었겠지만, 공식적으로 돈을 모아 주었다는 것은 추측성이 강한 진술인 것 같다. 설령 그것이 사실이더라도, 김원용이 말한 수백 명을 200명이라고 추정하고 그들의 각 1달러씩을 계산하면 이승만이 한인들로 부터 매월 200달러씩을 받는 셈이 된다. 1917년도 한인감리교회 목사 월급이 60~70달러였음을 고려하면 이 액수도 과장된 것으로 보인다.

이승만은 왜 월급을 받지 않았을까? 부정적인 시각에서 보면 김원용의 가설 즉 동정을 유발하여 더 많은 액수를 받으려 했다는 것이 옳을 수도 있다. 한편, 이승만의 월급 사양을 아래와 같이 긍정적으로 설명할 수도 있다.

첫째, 이승만에게 교육은 그의 소명(召命)이었고, 보수를 받아야 할 일이 아니었다. 둘째, 이승만은 숙식 해결 이외에 부(富)를 축적할 욕심이 없었다. 활동 기금이 필요할 때마다 모금을 통해 그 목적으로만 기금을 사용한 이승만의 성격이 사생활에도 고스란히 적용되었을 것이다.

1915년 여름에 필라델피아 감리교본부의 이사 보바드(Bovard)가 프라이 감리사에게 이승만이 사탕수수 농장주에게서 1,000달러를 받았다는 소문이 있는데 이를 해명해달라고 했다. 프라이 감리사는 이승만이 카우아이섬의 농장 주 아이젠버그(Isenburg)의 부인에게서

100달러, 하와이섬의 본드(Mr. Bond) 씨에게서 10달러, 마우이에서 5달러를 받은 것이 전부라고 밝혔다. 계속해서 프라이 감리사는 이승만이 한인 이외에게서 받은 것은 이것뿐이며, 하와이에서 1,000달러씩 줄 사람도 없다고 못을 박았다(1915년 8월 16일자 편지). 프라이의 설명에서 밝혀진 총 115달러가 '한인여학원'을 설립할 때 백인에게서 받은 액수 총 200달러의 일부인지는 확실치 않으나, 115달러를 이승만이 개인 생활비로 사용한 것 같지는 않다. 그랬다면, 감리교 본부와 하와이 감리교 선교부에서 모종의 조치를 내렸을 것이다. 이승만이 여학원 설립 기금을 횡령한 것이 아니었다.

이승만이 운영한 학교에서 이른바 '월급'을 받은 경우는, 아래 언급하는 이승만의 〈회계수첩〉에서 밝혀진 것으로, 1923년 3월 '한인기독학원'에서 생활비로 25달러를 받은 것이다. 이 관행이 언제부터 시작되었고 언제 중단되었는지 알 수 없다. 이 외에, 1935년 7월과 8월에 이승만이 '한인기독학원'에서 월급으로 각 10달러씩을 받았고, 9월에는 15달러를 받았다는 학교 기록을 앞에서 밝혔다. 1935년 1월 24일에 신부 프란체스카와 도착하여 부부가 '한인기독학원' 기숙사에 기거하면서 어려운 재정 형편에 처한 학교 운영을 정상으로 되돌리려고 노력하고 있을 때였다. 프란체스카가 기숙사 사감직을, 이승만은 교장직을 맡고 있었다. 같은 시기 백인교사의 월급은 50달러, 국어교사와 주방장의 월급은 각 39달러였다. 교장과 기숙사 사감이 합하여 교사와 주방장의 월급과는 비교도 되지 않은 '용돈'을 받았던 것이다. 이승만 부부의 숙식은 해결되었더라도 10~15

달러 정도의 용돈이 필요했을 것이다.

이승만이 1924년 1월 말부터 캘리포니아주의 몇 곳을 방문하고, 2월 7일부터 3월 6일에 볼티모어를 거쳐 워싱턴으로 갈 때까지 중앙아메리카(중미)를 여행하였는데, 그 때의 경비 978달러를 하와이 동포들이 마련해 주었다. 이 여행비 내역서는 국가보훈처 발행 《미주한인민족운동자료》(1998)에 〈이박사 여행비조〉라는 제목으로 포함되었다(p. 38).

한인들이 특별 인사의 여행비를 공적으로 부담하는 관행은 이미 1905년 7월에 윤병구가 뉴 햄프샤주 포츠머스(Portsmouth)에서 열린 러·일 강화회의에 갈 때부터 시작되었다. 그 때 한인들이 500달러를 모아 주었다고 애드버타이저지가 기사화하였다. 1917년 10월에 박용만을 소약국동맹회의에 보낼 때는 이승만의 주도로 2,000달러 조금 넘게 모금하였다. 이승만은 박용만의 경비로 쓰고 남은 1,119.50달러를 1919년 1월 22일에 로스엔젤레스의 안창호에 주었다. (안창호가 그 돈을 어떻게 사용했는지는 확인되지 않는다).

파나마 방문기

왜 이 무렵 이승만이 한인들의 후원금을 받아 중미를 여행했는지 이 〈여행비조〉에서는 물론 이승만의 일지에서도 확인할 수 없다. 1913년 11월호와 1914년 4월호 《태평양잡지》에 파나마 운하에 관하여 기고했던 이승만이 1914년 8월 15일에 개통한 이 운하를 방문하고 싶었을 것이라고 추측할 뿐이다.

그가 쓴 〈파나마 운하〉 (1913년 11월호, pp. 23-29, 1913)와 〈파나마 운하에 대한 추후 소문〉(1913년 11월호 pp. 30-34)의 글에는 1881년에 불란서가 운하 건설을 시작하였다가 건설 국가가 미국으로 변경되는 과정의 자세한 여러 국가의 관계와 정세, 운하의 지형에 따른 갑문 건설방법, 운하 길이가 150리(77km)로 서울과 인천 왕복 거리, 통과세가 하와이의 사탕수수 산업에 미칠 영향 등을 자세히 설명하고 있다. 더구나 이승만은 파나마운하 개통 환영축하 박람회에 한국의 국가대표로는 참석할 수 없더라도 국민으로서 스스로 한국물품을 출전하는 것이 마땅하다고 주창하면서, 몇몇이 주동이 되어 준비하면 될 것이라고도 했었다. 이승만이 1893년에 조국이 시카고만국박람회에 46개 국가 중 하나로 참가했던 사실을 상기하며, 나라를 잃었더라도 국민이 참가하기를 원했던 것이다. 이 파나마 운하 박람회는 캘리포니아주 샌디에고(San Diego)의 발보아 공원(Balboa Park)에서 1915년 1월 1일부터 1917년 1월 1일까지 2년 동안 열렸다. 미국의 많은 주가 전시관을 운영했는데, 흥미로운 것은 일본의 '다도관'(Japanese Tea Pavilion)도 있었다는 사실이다. 그러나 한인의 참가를 원했던 이승만이 이 박람회를 방문하였다는 기록은 없다.

1914년 4월호에 실린 〈운하선세〉(pp. 72-75)에서는 파나마 운하 통행세를 내지 않는 미국 국적 선박에 관하여 미국 국회에서 논의되고 있는 상황을 설명하고 있다. 이승만의 국제관계에 대한 깊은 관심은 파나마 운하에까지도 미치고 있음을 알 수 있다.

파나마 운하가 개통된 지 약 10년이 되고 있을 때 이승만은 '한인기독교회' 교회 헌당(1922년 11월 19일)과 '한인기독학원'의 칼리히 새 교사 건축(1923년 9월 19일)이라는 큰일을 끝낸 후였고, 곧 워싱턴에 가서 (상해) 임시정부에 관련된 일 등을 처리해야 했었다. 그래서 워싱턴으로 가는 도중에 그가 주의 깊게 관심을 보여 왔던 파나마 운하를 방문하기 위해 중미로 돌아갔으리라 생각된다. 아마도 자신에게 주고픈 선물이었을 지도 모른다. 이승만의 일지에서 아래의 여행 일정을 알 수 있다.

2월 7일: 로스엔젤레스 윌밍톤(Wilmington) 구역의 항구에서 태평양 우송선 베네주엘라호(S.S.Venezuela)를 타고 출발

2월 14일: 과테말라(Guatemala)국의 참페리코(Champerico) 도착

2월 15일: 참페리코 출발

2월 16일: 살바도르(El Salvador)국의 산호제(San Jose)에 도착; 승객 50명이 자동차로 수도 산 살바도르(San Salvador)를 관광

2월 18일: 산 호제 출발

2월 19일: 나이카라(Nicara)국의 코린토(Corinto)에 도착; 24명 승객이 기차를 타고 수도 마노구아(Monogua) 관광

2월 21일: 마노구아 출발하여 코린토 항구에 도착, 곧 파나마(Panama)국으로 출발

2월 24일: 파나마국의 발보아(Balboa: 파나마 운하 입구)에 도착

2월 25일: 베네주엘라 호로 8시간 30분 동안 파나마운하를 경유 크리스토발

(Cristobal)에 도착

2월 26일: 크리스토발 출발

3월 1일: 쿠바(Cuba)국의 하바나(Havana) 도착

3월 2일: 하바나 출발

3월 6일: 미국 발티모어(Baltimore) 도착

그런데, 이승만은 단순히 여행만 하지는 않았다. 1924년 4월호 《태평양잡지》에 '파나마 과객'이라는 필명으로 〈중앙미주〉라는 제목의 중미 방문기가 실려 있는데(pp. 1-6), 이승만의 기고문임을 알 수 있다. 1개월의 중미 여행을 끝내고 3월부터 워싱턴을 위시하여 미주 본토에서 11월 말까지 활동을 했던 이승만이 제일 먼저 한 일이 이 글을 기고한 것이라면, 동포들의 여행비 보조가 헛되지 않았다고 볼 수 있을 것이다. 이승만은 이 글에서 파나마 운하 근경의 6개국에 관하여 간단히 설명하고 있었다. 특히 눈길을 끄는 것은 이 6개국이 모두 공화국으로 몇 년씩마다 대통령을 선출하기로 되었지만, 실상은 대통령 가족이 돌아가며 정치를 하기 때문에 헌법은 명색뿐이고, 권리를 잡은 자가 하기에 달렸다고 언급한 것이다. 즉 그 나라들의 정치상황을 언급하면서, 이런 상황으로 미루어 볼 때 백성이 어두워가지고는 공화국을 다스릴 수 없는 것이 분명하다고 설명했다.

미국이 독립해 공화제 정부를 조직한 후 먼로주의를 제창하고 (1823년) 유럽 열강으로 하여금 더 이상 미 대륙을 식민지화하거나

주권 국가에 대한 간섭을 하지 못하도록 했기 때문에 중미 국가들도 독립된 공화국이 되었지만, 백성이 개명하지 못하고 또 단합하지도 못하기 때문에 자기들의 국가를 제대로 보전하지 못하는 것이라고 설명한 것이다. 이 글을 통해서 이승만은 앞으로 세워질 새 국가를 위해 국민의 개명과 단합이 필요함을 주장하고 설파한 것이다.

〈중앙미주〉라는 글에 바로 이어 〈민족적 단결은 생활의 요소〉라는 글이 실렸는데(pp. 6-18), 1) '단결의 사상은 어느 때에 기원인가'와 2) '단결의 필요는 어디 있느뇨' 라는 질문적 소제목 하에 답변을 조목조목 설명한 글이다. 필자가 이승만이라고 생각되는데, 결론은 우리의 신체, 생명, 재산, 체면, 이 모두가 단결력으로 보호되는 것이며, 민족적 단결은 우리 생활의 요소라는 것이다. 한 민족의 분자가 되어 민족단결에 정성을 표하지 않거나, 민족단결을 비난하는 것은 민족 단결을 저해하는 것일 뿐만 아니라, 자기의 몸을 자기가 사랑하지 않는 것이라며, 민족의 단결을 다시금 강조했다.

〈이박사 여행비조〉라는 문건 이외에 어떻게 이승만이 생활비를 충당할 수 있었나를 대강 알려주는 기록은 '동지회' 제3차 〈재정보단〉(1921년 11월부터 1922년 9월까지의 재정 보고서)이다. 이 보고서에 동지회가 월례금으로 모인 기금 중에서 이승만에게 매달 100달러씩을 지원했다고 기록되어 있다. 이 100달러는 특정 활동을 위한 것이 아니고, 이승만이 생활을 위해 쓸 수 있는 월급조의 액수였다.

'동지회'의 재정보고 이외에, 이승만이 어떻게 생활비를 마련했고, 어떻게 사용했는지 좀 더 상세하게 알 수 있는 기록은 이승만 자신이 남긴 회계수첩이다. 연세대학교 이승만연구원에 소장되어 있는 이승만의 1923~1924 '회계수첩'(Finances Jan1923~Dec1924)은 스마트폰 크기의 수첩인데, 깨알 같은 영문 글씨로 기록되었다. 이 수첩 첫 장에 "1922년 2월 15~3월 31의 기록은 여행비 기록에서 볼 수 있다"와 "1922년 12월 31일까지의 나머지 기록은 Ledger(장부) 民主國(민주국)을 보라" 고 기록해 놓았는데 이 기록들은 찾을 수 없다.

이승만의 회계수첩(1923~1924) 표지 (연세대 이승만연구원 소장)

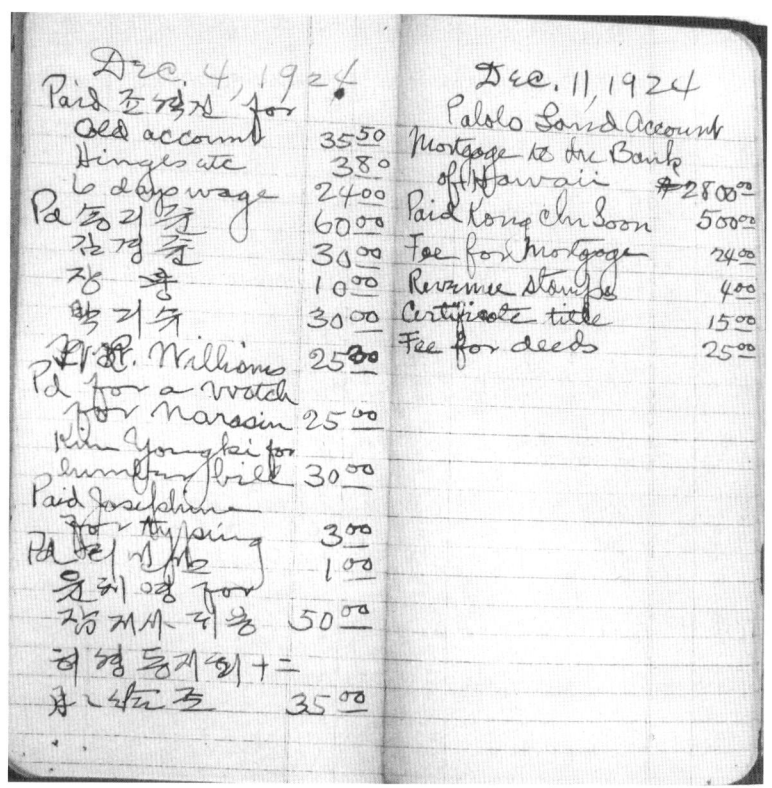

이승만의 회계 수첩(1923~1924) 내면

　이승만의 수첩을 수입, 지출, 잔고, 부채 란으로 정리하여 〈부록 2: 이승만의 회계수첩, 1923~1924〉로 첨부하였다(이승만의 친필을 알아볼 수 없는 항목이나 인명은 ???로 표시하였다).

　그의 회계수첩에서 아래 사항을 알 수 있다.

1923년 1월 1일~6월 19일

1) '구미위원부'(Korean Commission)에서 1923년 1월부터

1924년 1월까지 비정규적이지만, 매달 평균 100달러를 받았다.

2) '대한부인구제회'로부터 1923년 2월에 20달러, 6월에 25달러를 받았다.

3) 하와이섬 하위(하비 Hawi) 9동 동포 30명이 1923년 2월 16일에 25.05달러를 보내주었다.

4) 1923년 3월에 '한인기독학원'으로부터 생활비 25달러를 받았다.

5) 1923년 3월 28일 주일에 생일(3월 26일) 헌금으로 0.50달러를 냈다.

6) 1922년 9월 7일에 입주한 집(1105 3rd Avenue)의 월세가 50달러였는데, 방 하나를 월세를 받고 빌려준 것 같다. 1923년 6월에 방 하나에 월세 7.20달러를 낸 새 입주자가 있었다. 6월 전후에도 계속되었는지 확인할 수 없다(이 집은 '한인기독학원' 민찬호 교장이 살도록 '한인기독학원'이 임대했었다. 당시 민찬호가 학교에서 받은 월급이 30달러 정도였는데 이 액수는 그 무렵 감리교 교회 목사 월급의 절반도 안 되었다. 따라서 학교가 이른바 사택을 마련해 준 것 같다. 물론 민찬호는 같은 시기에 '한인기독교회'에서 목회를 하면서 어느 정도의 월급을 받았을 것인데, 액수 등 정확한 자료는 찾지 못했다. 민찬호가 '한인기독학원' 교장직을 끝내면서 이 집에서 이사를 갔고, 이승만 자신이 임대료를 내면서 이 집에 살기 시작한 것으로 추측할 수 있다).

7) 이창규와 박기수가 집일을 도왔는데 매달 약 10달러씩 주었다. 그들이 그 집에서 같이 살았는지 알 수 없다(이창규는 푸우누이 집에서도 이승만을 도왔다).

8) 매달 식품비(grocery bill)가 15~25달러 정도 들었다. 이창규와 박기수도 함께 식사를 했는지는 알 수 없다.

9) 집 전기세, 가스비, 전화비, 얼음 값 등이 매달 15~20달러 정도였다.

10) 가끔 민찬호가 운전을 했는데, 가스 값 등 경비를 주었다.

11) 한인기독학원 졸업생과 교사의 결혼 선물, 부조금 등을 보냈다.

12) 하와이를 방문하는 친지들을 대접했고, 1923년 5월 9일에 장덕수에게 여행비에 보태라고 25달러를 주었다.

13) 이발비, 구두닦기비, 세탁비 등 0.25달러, 0.4달러 등의 작은 액수도 빼지 않고 기록했다.

14) 프린스턴대학교 출판사에서 이승만의 박사학위 논문책 인세 4.10달러를 보냈다

15) 1923년 1월부터 6월까지 각 단체에서 받은 금액:
  구미위원회: 635달러
  대한인동지회: 275달러
  대한부인구제회: 45달러
  한인기독학원: 25달러 (합계: 980달러)

("6월 17일 이후 기록은 영수증과 함께 있는 다른 장부를 보라"고 적혀 있는데, 찾지 못하였다.)

1923년 1월 1일부터 6월 19일까지 총 수입이 1,111달러었고, 803달러의 지출이 있어 307달러가 남았지만, 빌린 액수 195달러를

계산하면 112달러만의 여유가 있었다.

이 기간에 '동지회'에서 매달 100달러를 받지 않았고(못했고), 대신 '구미위원부'에서 받았다.

1924년 1월 20일 ~ 12월 11일

1) 1914년 1월에 이승만 자신을 위해 그야말로 크게 쓴 것은 1월 30일에 6.50달러를 들여 서적을 구입한 것이다. 어떤 책(들)을 구입하였는지는 기록하지 않았는데, 여행 중에 읽을 책이었을 것이다. 이승만이 1924년 7월 16일 뉴욕에서 산 H. G. Well 의 소설 《꿈 Dreams》이 2.50달러였던 것으로 미루어 6.50달러로 3권 정도를 구입했을 것이며, 여행할 국가들에 관한 책이 아닌가 생각된다.

2) 1924년 2월과 3월초의 내역은 위에 언급한 〈이박사 여행비조〉에 밝힌 것이다. 여행 중에 bell boy, 웨이터, 엘리베이터 보이 등 저임금 직원에게 25센트, 50센트 등 팁을 주었다.

3) 이승만의 박사학위 논문책 인세 1.69달러를 받았다.

4) 1924년 12월 11일 마지막 사항인 'Palolo Land Account'는 지금까지 알려지지 않은 이승만의 부동산 투자 '사건'이다. 팔롤로 부지 구입을 위해 Bank of Hawaii에서 2,800달러의 부동산 담보 대출을 받았고, 이 대출금에서 공치순에게서 빌린 500달러를 곧 갚은 것 같다. 그 외에 fee for mortgage(대출비) 24달러, stamps(인지세) 4달러, 소유권 공증서(certificatetitle) 15달러, 양도증서비 fee for deeds 25달러 총 68달러의 부동산 구입/대출 수수료를 지불했다.

5) 1924년 12개월 동안 총 수입은 3,509.02달러이고, 총 지출은 3,812달러로 적자가 303.09달러였다. 하와이은행으로부터 2,800달러의 대출금도 있었다.

6) 여러 단체와 친지에게서 받은 금액:
   구미위원회: 1,629달러
   대한인동지회: 1,203달러
   대한부인구제회: 295달러
   동포 개인: 294달러
   백인 유지: 27달러
   (합계: 3,509달러)

2. 부동산 투자

이승만의 회계수첩에 기록된 Palolo Land Account에 관하여 하와이주 부동산 기록실에서 아래 사항을 확인할 수 있다.

1. 1924년 12월 5일에 Palolo Land & Improvement Company 로부터 alolo Hill Tract 의 Lurline Avenue 와 Pele Way 모퉁이 5필지와 인접 도로 부지 총 127,205평방 피트(2.9에이커= 3,480평)의 부동산을 4,000달러에 매입했다(부동산 기록원 Book 757, pp. 206-208).

Palolo Hill Tract는 1910년에 개발등록이 되었는데, 당시의 필지도에서 이승만이 구입한 필지번호 477~481을 볼 수 있다.

2. 1924년 12월 10일에 Bank of Hawaii로부터 2년 상환, 연 7%의 이자로 2,800달러의 부동산 담보대출을 받았다(부동산 기록원 Book 755, pp. 210-214).

3. 1925년 9월 2일에 Bank of Hawaii의 대출금을 완전 상환했다(부동산 기록원 Book 793, p. 213).

4. 같은 날, William R. Castle 로부터 상환기한 제한 없이 연 7%의 이자를 4분기 마다 지불하는 조건으로 3,500달러의 대출금을 받았다(부동산 기록원 Book 793, pp. 213-215).

5. 1927년 5월 7일에 1,500달러를 대출금을 더 받아, 대출금이 총 5,000달러로 증가됐다(부동산 기록원 Book 882, p. 161).

6. 1927년 7월 29일에 대출금을 더 받아 총 액수가 10,000달러가 되었다.

첫 3년은 연 이자 7%, 3년 이후에는 연 이자 8%로 정했다(부동산 기록원 Book 895, pp. 452-454).

7. 1928년 4월 9일에 Alfred L. Castle 이 William R. Castle 의 모든 대출관계 재정을 인계받음으로, 이후 이승만이 대출금을 Alfred Castle에게 상환하기로 되었다(부동산 기록원 Book 937, pp. 335-340).

8. 1929년 5월 24일에 Alfred L. Castle에게서 2,000달러의 대출금을 또 받아 총 12,000달러가 되었다(부동산 기록원 Book 1009, pp. 168-170).

9. 1929년 8월 6일에 Alfred L. Castle로부터 다시 1,750달러의 대출금을 받아, 대출금이 총 13,750달러로 되었다(부동산 기록원 Book

1023, pp. 31-33).

10. 1932년 8월 8일에 대출금 상환의 방편으로 10,000평방 피트의 땅을 Alfred L. Castle 에게 양도했다(부동산 기록원 Book 1173, pp. 226-227).

11. 1937년 5월 24일에 대출금 상환 대신 나머지 모든 땅의 소유권을 포기하고 Alfred L. Castle에게 양도했다(부동산 기록원 Book 1385, pp. 245-246).

이승만은 1924년부터 1925년까지 Palolo Hill의 1521 Lurline Avenue의 집에 거주하면서 《태평양잡지》를 발간했다. 이곳의 2층 목조 건물을 한인들이 지어주었다는 설도 있으나 확인할 수 없다. 《태평양잡지》 1924년 4월호의 발행지가 1521 Palolo Heights 로 되어 있는데, Palolo Hill의 Lurline Avenue를 잘못 기입한 것 같다. 당시에 Palolo Heights라는 길은 없었다. 1924년 11월 17일에 작성된 '동지합자회사' 규칙에 포함된 주소가 1521 Lurline Avenue로 기록되어 있는데, 이 집을 매입한 기록은 찾지 못했다. 1925년 7월 호놀룰루에서 열린 태평양회의에 참석한 송진우가 이곳을 방문하고 바라쿠(barrack 목조집)에 거주하며 잡지를 발간하는 이승만에 관하여 쓴 글이 7월 14일자 《동아일보》에 게재되었다. 이로 미루어, 이승만이 1924년 초에 3rd Avenue 1105 번지에서 Lurline Avenue 1521번지 집을 임대해서 거주다가, 1924년 12월 5일에 근처의 4필지를 구입한 것으로 보인다.

이승만이 팔롤로 부지를 매입했을 때 공치순에게서 500달러를 빌려 우선 매입 계약금(downpayment) 1,200달러를 내고, 은행으로부터 2,800달러의 부동산 담보대출을 받아서 잔금을 치렀다. 이승만은 이 사항을 수첩에 자세하게 기록하지 않고, 다만 공치순에게 500달러를 주었다(갚았다)고만 기록하였다. 당시 새로 개간되는 이 지역에는 카네이션 농장이 있었다. 공치순도 이 지역에서 카네이션 농장을 운영했는데, 성공한 경우로 알려져 여러 한인들이 이 지역 땅을 구입했다. 공치순의 딸 아네즈 공 파이(Inez Kong Pai: 1919년 호놀룰루 출생; 1943년 3월 2일 배의환과 결혼: 배의환은 한국은행 총재, 주일 대표부 공사, 아르헨티나 대사, 영국 대사 등을 역임)의 기록에 의하면(Daisy Chun Rhodes, *Passages to Paradise*, Academia Koreana, Keimyung University Press, 1998) 이승만이 한인들이 함께 모여 살아야 한다고 주장하면서 자신도 집을 구입했다고 했는데, 아네즈의 글에는 확인해야할 사항들이 많이 있다.

이승만은 은행 대출금을 9개월 후에 갚았다. 그리고는 그 후 여러 번 증가된 대출금을 더 받아, 드디어 1929년 8월까지 대출금이 총 13,750달러로 늘어났다. 다시 말하면, 1924년에 4,000달러에 투자한 부동산을 담보로 여러 번 대출을 더 받으면서 토지가격을 13,750달러까지 올린 것이다. 당시 부동산 가격 상승률이 어떠했는지는 확인할 수 없으나, 부동산 가격 상승의 덕을 본 것이라고 할 수 있다. 이승만이 토지가격 상승을 인지했고, 이를 활용할 수 있는 방법도 알았다는 것이다. 다시 말하면, 이승만이 '부동산 재테크'를 한 것이다. 다른 수입이 없는 이승만이 할 수 있는 유일한 재테크였을 것이다.

그렇다면, 이승만은 계속 더 올려 받은 담보대출금을 어떻게 사용했을까? 1925년 말에 '동지식산회사' 주식을 팔기 시작해서 70,000달러가 모금되리라 예상했던 것이 30,000달러 밖에 모이지 않았고, 그 액수의 반으로 '동지촌' 960 에이커를 구입한다. 1926년 초에 이승만은 동포들과 '동지촌'에 입주해 임야를 개간했는데 경비는 끊임없이 들어가고 있었다. 가구점, 농산물 상점 등을 운영했고, 1928년 8월에는 숯가마를, 그리고 9월에는 제재소를 설치하는 등 경비의 지출규모도 커졌지만 수입은 별로 없었다. 앞의 〈5-2. 동지촌〉 편에서 언급한대로 1920년대 말에는 동포들뿐만이 아니라 전국적으로 어려운 경제상태에서 더 이상 동포들로부터 도움을 받을 수 없었다. 이 때 이승만이 '동지촌' 운영에 계속 들어가는 경비를 조달할 수 있는 방법은 이 팔롤로 땅을 담보로 대출금을 조금씩 늘려 받는 수밖에 없었을 것이다.

이승만의 팔롤로 부지 매입은 특별한 목적이나 명분을 제시하지 않고 이루어졌다. 그 때까지 이승만이 많은 부동산 거래를 했는데, 모두가 목적을 밝히고 동포들의 후원을 받아서 이루었다. 여학생 기숙사 마련부터 '한인여학원' 부지, '한인기독학원' 부지, 하와이 섬의 '동지촌'이 그 예이다. 반면, 팔롤로 부동산 투자는 공적인 명분 없이 이승만 개인이 투자한 것이었다. 그의 수첩에서는 알 수 없으나 아마도 1924년 말에 이승만이 700~800달러 정도를 가지고 있었는데, 이것을 투자했던 것이다. 결국 그의 사적인 투자의 이익금은 '동지촌' 경비로, 또 '동지촌'을 운영하는 동안의 생활비로 사용되었을 것이다.

Palolo Hill Tract는 1930년경에 재개발되면서 Lurline Avenue가 Sierra Drive로 바뀌었고, 현재의 택지 분할 형태를 갖게 되었다. 현 Sierra Drive와 Iwi Way 사이 택지들이 이승만이 구입하였을 때의 택지들이다.

1930년 호놀룰루시 디렉토리에 이승만의 주소가 번지 수 없이 Sierra Drive로 기재되었고, 1935년 디렉토리에는 번지수가 4215 Sierra Drive로 기재되었다. 이승만이 1931년부터 1935년 1월초까지 하와이를 떠나 있는 동안 팔롤로 집은 세를 주고, 임대비를 받아 대출금 이자를 갚고 있었던 것 같다.

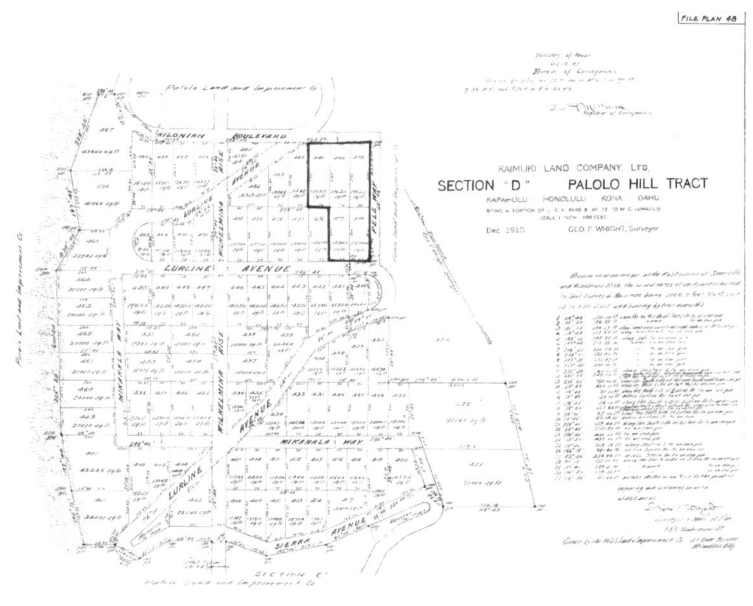

팔롤로 힐 지역 필지도 (굵은 선이 이승만이 구입한 필지)

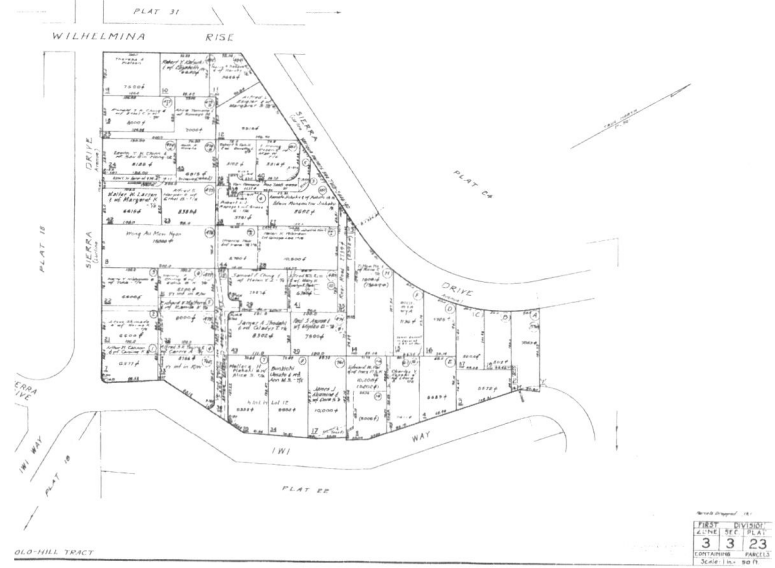

현 주택필지도 (Sierra Drive 와 Iwi Way 사이의 택지들이 이승만이 소유했던 필지)

    이승만의 회계수첩은 이승만이 1923년과 1924년에 주로 '구미위원부', '대한인동지회', '대한부인구제회' 등의 후원으로 생활했음을 알려준다. 이승만이 하와이를 포함, 미국 땅에서 조국의 독립 그리고 새 나라 건설을 위해 준비활동을 할 수 있었던 것은 이민 동포 단체들의 지속적인 도움으로 생활비를 해결할 수 있었기 때문이다. 이승만을 위한 여러 단체의 지원 액수에는 차이가 있겠지만, 이민 동포 단체들은 이승만의 하와이 체류기간 경비뿐만 아니라 그가 1939년 11월부터 워싱턴에서 한국으로 돌아갈 때까지의 모든 경비를 계속해서 후원해주고 있었다. 1940년 4월에 이원순이 쓴 글(〈외교에 대하여〉《태평양주보》, 1940년 4월 6일)에서 1940년대에는 주로 '대한부인구제회'가 경비를 보냈음을 알 수 있다.

"여러분이 다 아시는 바와 같이 동지회와 부인구제회에서 외교비를 매삭 분담하여 그 동안에 구제회에서는 정액을 매삭 실기(失機)없이 부송하였는데 동지회로서는 그 동안 상당히 정액을 못 보내드렸으니 일반 동지는 심히 민망히 여기실 줄 믿습니다."

또한 이승만의 회계수첩이 밝혀주는 것은 이민동포나 그 단체의 도움으로 지속한 그의 생활이 '화려함'과는 거리가 멀었고, 그야말로 '짜다'고 할 정도로 아껴 쓴 생활이었다는 사실이다. 이곳저곳 옮겨 다니면서 살아야 했는데, 학교 기숙사에서도 살았고, 집을 빌려 살면서는 방 하나를 세를 주어 월세를 받기도 했다. 이승만은 화려한 생활을 할 수가 없었다. 한승인이 이승만의 생활을 "자기 가족(프란체스카와 결혼한 후에도) 가정의 생활을 위하여 생업을 가진 일이 없다. 그는 상당히 호화로운 생활을 했다"라고 기술하고 있는데(《독재자 이승만》일월서각, 1984, p. 83), 한승인이 말한 '생업'이란 무엇일까? 하와이에서 '나라 세우기' 준비로 25년을 보낸 이승만에게 '생업'이라는 것이 따로 있을 수 있었을까? 이승만은 부(富)를 축적하기 위하여 '생업'을 가질 수 없었고, 부를 축적하여 화려한 생활을 하지도 않았다. 국권을 회복하여 새로운 나라를 세우고자 준비하는 것이 곧 그의 '생업'이었던 것이다.

인간관계

이승만은 하와이에서 25년 동안 활동하면서, 많은 사람들과 관계를 맺었다. 카리스마가 있었고 독선적(self-righteous)인 성격의 소유자로 타협할 줄 몰랐다는 평을 흔히 듣는 이승만이 어떻게 많은 이들과 관계를 맺고 일을 추진할 수 있었을까? 이승만이 관계를 맺었던 한인과 백인 몇 명에 관하여 살펴봄으로써 그 답을 얻고자 한다.

1. 김노디

이승만과 '부적절' 한 관계를 가졌던 것처럼 잘못 알려져 왔던 김노디에 관하여 살펴본다. 김노디(1898~1972)는 1905년 5월 8일에 아버지 김윤종(1852~1936)과 어머니 김윤덕(1858~1937), 오빠 John 병건 (1884~1928)과 새 언니(1887~?), 여동생 메리(1901~1907)와 함께 하와이로 이민 왔다. 오빠 병건보다 아래인 언니는 결혼을 했기 때문에 같이 오지 못했고, 메리는 1907년에 호놀룰루에서 사망했다. 아버지가 와이파후 농장에서 일을 했고 어머니는 삯바느질과 산파(産婆)로 가계를 도운 것 같다. 김노디는 호놀룰루에 있는 감리교 여선교회에서 운영한 스잔나 웨슬리홈에 기숙하면서 약 4마일(약 6.5km) 떨어진 카아후마누(Kaahumanu) 초등학교에 전차로 통학하면서 1915년에 8학년을 졸업했다. '한인기숙학교' 구내의 '한인감리교회'에 출석했고, 1910년 3월에 대한제국의 외부협판 윤치호가 두 번째로 호놀룰루를 방문하여 '한인기숙학교'내 교회 앞에서 교인과 학생들이 함께 기념사진을 찍었을 때 김노디도 있었다.

김노디는 1914년 초에 '한인중앙학교' 교장 이승만을 알게 되었고, 이승만은 김노디를 오하이오주 우스터(Wooster)시의 고등학교로 진학하게 도와주었다. 당시 이승만은 학생들의 상급학교 진학을 위해 소개장과 장학금 등을 받도록 이곳저곳에 편지를 보낸 그야말로 교육 실무자였다. 김노디도 이승만이 도와준 학생들 중의 한 명이며, 김노디가 이승만을 멘토로 삼은 것은 당연한 일이었다. 이승만의 도움으로 학교 입학금은 면제 받도록 되었으나, 오하이오까지의 여비를 마련하기 위해 김노디는 며칠 동안 호놀룰루 항구에 나가서 본토로 가는 사람들 중에 baby sitter(보모)가 필요한 식구들을 찾았다. 드디어 동부로 가는 한 군인 장교 부부가 김노디를 고용하고 배삯을 내주어 오하이오까지 갈 수 있었다. 김노디는 1916년 가을 학기부터 우스터 고등학교를 다녔고 졸업 후 후버 대학교에 잠깐 다니다가 오벌린 대학교(Oberlin University)로 편입하여 정치학을 전공했다.

오벌린에 다니던 김노디는 1919년 4월 14일부터 3일 동안 필라델피아에서 열린 '한인대표자대회'(The First Korean Congress)에 6명의 여성 대의원 중 한 명으로 참석한다. 대회 첫 날 한인대회 의장 서재필의 뒤를 이어 김노디가 연단에 올라, 한국 여성의 과거, 현재, 그리고 미래에 관해 연설했다. 그녀는 자기 할머니 세대 이전에 "여성들은 한국 남성들로부터 일종의 열등한 창조물로 간주됐으나 최근 몇 년 동안에 한국 남성들이 문명국의 여성이 남성과 균등한 자유를 누리고 있다는 것을 인식했습니다"라고 지적한 후에 "우리 한국 여성들도 한국 남성들과 같이 협조하여 일하고 있으며 한국의 독립과 자유를 획득하는 일을 돕고자 하고 있습니다"라고 선언했다.

김노디는 이 연설로 유명인사가 되어 《신한민보》가 그녀의 연설을 소개했을(1919. 5. 6) 뿐만 아니라 여러 차례에 걸쳐 그녀의 활동 내용을 기사화했다. 그 후 그녀는 동부를 여행하면서 미국인들에게 일제 치하의 조선의 사정을 알리면서 서재필의 주도로 필라델피아에서 조직된 '한국친우회'(The League of Friends of Korea)의 회원이 될 것을 호소하기도 했다. 이 단체는 1919년 5월 16일에 조직되었는데 목표는 기독교와 자유로운 독립정부의 수립을 위하여 노력하는 한국인에 대한 동정과 도덕적 지원 확대, 한국인이 더 이상 학대와 부당한 대우를 받지 않도록 호의적인 중재와 영향력 행사, 미국인들에게 한국내의 실상을 알리는 홍보활동, 모든 인종간의 친선과 항구적 평화 및 형제애 촉진을 통해 전 세계에 '하나님의 법률'이 확립될 수 있도록 노력 등이었다.

김노디는 1920년 5월 23일 필라델피아에서 열린 '한국친우회' 대회에서 첫 연사로 나섰다. 천여 명이 참석한 이 대회에서 그녀는 한국 여성과 소녀들이 조국의 독립과 기독교를 위해 헌신한 사실에 대해 연설했다. 그는 또한 여러 곳의 YWCA 등에서도 계속 연설활동을 하였고, 새로운 단체조직 활동에도 적극적이었다. 1920년 6월에 오벌린 대학교에 조직된 '오벌린 한국구제회'의 통신원으로도 활동했다.

아마도 이즈음부터 김노디를 미행하는 사람(일본인?)이 있었는데, 김노디는 눈치를 챘지만 잘못한 것이 없기 때문에 당당했다. 6월 중순에 클리블랜드의 모임에 참석하였던 '한인기독학원' 출신으로 김노디와 함께 오벌린 대학교에 다니는 주영순과 김신실 등이 우연히 이승만을 만나 시카고까지 동행한다. 시카고에서 주영순과 김신실은 학교로 돌아갔고, 김노디는 캘리포니아주 윌로스(Willows)에 들려 오빠를 만나고 호놀룰루로 돌아왔다. 마침 이승만도 캘리포니아주의 세크라멘토(Sacramento)로 가도록 되어 있어 두 사람은 같은 기차로 여행하게 되었다. 6월 말에 김노디는 어머니를 보러 호놀룰루를 방문해야 했고, 이승만도 호놀룰루로 돌아 왔는데, 둘은 서로 다른 배로 왔다.

김노디 미행자가 6월 22일에 이승만과 김노디가 여행을 같이하고 있으면서 '만 법'(Mann Act)을 어기고 있다고 시카고 이민국에 익명으로 알리기 시작했다. 김노디와 이승만의 여행 일정에 따라 시카고 이민국은 샌프란시스코 이민국에 이 사실을 알렸고, 샌프란시스코 이민국은 호놀룰루 이민국에 알렸다. 이것이 이른바 〈이승만의 '만 법' 위반〉이라는 사건이다. 흔히 '만 법'으로 알려진 '백인노예매매금지법'은 1910년 6월에 통과된 연방법으로 일리노이주 하원의원 만(James Robert Mann)이 상정하였기 때문에 그의 이름으로 불려졌다. 이 법은 미국 내의 각 주나 외국으로부터 매춘이나 방탕한 행위 또는 그 외의 비도덕적 행위를 위한 목적으로 여성을 상업적으로 수송하는 행위를 중범으로 처벌하는 법이다. 미국 시민도 아닌 중년의 이승만(당시 45세)이 젊은 여학생 김노디(당시 22세)와 함께 일리노이주에서 캘리포니아주로 또 하와이로 이동하는 것이 인신매매(human trafficking)로 '만 법'을 어긴 범죄행위라고 고발한 것이다.

1920년 8월 27일에 호놀룰루 이민국의 조사관 할시(Richard L. Halsy)가 김노디를 면담 조사하고 이승만과 김노디의 혐의를 뒷받침할만한 신빙성 있는 근거가 전혀 없다고 샌프란시스코 이민국에 보고했다. 더구나 할시는 김노디가 어머니를 방문한 후 다시 오벌린 대학교로 돌아가기 때문에 샌프란시스코로 갈 수 있는 도항증도 발급해 주었다. 당시 외국인이 하와이에서 미주 본토로 가려면 도항증이 필요했다. 이민국 조사관 할시의 면담 조사 보고서 일부를 〈부록 3: 이승만 만 법 위반 혐의 이민국 조사 보고서, 영문〉 및 〈부록 4: 이승만 만 법 위반 혐의 이민국 조사 보고서, 번역문〉으로 이 책 말미에 첨부하였다.

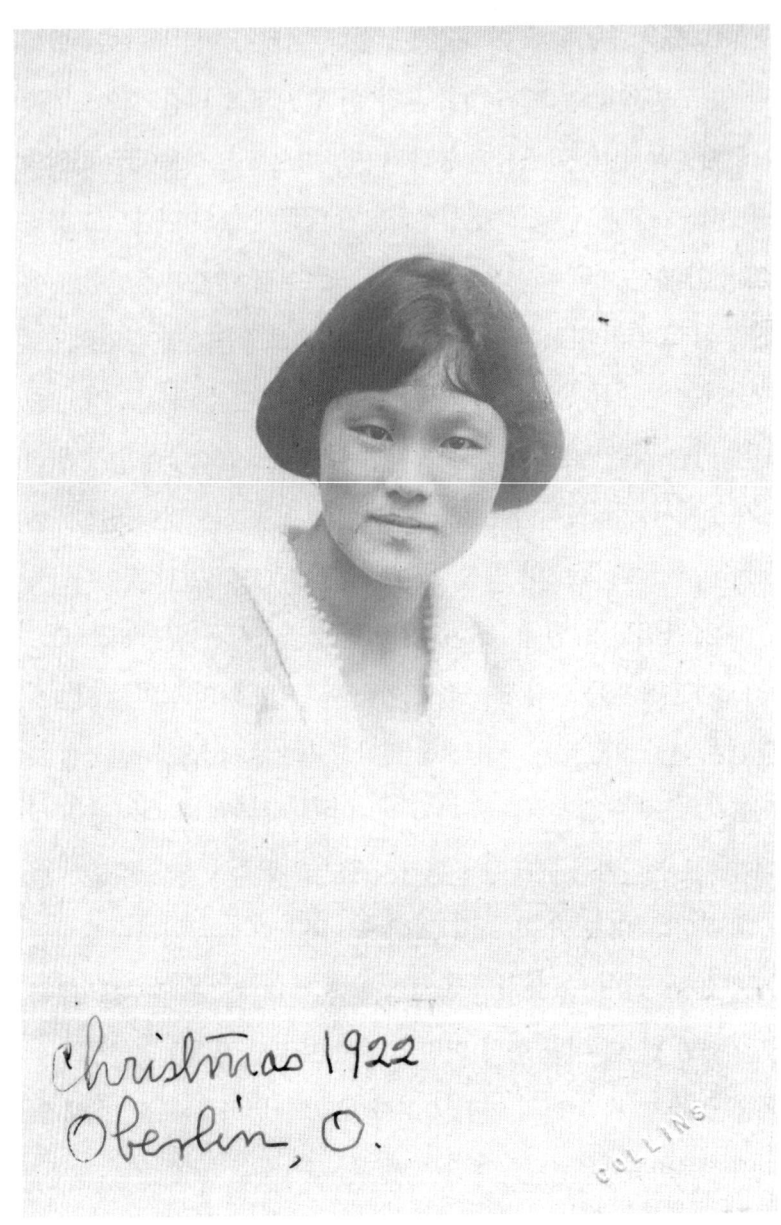

오벌린 대학생 시절의 김노디 (1922) (연세대 이승만연구원 소장)

김노디는 다시 학교로 돌아가 학업과 기독교 학생활동을 계속했다. 김노디는 1924년에 '북미대한인학생총회'(Korean Student Federation of North America)에서 선출한 미국에서 대학교육을 받고 한국의 기독교 활동에 중요한 역할을 한 24명의 명단에 오르게 된다.

오벌린 대학교를 졸업한 김노디는 1922년 9월 호놀룰루로 돌아와서 곧 '한인기독학원'에서 교사로 근무하기 시작했다. 가르치는 일 이외에도 그녀는 1923년 11월에 양유찬, 황혜수(한인 YWCA 책임자), 김찬제(엔지니어 겸 건축설계사: 후에 한인기독교회 설계), 조제언, 김기화, 황춘태 등과 '하와이 학생대연합회'를 조직했다. 양유찬(후에 주미 한국대사 1951~1960)이 회장으로, 김노디가 부회장으로 선출되었다. 양유찬은 1912년에 '한인기숙학교'를 졸업하고 맥킨리(McKinley) 고등학교를 거쳐 보스턴 대학교에서 의학박사 학위를 받고 돌아와 개업한 의사였다. 이들은 모두 하와이 출신의 새 세대 지도자들이었다.

1923년 6월 20일, 김노디는 '한인기독학원' 신축 기금 모금을 위해 전 교장 민찬호, 교사 김영우와 함께 학생 20명을 인솔하고 한국으로 갔다가 돌아와 교장 대리직을 맡아 학교 일에 헌신하고 지냈다. 그리고 그녀는 1924년경부터 'Nodie Dora Kimhaikim'이라는 이름을 사용했다(Dora는 아마도 세례명인 것 같은데, 언제 세례를 받았는지 알 수 없다. 그의 아버지 김윤종이 기독교인이었다고만 알려졌다).

김노디는 1924년 7월, '한인기독학원' 기금 모집 차 시카고를 방문해 600~700달러를 모금하고, 뉴욕과 클리블랜드 등도 방문했다. 어어 1927년 10월에 건강상의 이유로 6개월간의 휴가를 내고 본토로 여행한다. 이 때 시카고에서 William Pyung Won Lee(이병원)와 '결혼하고' 1920년에 신설된 Drake Hotel에서 신혼을 보냈다. 그러나 곧 결혼을 무효화(annulled) 한 후 오벌린 대학교를 방문하여 옛 친구들을 만나보고 돌아왔다. 호놀룰루로 돌아온 후에서야 그녀는 임신한 사실을 알게 되었다. 딸 위니프레드 리(Winifred Lee)가 1928년 8월 31일에 태어났는데 김노디의 어머니가 출산을 도왔다.

위니프레드는 어머니 김노디가 아버지 이름 William에 가까운 이름으로 'Winifred'라는 이름을 지어주었다고 한다(Roberta Chang이 김노디의 딸 Winifred Lee Namba를 인터뷰한 내용이 *When the Korean World in Hawaii was young 1903-1940*, Seoul: 북코리아, 2012에 실려 있다).

위니프레드는 어려서부터 자기가 이승만의 딸이라는 소문을 듣고 자랐으며, 자신이 김노디의 양딸인 줄로만 알고 자랐다고 한다. 1953년, 김노디가 한국으로 들어가기 전에 친딸이라는 사실을 알려주었다는 진술을 남겼다. 이때는 위니프레드가 미시간 주립대학교를 다니면서 Dr. Ryujin Namba와 결혼한 후였다.

윌리암 리에 관한 여러 기사가 *The Korean Student Bulletin* (뉴욕에 있는 북미YMCA 산하 외국학생우호관계위원회 The Committee on Friendly Relations Among Foreign Students 한국학생부가 발행 담당) 실렸다. 이 기사들에서 윌리암 리에 관해서는 아래와 같이 종합할 수 있다.(주로 November 1927, Vol V, No. 4, p. 5.)

윌리암 리는 평안남도 삼화에서 출생하고 숭실중학교를 졸업했다. 1911년에 평양의 유니온 신학교(Union Christian College)에 입학하였다가 2년 후에 서울 정동교회에 다니면서 회계 보조사로 일했다. 동시에 코넷(트럼펫과 유사한 관악기로, 당시 교회 음악에는 코넷 연주가 유행이었다). 연주를 잘해 조선기독교대학(Chosen Christian College: 연희전문학교의 전신)에서 음악을 가르치기도 했다. 1916년에 도미해 오하이오의 웨슬리안 대학교(Wesleyan University)에서 3년 만에 문학사(BA)를 받았다. 그 후 미시간대학에서 1년간 공부하고(1919~1920) 오하이오 주립대학교(Ohio State University)에서 쎄라믹 엔지니어링(ceramic engineering)으로 석사학위를 받았다. 졸업과 동시에 Denver Terra Cotta Company에서 도자기 엔지니어로 일을 시작했고, 1924년부터는 시카고 소재 Advanced Terra Cotta Company에서 Chief Engineer로 근무했다. 당시 William P. Lee가 한국 학생으로는 경제적으로 가장 여유가 있었고, 《우라키》 잡지 기금 모집(1924), '한국인 비상금(Korean Emergency Fund)' 모집(1927)에 가장 큰 액수를 기부했었다.

윌리암 리는 또한 1919년에 '미국한인유학생회'(Korean Student League of America: 북미대한인학생총회의 전신)를 조직한 학생 중 한 명으로 1919~1920년에 부회장/총무였다. 1920년부터 1923년까지는 이사회 회장도 역임했다. 1920년에는 워싱턴 한국친우회의 수석 총무였고, 1921년에는 서재필이 출간한 *Korea Review*의 서기로도 활약했다. 1922년부터 *The Korean Student Bulletin*을 발간한 한국학생부의 서기(Secretary for Korean Students)로도 봉사했다.

윌리암 리는 '한국친우회'와 '북미대한인학생총회', *Korea Review*와 *The Korean Student Bulletin*의 서기 등으로 김노디와 접촉할 기회가 많았고 서로 잘 알게 되었을 것이다. 그래서 김노디가 1927년 가을에 시카고에 가서 만났고, 결혼까지 하게 되었거나 혹은 몇 달간 동거한 것 같다. 위니프레드는 어머니가 "결혼한 후에 둘의 생각이 다른 것을 알고, 화가 나서 결혼증서를 찢어버렸다"는 말을 했다고 기억했으나, 결혼했다기 보다는 잠깐 로맨틱한 관계를 맺었다고 보는 것이 정확할 것 같다. 이런 추론이 타당한 이유는 김노디와 윌리암 리의 로맨스 내지는 결혼이 외부로 전혀 알려지지 않았기 때문이다. 그런 상황에서 위니프레드가 태어났기 때문에, 위니프레드가 이승만의 딸이라는 소문이 쉽게 퍼지게 된 것 같다.

　1920년대 말 '미혼모'는 최대의 가십거리로 어떠한 변명도 있을 수 없었을 것이다. 이승만이 위니프레드의 아버지라는 소문에 김노디가 아무런 변명도 하지 않았고, 또 할 수도 없었던 것은 당시 사회 분위기에서 어쩔 수 없는 일이었을 것이다. 아마도 김노디는 평생을 이승만에게 미안함과 죄스러움을 간직하고 살지 않았나 싶다. 위니프레드 자신도 어머니가 왜 자신의 출생에 관하여 이야기할 수 없었는지 이해할 수 있다고 했다.

　윌리암 리는 1928년 여름에 하와이 출신으로 미시간 대학교를 졸업한 프리실라 최(Priscilla Choy)와 결혼한다. 생존하는 2세 할머니들 중에 프리실라 부부를 기억하는 이들이 제법 있는데, 그들이 부유했고 하와이에 자주 왔다고 한다. 위니프레드의 기억으로는 1958

년, 1959년 경 한 남자로부터 온 전화를 받은 어머니가 통화 후에 "네 아버지였다. 너를 한번 만나보고 싶다는데 만날래?" 라고 한 적이 있었는데, 위니프레드는 거절했다고 한다. 위니프레드는 아버지를 본 적도 없고 알려고도 하지 않았으며, 희미하게 아버지가 변호사였다고만 기억했다.

김노디는 위니프레드가 태어난 뒤 다시 '한인기독학원'으로 돌아가서 1932년까지 교장으로 근무했는데, 학교 운영이 어려워 월급도 제대로 받지 못하는 상황이었다. 친정 어머니와 딸을 부양하기 위해서는 일정한 수입이 있어야 했기에 그 후 김노디는 김창수가 운영하던 가구점에 일했고, 그러다가 손승운(Syung Woon Sohn 1884~1960)과 결혼했다. 상처한 손승운에게는 아들 아브라함과 딸 에바(각각 위니프레드 보다 6살과 4년 위)가 있었다. 김노디는 '동지회' 계열의 '부인구제회' 임원으로, 손승운은 '동지회' 회장 등으로 계속 이승만의 활동을 지지하고 있었다.

이승만은 1953년 11월에 김노디를 '외자구매청장'으로 임명하였고, 김노디는 남편 손승운과 함께 서울에 살면서 1955년 2월까지 외자를 구입하고 도입된 외자를 관리했다. 김노디 부부는 1955년 7월, 하와이로 돌아왔고, 1960년 1월에 손승운이 작고했다.

김노디의 아버지 김윤종은 이승만보다 23살이나 많았는데, 1914년 초에 식구들을 놔두고 만주로 떠났고(1936년에 만주에서 사망), 오빠 김병건도 곧 새 언니와 캘리포니아주로 떠났다. 김노디는 16살 때인 1914년에 이승만을 만났는데, 한국으로 간 아버지를 대신

한 아버지이기도 했다. 이승만은 김노디를 오하이오의 고등학교로 진학하게 도와주었는데, 김노디가 오벌린 대학교를 다니던 중에 필라델피아에서 열린 '한인대표자대회'에서 열정적인 연설로 청중들을 사로잡던 김노디의 모습을 목격하게 된다. 거기서 이승만은 김노디를 장래 지도자로, 동조자로, 지지자로 인정했을 것이다. 이승만의 그런 기대는 어긋나지 않았고, 대학교를 졸업하고 하와이로 돌아온 김노디는 한인기독학원을 위해 헌신했다. 아마도 이즈음에 김노디가 이승만의 어머니가 김해 김씨라는 것을 알게 되지 않았나 짐작된다. 이승만과의 관계를 조금이라도 더 과시하고 싶었던 김노디가 1924년경에 '김해 김씨'라는 이름을 사용하게 되는 이유였을 것이다.

 1970년 하와이에서 이승만 묘비석을 서울로 보낼 때 김노디는 '이승만박사 비석건립위원회'의 책임을 도맡아 처리했다. 아버지 같은 존재로 일생의 멘토였으며, 또 자신의 딸의 아버지라는 소문에 변명도 못하고 살아야 했던 이승만을 위해 김노디가 할 수 있는 마지막 노력이 아니었나 생각된다. 김노디는 1972년 5월 28일 사망했다. 오아후 묘지(Oahu Cemetery)에 가족묘가 있는데, 남편 손승운, 아버지 김윤종(만주에서 사망하였는데 어떻게 유해를 가져왔는지, 아니면 묘비만 세웠는지 알 수 없다), 어머니 김윤덕, 오빠 김병건(김병건의 손자 Dennis Kim은 필자와의 인터뷰에서 할아버지가 로스엔젤레스에서 살다가 건강이 나빠져 호놀룰루로 와서 사망하였다고 알려주었다. 반면, 위니프레드는 김병건이 샌프란시스코에서 살다가 암으로 사망하였는데, 그의 부인이 호놀룰루에 묻어달라고 해서 할머니가 재를 가지고 왔다고 기억한다), 동생 김메리의 묘비가 함께 있다. 모두의 묘비에 성씨가 김해김(Kimhaikim)으로 되어 있다.

2. 미국 본토에서 온 새 지도자들

이승만이 하와이에서 활동하는 동안 그의 주변에는 협조자도, 반대자도 많았다. 특히 이승만이 하와이에 도착하기 이전에 '국민회'를 조직하고 활동해 온 이민 지도자 중에는 '밖에서 굴러 들어온' 이승만의 독보적 위상에 위협을 느낀 이들이 있었고, 그가 '국민회'에 참여하기 시작하였을 때 반기를 들기도 했다. 그러나 한인사회는 전반적으로 이승만의 교육활동 등에 협조적이었다. 그러다가 '국민회'가 '교민단'으로 바뀌고 또한 '동지회'가 조직되면서 이승만의 입지는 '환영'에만 머물지 않게 되었다고 할 수 있다. 더구나 1930년 초에 미주 본토에서 온 이른바 '새 지도자들'의 이승만 독주에 대한 비판과 비방은 그 때까지 있었던 반(反) 이승만 형태와는 그 규모와 강도가 달랐다. 이들 중 김원용과 김현구가 남긴 기록물(책)은 이승만에 대한 가장 비판적이고 가장 많은 왜곡의 근거가 되었다.

김원용(Warren Y. Kim)

《재미한인오십년사》를 집필한 김원용(Warren Y. Kim 1896~1976)은 1917년 5월 8일, 샌프란시스코에 도착해 콜로라도주 푸에블로(Pueblo) 지방의 탄광노동자로 미국 생활을 시작한다. 이곳에서

1918년 4월에 '대한인국민회 프에블로 지방회'가 조직되었을 때 재무로 선임되었다. 그 때 서기로 선임된 김호와는 평생 동지가 되었는데, 당시 김호와 김원용 두 사람은 이승만 지지자였다. 김원용이 1930년 7월 15~21일까지 호놀룰루에서 열린 '동지미포대표회'에 시카고 대표로 참석했었고 이승만은 곧 김원용을 '동지회' 중앙이사부 상무원 겸 재무로 임명했다. 그러나 김원용은 석 달 후인 10월, 동지회의 모든 직을 물러나면서 이승만과 결별했다.

결별의 정확한 요인은 잘 알려지지 않았는데, 이승만의 독선적이 성격을 참을 수 없었던 것 같고, 동시에 김현구, 이용직과 함께 이승만의 '동지회'를 통한 일방적 독주에 반발한 것으로 추측된다. 김원용이 1930년 10월 20일자로 '동지회' 중앙이사부의 상무원 겸 재무를 사면하면서 이승만에게 보낸 사면청원서에 그는 이승만의 성격에 관해 이렇게 쓰고 있었다.

"만일 동지회로 백만 각 대중을 단결하여 우리의 광복사업을 하려고 하면 위선 인심을 집중하여야 할 터인데, 다만 한 사람이라도 감복시키지 못할지언정 불호감을 가지게 함은 무슨 의사이오니까"

아마도 이승만의 모난 성격을 지적하는 것 같다. 그 후 김원용은 '국민회'가 발간하는 《국민보》의 주필(1934년, 1936년)로 활동한다. 1941년 '재미한족연합위원회' 설립 이후 전경무와 함께 워싱턴 사무소를 설립하고, 1945년 4월 의사부 위원장에 선출되면서 하와이를 대표하게 되었다. 김원용은 '재미한족연합위원회' 한국파견대표단이 1948년 11월에 로스엔젤레스에서 출간한《해방조선》의 집필자로 추정되고 있다.《해방조선》은 해방 직후 한국내의 정치, 사회, 경제, 문화 등에 대한 각종 조사기록을 체계적으로 정리하고, 또한 '재미한족연합위원회'의 결성과 '한국파견대표단'의 활동 기록을 남기기 위하여 김호가 주관해서 발간한 기록물이다. '한국파견대표단'의 일원으로 한국에서 돌아온 김원용은 캘리포니아주 리들리의 김호의 집에 기거하며, 그의 '김형제 상회'의 사업을 돕고 재미한인의 역사 집필에 착수, 1958년 12월에 완성했다. 1959년에 발행된 손보기의 필사본《재미한인오십년사》발행자는 김호였다.

《재미한인오십년사》는 한인 이민을 다룬 최초의 한글판 통합 이민사이다. 김원용보다 앞서 노재연이 1951년 10월에《재미한인사략》상권을 출간했는데, 이 책은 1902년부터 1924년까지의 미주 한인역사 연대기였다. 중권(1925~1958년)은 1963년에 출간됐다.《재미한인오십년사》는 사회, 교회, 단체, 교육과 문화운동, 생활정형과 경제사정, 정치활동, 대한민국임시정부 등 7개 분야로 하와이와 미주 본토의 한인사회를 체계적으로 정리했다. 이민사 전반에 관한 큰 틀을 제시하는 중요한 역사서이지만, 세부적인 자료에는 오류가 많다. 특히 이승만에 관한 편견과 곡해는 이민 역사서의 중요성을 감소시켰다는 학자들의 평을 받고 있다. 김원용에 대한 '사진신부' 천연희의 평을 빌리면 아래와 같다.

"김원용은 말은 유학을 왔다고 하지만 학위도 성공하지 못하고 방랑한 졸장부다. 김원용이 저술한 재미한인오십년사에 이승만의 활동에 관하여 [그렇게] 저술하지 않았다면 그 책이 값이 있고, 역사가 깊어 보는 사람이 재미있게 볼 것이다. 환쟁이가 그림을 그릴 때 제 마음에 있는 어떤 표준을 그리는 것과 같이, 그 분쟁에 관하여 쓴 것은 김원용의 마음에 울어나는 시기와 악감정의 양심을 감추지 못한다."

"김원용이가 8년 동안 조사하여 이 책을 썼다는데, 그것은 인정한다. 그러나 나는 19세에 하와이에 와서 지금까지 직접 보고, 듣고 경험한 사람이다. 김원용이가 쓴 것이 사실이 아니라는 것을 내가 안다."

김현구(Henry Cu Kim)

《우남약전(雩南略傳)》(The Writings of Henry Cu Kim, Autobiography with Commentaries on Syngman Rhee, Pak Yong-man, and Chong Sun-man의 일부)을 남긴 김현구(Henry Cu Kim 1889-1967)는 1889년 충청북도 옥천에서 출생하고, 서울의 보성중학교, 양정의숙, 돈명의숙을 다녔다. 1909년 4월에 블라디보스톡으로 갔다가 1910년에 뉴욕에 도착했다. 막노동으로 생계를 유지하다가 1913년에 네브라스카 주 링컨의 헤이스팅스 고등학교(Hastings High School)를 거쳐 1917년에 오하이오 주립대학교(Ohio State University)를 졸업했다. 후에 University of California, Berkeley에서 철학박사 과정을 이수했으나(확인 필요) 논문은 쓰지 못했다.

김현구는 1926년부터 1929년까지 워싱턴 구미위원부 임원으로 일했다. 이 기간에 총 132통(1927년에 99통과 1928년에 33통)의 서한을 이승만에게 보내, 이승만이 받은 현존하는 서찰 중에 가장 많은 수의 서한을 쓴 이가 김현구이다. 반면, 이승만이 김현구에게 보낸 답신은 4통만이 남아있다.

이승만은 1929년 10월에 김현구를 하와이로 불러 교민단 서기 겸 재무이자 《국민보》 주필로 임명했다. 동시에 김현구는 '동지회' 지방회장, 《태평양잡지》 편집인, 중앙이사부 이사원 등 직책을 맡았다. 이승만이 하와이 한인사회를 개편하려 했을 때 김현구와 의논해서 일을 추진한 것 등을 미루어 김현구가 이승만의 절대적 지지를 받았음을 알 수 있다. 김현구는 또한 1930년 6월부터 동지회 헌장기호위원이 되어 이승만의 활동을 적극적으로 도왔다.

그러나 김현구는 이승만이 '동지회'를 중심으로 '대조선독립단'과 연대하여 한인사회의 통일운동을 전개하려 했을 때 "이승만이 독재를 한다"면서 "민중화를 해야 한다"고 주장하고 나왔다. 이승만이 《국민보》의 김현구에게 '동지회'의 통일운동을 찬성하는 글을 써달라고 요청했을 때, 하와이 교민단의 월급을 받던 《국민보》 주필 김현구의 입장에서는 "쓸 수 없다"고 선포하고 반이승만 운동을 시작한다. 이승만은 그런 김현구의 마음을 돌리려 노력도 하고, 심지어 그의 부인을 만나 타이르기도 했다. 하지만 이러한 노력이 모두 허사가 되자 결국 이승만은 김현구가 마음을 돌릴 수 없다면, 사임시킬 수밖에 없다고 결정한다. 그러자 김현구는 1930년 8월 26일자

《국민보》를 통해 자신의 '사직청원서'를 기재하고 이승만과 절연해 버렸다.

그런 김현구는 1945년경부터 자서전을 한글과 한문을 섞어 집필하기 시작해 1960년 여름쯤 끝냈다. 그의 필사본에는 자신의 가문(家門)에 관한 내용과 자서전 이외에, 이승만, 박용만, 정순만의 약전(略傳)이 포함되어 있다 (이승만 박용만 정순만을 뭉뚱그려 '3만'이라 부르기도 한다). 필사본은 하와이대학교 한국학연구소 소장 서대숙이 1987년에 영문으로 번역하여 *The Writings of Henry Cu Kim, Autobiography with Commentaries on Syngman Rhee, Pak Yong-man, and Chong Sun-man*으로 하와이대학교 출판부에서 출판했다.

그런데 김현구의 《우남약전(雩南略傳)》은 대부분이 소문을 기록한 것이라 해도 과언이 아니다. 김현구가 하와이에 온 것이 1930년이었고, 1930년 이전의 이승만의 활동에 대해서는 자료조사도 하지 않은 채 썼기 때문에 오류가 많을 수밖에 없다. 특히 김현구의 글에는 자신의 행적을 미화(美化)·과장하는 습관과 다른 이의 이른바 염문을 즐겨 소개하는 습관이 있음도 알 수 있다.

한편, 김현구가 왜 사면, 파면을 당했는가에 대해서는 이승만이 《태평양잡지》 1930년 10월호(pp. 17-24)에 〈사실 설명〉이라는 제목의 글을 통해 사건 전말을 기록으로 남겨두었다. 이승만의 많은 글 가운데 일 개인에 관해 쓴 가장 긴 글로 여겨지는데, 이승만 자신이 김현구를 믿고 '구미위원부'의 일을 맡겼던 과정, 하와이로 데려 온 것에 대한 후회, 김현구가 벌이고 있는 사태로 선동되어가는 한인사회에 대한 우려 등이 고스란히 적혀있다. 이승만의 〈사실 설명〉 전문을 〈부록 5. 김현구에 대한 이승만의 사실 설명〉에서 볼 수 있다.

이용직(William Y. Lee)

이승만의 초청으로 1929년 말에 한인기독교회 담임목사로 부임한 이용직(李容稷 William Y. Lee 1894-1950년 납북)은 1894년 평양에서 출생하고 1911년 숭실학교를 졸업했다. 1914년까지 평남 순천에서 교편생활을 하고 잠시 숭실전문학교를 다니다가 1915년에 미국으로 유학 왔다. 그는 미조리주 파크대학(Park College: 숭실학교 교장 George S. McCune 교장의 모교)에서 3학년을 마친 후 '구미위원부'의 일을 도우면서 조지 워싱턴 대학교(George Washington University)로 전학해 1921년에 정치학 학사를, 1922년에는 영문학 석사학위를 받았다. 1928년에는 뉴욕의 유니온 신학교(Union Theological Seminary)에서 신학학사를 받았다.

이용직은 1929년 12월 22일부로 '한인기독교회'에 부임해 첫 설교를 한다. '한인기독교회'는 1922년 11월에 자체 소유 교회당을 건축하면서 교회재정은 계속 어려움을 겪고 있었다. 그 후 교회 살림은 겨우 꾸려갈 수 있었으나 매년 갚아야 하는 건축 빚이 있었다. 민찬호 목사의 은퇴(1929년 3월)후 10개월간 시무한 이명우와 안시흡 그리고 임시목회자의 후임으로 부임한 이용직은 이런 어려움을 안고 목회를 시작했다.

교회는 1930년 4월 20일에 모인 '평신도회의'에서 계속되는 교회 재정을 해소하기 위안 방안으로 교회 부지와 1924년에 구입한 목사실 부지 중 하나를 팔아 부채를 갚기로 결정함에 따라 교회 부지 일부와 예배당 건물을 17,158달러에 팔고, 예배는 교회 부속 '신흥국어학교'에서 보게 됐다.

이 무렵 이용직은 독자적으로 미국 감독교회(성공회)로 교회의 소속을 변경하려 애를 썼다. 그러다가 이 사실이 드러나면서 "이용직이 교회를 외국인에게 팔아먹으려 했다"는 비방이 나돌기 시작한다. 당시 이승만은 이용직의 이런 행동을 징계하는 뜻에서 〈하와이 우리 사업〉이라는 제목으로 장문의 글을 《태평양잡지》 1930년 7월호(pp. 25-32)에 기재했다. 글의 요지는 다음과 같다.

"누구든지 타국인에게 의뢰하지 않고는 우리 교회를 유지할 수 없는 줄로 생각하는 이가 있으면 이 자리에서 그런 생각을 아주 버리기를 바라며, 만일 버릴 수 없으면 우리 교회에 있지 않기를 권고합니다."

1930년 9월 18일, 이용직은 교회 재무 민한옥을 찾아가 그가 보관하고 있는 교회부지 문서를 새 교회당 설계에 참고하고서 돌려주겠다며 가져갔다. 그리고 1931년 6월 29일에 이용직은 '동흥회사'를 설립하면서 남은 교회 부지를 전집(부동산 담보 대출)으로 6,000달러를 연 8%의 이자로 2년간 빌렸다. 담보를 받은 사람은 이사장 인봉주, 서기 서진수, 재무 유명옥인데 이들은 이용직이 임명한 '한인기독교회' 임원들이었다. 이런 내막이 알려진 뒤, 1931년 10월에 '한인선교부' 이사장 이승만, 서기 최성대, 재무 이종관은 교회 부지를 담보로 한 이용직의 6,000달러 빚은 무효라는 소송을 제기하게 된다. 하지만 1932년 6월 17일, 재판장 A.M. Cristy는 '교회 일에 사법부가 개입하지 않는다'는 원칙하에 이 사건을 기각해 버렸다.

이승만의 법정 소송 이전인 1931년 1월 19일에 이용직은 이미 "교회를 타국인에게 부속할 주의(생각)로 파당을 지어 교회를 분열시키고 각국인 이목에 한인기독교회의 위신을 타락시탄 죄로 파면함"이라는 파면 통고서를 받았고, 2월 16일부터 3일 동안 열린 1931년도 연회에서는 총부장직에서도 파면된 바 있었다.

시간이 감에 따라 교회는 이용직 지지파와 반대파로 갈라져 화합이 불가능한 지경에 이르면서 '한인기독교회'의 최초의 풍파를 가져왔다. 강단위에서 목회자와 교인들이 벌인 몸싸움은 2세들에게 오늘날까지 충격적인 상처가 되어 추한 역사의 얼룩처럼 남아있다. 당시 파면당한 이용직은 교민단총회관에서 '한인기독교회'라는 이름을 그대로 사용하면서 그를 따르는 교인들과 예배를 드리기 시작해 두 파의 '한인기독교회'가 주일마다 예배를 드리게 되었다. 이런 딱한 상태는 이용직이 1934년에 평양으로 돌아갈 때까지 계속됐다.

교회가 겪고 있던 경제적 어려움을 해소하기 위해 교회소속을 미국 성공회로 바꾸려던 이용직의 시도는 '독립된 교회'의 원리를 바탕으로 설립된 '한인기독교회' 교인들에게는 가히 충격적이었다. 그런 교인들 입장에서 이용직은 '한인기독교회'의 정서를 무시한 '외부인'

의 황당하고 무례한 행동으로 비쳐졌다. 그런 이용직은 한술 더 떠 같은 시기에 워싱턴에서 온 이른바 '이승만의 사람'이었던 김현구와 함께 이승만의 '독재적인' 정치지도자 역할에 제동을 걸고 나섰다. 그리고 '민중화'라는 운동을 전개함에 따라 하와이에 거주하는 이승만 동조자들과는 결코 화합할 수 없는 깊은 갈등의 골을 만들어 버린다.

당시 한인들의 정서를 1931년 2월 7일자 《태평양주보》 사설(주필 김진호)에서 읽을 수 있다. 물론 이 글이 '동지회' 기관보의 사설이기 때문에 다소 편향적인 바가 있겠으나, 당시의 정황을 알려 주는 글이라 볼 수 있다.

"(초략) 오늘은 어떠한 날인고. 하와이 한인사회에 전에 비하여 없었고, 뒤에도 없어야 될 악풍파 중에 있는 오늘이다. 이용직씨는 목사로 전수 교인의 주장을 무시하고 교회를 수라장으로 몰아넣고자 하다가 마침내 실패를 당하고. (중략) 김현구씨는 사회를 지배한다고 민중화 교민단이니 독대제 동지회니 하면서 소수는 다수에 복종하라고 소리를 높이 지르더니 마침내 전사회를 풍파 중에 몰아 넣고 (중략) 김현구, 이용직 양씨가 하와이 한인사회를 잘 알지 못하고 오늘날 이러한 실패를 당하고 돌아서게 됨은 실로 본자도 원한 바 아닐 뿐이라 두 분에게 간곡한 권고도 없지 않았다.(하략)"

3. 백인 협조자들

와드맨(John W. Wadman) 감리사

하와이 감리교 선교부의 와드맨 감리사는 1904년 11월 29일 밤 에바교회에서 연설한 후 열렬한 환대를 받는 이승만을 본 후에 그를 잊지 않았다. 앞서 설명했다시피 와드맨 감리사는 1913년 2월 이승만이 하와이에 도착할 무렵에는 한인사회에 와드맨 자신이 친일파로 알려져 목회가 몹시 어려운 지경에 처해 있었다. 그런 와드맨은 한인 감리교 교역자와 평신도 지도자 훈련을 성공적으로 끝낸 이승만에게 1913년 가을 학기부터 한인의 교육과 교회 일을 맡김으로서 자신에게 닥쳤던 어려운 상황을 피할 수 있게 된다.

하와이 감리교 선교부 '한인기숙학교'의 교장으로 임명받은 이승만은 프린스턴 대학의 박사학위 소지자요, 서울에서의 신문 발행인이었으며 또한 YMCA 활동 경력의 소유자였다. 동양인에 대한 별다른 차별 없이 능력으로 평가하던 하와이 백인 지도자들은 그런 이승만을 쉽게 받아들였다. 이승만으로서는 하와이 백인 지도자들과의 친분을 쉽게 쌓을 수 있었다.

매터슨(R.O. Matheson)

1915년 이승만이 '한인여학원' 이사회를 조직했을 때 애드버타이저지 사장 매터슨(R.O. Matheson), 호놀룰루 조합교회 목사 어드만(John P. Erdman), 미국인 제일감리교회 목사 부인 르푸바로우(Mrs.

Anna H. Loofbourow), 하와이의 알려진 기업가 워터하우스(John Waterhouse)의 부인 E.B. Waterhouse 등을 이사로 포진할 수 있었음은 이승만이 사회적 명성과 섭외 능력을 기반으로 이들의 신임을 받고 있었음을 보여준다.

앞서 밝혔듯이, 애드버타이저지 사장 매터슨이 신문 기사를 통해 '한인여학원'을 홍보해 준 역할은 돈으로 살 수 없는 혜택이었다. 불행하게도 그가 1918년에 일본으로 떠났기 때문에 더 이상 그의 '공짜 홍보'는 받을 수 없었으나, 그 후에는 스타 블르틴지의 도움을 받게 되었다.

웨스터벨트(William D. Westervelt) 박사

이승만은 1913년 가을에 호놀룰루 YMCA의 명예이사가 되었고, 1918년에는 누우아누 YMCA의 창립이사가 되었다. 10명의 창립이사 중에는 웨스터벨트(William D. Westervelt) 박사도 있었다. 1849년에 오하이오주 오벌린에서 출생하고 오벌린 대학교를 졸업한 웨스터벨트는 클리블랜드를 위시해 뉴욕주 Morristown, 콜로라도주 Manitou와 덴버 그리고 시카고 등지에서 왕성한 목회활동을 하다 1899년에 하와이에 온 인물이었다. 그리고 하와이에서는 하와이 역사에 심취해 많은 저서를 펴내고 있었다. 하와이의 유명한 선교사 가문의 사위로 경제적으로도 여유가 있었고, 많은 사회단체의 이사로 활동하면서 기부와 기증도 많이 하고 있었다. 이승만이 하와이에서 자신의 제자들을 오벌린 대학교에 보낼 수 있었던 것은 웨스터벨트의 도움과 함께 아래 언급되는 리빙스턴의 도움이 있었기에 가능했을 것이다. 웨스터벨트는 1923년부터 '한인기독학원'의 이사로 기금모집에도 참여하는 등 이승만에게 많은 도움을 주었다. 1935년 '한인기독교회'가 새 교회당 건축 기금을 모집할 때에 5,000달러라는 가장 큰 액수의 기금을 내기도 했다. 1939년에 90세로 소천했다.

던스탠(J. Leslie Dunstan) 박사

Central Union Church의 부목사 던스탠(J. Leslie Dunstan) 박사도 '한인기독교회' 특별건축기금 위원으로 활동했다. 1901년 런던에서 출생한 던스탠은 뉴욕의 콜럼비아 대학교에서 공부했고 유니온 신학교에서 신학박사학위를 받았다. 그는 1933년부터 호놀룰루의 Central Union Church에서 목회를 하면서 이승만의 지원군이 되어주었다.

리빙스턴(Chester Livingston)

'한인기독학원'과 '한인기독교회' 활동에 참여하여 꾸준히 이승만을 도와준 또 한 사람은 리빙스턴(Chester Livingston)이었다. 리빙스턴은 1880년 오하이오 출생으로 오벌린 대학교를 졸업하고 1906년에 카메하메하 학교(Kamehameha School) 교사로 호놀룰루에 왔다. 음악, 수학, 기계공학 설계도 작성 등을 가르쳤고, 이 카메하메하 학교 채플 설립에 앞장섰으며 채플의 음악부장으로 수고했다. 게다가 Central Union Church 의 성가대원으로 자신의 교회활동에도 적극적이었다.

목회자가 아니면서 교회 일에 앞장섰던 리빙스턴은 1917년부터 1922년까지 Honolulu Iron Works 회사의 엔지니어부에서 일하다가 그의 동생 스탠리(Stanley Livingston)의 부동산회사에 입사한다. 그 후 이들 형제는 하와이 사회에서 재력가로 이름을 알렸다. 그런 리빙스턴은 1920년부터 '한인기독학원' 이사회 재무로 이승만을 도왔고, 1935년 '한인기독교회' 새 교회당 건축기금 모집때 공동위원으로 활동했다. Honolulu Iron Works 회사가 동지촌의 숯가마를 설치하는 과정에서 리빙스턴의 도움이 있었던 것 같고, 또한 이승만의 학교 관련 부동산 거래, 특히 1924년에 '한인여학원' 부지를 오아후 컨트리 클럽에 팔 수 있도록 주선한 것도 리빙스턴이었다고 짐작된다. 이승만이 부동산 재테크를 잘하게 된 배경에도 리빙스턴의 도움이 막대했을 것으로 보이는 것이다.

보스윅(William Borthwick)

이승만이 1920년 가을에 대한민국임시정부가 있는 상해로 밀항할 수 있게 배편을 주선해 준 사람은 하와이에서 장의사를 운영하는 보스윅 (William Borthwick)이었다. 당시 여권도 없는(1904년 미국에 올 때 가지고 온 대한제국 외부 발행 여권은 남아있으나, 1912년에 지참했던 일본여권의 행방은 묘연) 이승만에게 일본정부가 30만 달러의 현상금을 걸어놓은 상태였기 때문에, 일본을 거치지 않고 직접 상해로 가는 선편이어야 했고, 그것도 관헌을 피해 밀항해야만 가능했다.

보스윅은 이승만이 상해로 가기 전에 미주 본토에서 온 임병직, 김규식, 노백린, 최동호를 자기의 바닷가(Kawela Bay) 별장에 1주일간(1920. 10. 29~11. 5) 머물도록 했다. 이들이 호텔에 머물 수 있는 경제적 여건도 문제이었지만, 호놀룰루 시내에서 떨어진 곳이 일본영사관 측 사람들의 감시에서 벗어날 수 있기 때문이었을 것이다. 11월 5일에 바닷가 별장에서 시내로 돌아온 후 이승만은 와이키키의 모아나 호텔에 2박 3일간을 머물었다. 이때 김규식, 임병직 등도 함께 머물었는지, 또 누가 숙박비를 지불했는지 등은 알 수 없다. 11월 8일부터 보스윅은 이승만을 호놀룰루의 자기 집에 머물도록 했다. 1919년 1월에 하와이를 떠나 1년 반 넘도록 미주 본토에서 활동하고 온 이승만은 자신의 숙소도 없는 상태였다. 그야말로 머물 곳이 없던 이승만을 보살핀 이가 보스윅이었다. 그의 집은 '한인기독학원'에서 2블록 떨어진 페후 스트리트(Pehu Street) 3419 번지였다(현 주택건물은 1976년에 신축되었다).

1872년 일리노이주에서 태어나 하와이에서 장의사를 운영해 온 보스윅은 1932~1934년 하와이 영토의 조세위원(Tax Commissioner)을 지냈고, 1934년부터 1950년까지는 호놀룰루 저축은행장이었다. 이승만과 언제, 어떻게 만났는지는 아직 확인이 안 된다. 1924년 7

월 16일 이승만이 뉴욕에 머물 때 H. G. Well 의 소설책 *Dreams* (꿈)를 구입해 보스윅에게 보냈음(총 2.50달러를 들여)을 이승만의 〈회계수첩〉에서 발견할 수 있다.

이승만이 대한민국 대통령이 된 후인 1952년 4월 21일자 스타 블르틴지에 '주미대사 양유찬이 리빙스턴, 보스윅, 콜(Raymond Coll, Sr.) 등 3명에게 손수 대한민국의 훈장 무궁화장을 달아주었다'는 기사와 사진이 실렸다(리빙스턴은 3월 1일자로, 보스윅과 콜은 3월 21일자로 국민훈장 무궁화장이 수여되었다. 안전행정부 서훈기록부에서 확인할 수 있다). 이 신문은 '보스윅의 이름이 한국역사에 새겨질 것이며, 리빙스턴은 하와이 한인을 위해 시간과 열정과 사랑의 수고를 아낌없이 주었고, 스타 블르틴지 사장 콜은 사설과 신문기사를 통해 한인의 정의와 국권회복을 위해 노력해 준 것에 대한 이승만 대통령과 대한민국 국민의 보답이었다'는 기사였다.

콜(Raymond Call, Sr.)

콜 사장은 1872년에 피츠버그에서 출생하였고 애리조나, 캘리포니아 등지에서 일하다가 1912년부터 1921년까지 피츠버그 신문 편집장을 지냈다. 곧 이어 호놀룰루의 스타 블르틴지에서 일을 시작하고 1922년부터 1959년까지 사장이었으며 1962년에 사망했다.

한국동란 중에 이승만이 하와이의 백인 동조자들에게 감사의 훈장을 보냈다는 사실은 그가 얼마나 이들의 도움을 고마워했는가를 시사한다. 같은 날 1950년 3월 1일에 하와이 한인들도(지영희, 전수산. 김승(성)률과 김또라 부부 등) '해외에서 광복대업을 후원한 공로를 기념하기 위하여' 증수하는 이승만의 표창장을 받았다.

제3부

하야 후 하와이 5년

환국 후 하와이 방문

1939년 11월 이후 워싱턴에 머물고 있던 이승만은 1945년 10월 16일에 조국에 돌아갔다. 1946년 12월 7일, 이승만은 UN에 가는 길에 호놀룰루에서 서너 시간 머물렀다. 하와이를 떠난 지 7년만이었다. 그가 힉캄(Hickam) 공군비행장에 내렸을 때 미공군 52사단 의장대의 환영을 받았다. 곧 영접 나온 한인으로부터 레이를 받으면서 함박웃음을 짓는 이승만의 사진이 12월 7일자 스타 블르틴지에 실렸다. 이승만이 하와이 지사 스타인백(Ingram Macklin Stainback)을 예방한 후 '한인기독교회'에 도착했을 때 수백 명의 한인들이 기다리고 있었다. 당시의 《태평양주보》가 현존하지 않아 7년 만에 이승만을 다시 만나는 한인들의 감회가 어떠했는지는 확인되지 않는다.

레이를 받으며 웃는 이승만

그 후 이승만이 호놀룰루 땅을 다시 밟은 때는 6·25 동란이 끝난 후였다. 1954년 8월 8일에 대통령 이승만이 3일간의 여정으로 호놀룰루 히캄 공군기지에 도착했다. 8월 6일자 《태평양주보》는 이 대통령 환영 특집판으로 제작해 그의 금의환향을 축하했다. 스타 블르틴 지도 하루 전부터 그의 도착을 알리면서, '한인기독학원', '한인기독교회', '동지회' 등을 자세히 설명했다. 애드버타이저지는 8월 9일자 사설에 〈homecoming kamaaina 하와이 출신의 귀환〉이라는 말로 이승만이 25년을 하와이에서 지냈음을 상기시켰다. 또 같은 사설면에 호그(Charles E. Hogue)가 〈하와이와 한국의 밀접한 관계 Hawaii's Strong Tie to Korea〉라는 제목의 글을 기고하면서 이승만이 이어간 하와이의 활동을 서술하고 있었다(그러나 그의 서술에 오류가 있음).

스타 블르틴지에 실린 이승만 인터뷰 사진

같은 날 스타 블르틴지에는 2/3면을 할애한 〈대한민국 대통령 이승만 박사 환영〉이라는 광고가 실렸다. '동지회'와 개인 21명의 광고주 이름이 실렸는데, 한인 동포 20명과 윌리암 보스윅이었다. 스타 블르틴지에 실린 여러 장의 사진 중에는 이승만 내외가 누우아누 공원묘지의 김성기 묘지에 헌화하는 모습도 들어있었다. 김성기 목사는 이승만이 상해 임정에서 돌아온 후 '동지촌' 설립 등으로 어려운 시간을 보낼 때 그의 곁에서 충직하게 도운 '동지회' 지도자 겸 목회자였다. 1933년 7월 26일, 취리히에서 김성기의 사망소식을 전보로 알게 된 이승만이 애통해 하며 일지에 기록하기도 했었다.

이승만은 3일 동안 고향 호놀룰루에서 해군 제독 스텀푸(Felix Stump)의 리셉션, 살로메 한(한인양노원 원장) 집에서의 파티, 펀치볼 국립묘지 헌화, '한인기독교회', '동지회' 회관, 한인 양로원 방문, 대한민국 총영사

김성기 목사 묘지에 앞에 선 이승만 내외

관 리셉션, 하와이 지사 킹(Samuel Wilder King)의 리셉션 참석 등으로 빡빡한 일정을 소화해야 했다. 그리고 8월 11일 오전, 총영사관에 70세 이상 노인들을 초청해 점심식사를 대접하고 귀국길에 올랐다. 이 날은 하와이 한인 동포들의 고국의 독립을 위한 열정과 수고와 희생을 기리면서 이름 지은 '인하공과대학'을 개교한지 100일째 되던 날이었다.

대통령 하야 후 5년

1960년 4·19 의거로 4월 26일, 이승만은 대통령직에서 물러났다. 이승만은 청와대에서 이화장으로 이사했다가 5월 29일(일요일)에 프란체스카와 함께 호놀룰루로 떠났다. 호놀룰루 국제공항에서 총영사 오중정과 동지회 회장 최백렬 등의 영접을 받았다. 1954년 마지막으로 호놀룰루를 방문한지 6년만이었다.

이승만이 타고 온 CAT(Civilian Air Transport: 1968년에 폐사) DC-4 전세 비용, 27,000~34,000달러(정확한 액수는 확인되지 않음)는 하와이의 몇몇 친지들, 특히 2세 윌버트 초이(Wilbert Choi, 1914-1970: 최씨를 하와이에서는 '초이'로 부름)가 충당했다. 이 전세 비행기에 대해 윌버트 초이의 장녀 조앤 팟버그(Jo Ann Choi Pottberg, 1941년 생)가 필자와의 인터뷰(2007년 7월 6일)에서 당시 일을 상세히 기억하고 전해 주었다.

5월 마지막 주 어느 밤중에 이승만 전 대통령의 전화를 받고 윌버트 초이가 Pan Am의 하와이 지점장 얼브라잇(Ernest Albright)에게 연락해, 괌에 있는 비행기를 서울에 가도록 주선했다고 한다(2014년 3월 17일, 팻버그가 필자에게 보낸 이메일에서 "이승만의 출국에 관하여 Wikipedia를 읽었는데, 그것의 내용과는 달리, 전세기는 아버지가 얼브라잇과 연락하여 주선한 것이 사실"이라고 다시 강조했다). 경향신문이 5월 29일 호외를 통해 이승만의 출국을 보도했는데, 기사에는 누가 어떻게 CAT 전세기를 주선하였는지에 대한 언급은 없었다. 한편, 애드버타이저지는 이승만의 비밀 출국은 임시대통령 허정(acting president Huh Chung)과 주한 미국대사 맥카나기(Walter P. McCanaughy)가 주선했고, 미국 공직자의 말을 빌려 '이 비행기는 하와이 한인들이 전세 낸 것'이라고 기사화하고 있었다. '동지회' 회장 최백렬은 비행기 전세비 부담은 '동지회'의 공식 활동이 아니고, 몇몇 회원들이 거두었다고 밝혔다. 한국정부와 미국정부의 주선으로 온 비행기가 아니고, 민간인이 전세를 내서 온 비행기여서 미공군기지가 아닌 호놀룰루 국제공항에 도착한 것이다. 그리고 이 비행기가 호놀룰루에 머무는 동안 하와이언 항공사(Hawaiian Airlines)가 관리한 사실이 확인된다.

당시 이승만이 소지한 여권은 1960년 5월 27일자로 발급된 외교관 여권으로 30일 이내에 출국이 허가되는 여권이었다(연세대 이승만 연구원에 소장되어 있다). 대통령권한 대행 허정(이승만 정부의 외무부 장관)이 발급한 것이며, 5월 28일에 외무부 직원이 미국영사관을 통해 비자를 발급받았다. 물론 허정이 비자 요청을 했다.

사실, 이승만은 하와이에 올 생각이 없었는데 프란체스카가 주장하여, 2~3주일 휴식을 취한 후 돌아간다는 생각으로 왔다. 비행기에서 내린 이승만 내외는 곧 카할루(Kahaluu) 지역 카네오헤 만(Kaneohe Bay)에 있는 윌버트 초이의 바닷가 별장(Miomio Loop, 미오미오 룹 47-259번지)으로 갔다. 최백렬이 애드버타이저지와의 인터뷰(5월 30일 기사)에서 "지난 주중에 이 대통령께 하와이로 오시라고 초청장을 보냈었다"고 한 것과 윌버트 초이가 자신의 별장으로 모신 것 등을 미루어 이승만의 하와이행은 '동지회'의 몇 몇 회원들과 윌버트 초이의 주선으로 이루어졌음을 알 수 있다. 프란체스카는 이 비행기 주선이 5월 27일(서울 날자)에 이루어졌다고 밝혔다.

4·19 의거, 양아들 이강석을 포함한 부통령 이기붕 일가의 자살, 하야 후 이화장으로의 이사 등 힘겨운 한 달을 보냈던 85세(프란체스카는 56세)의 이승만은 바닷가 집에서 '동지회' 친구들과 낚시를 즐기면서 원기를 회복하고, 식사도 잘 할 정도가 됐다. 스타 블르틴지 5월 30일자는 이승만이 윌버트 초이, 최성대, 최백렬과 함께 바닷가 별장에서 찍은 사진을 실었다. 이승만은 주일(6월 5일)에 '한인기독교회' 예배에 참석했고 그 후 주일마다 빠짐없이 예배에 참석했다.

이승만이 호놀룰루의 외곽에서 살고 있다는 소식을 들은 밴 플리트(James A. Van Fleet) 장군은 그 해 6월 24일자 편지에 플로리다주 마이애미 북쪽의 호브 사운드(Hobe Sound)의 별장으로 옮길 것을 제안했다. 그러나 이승만은 답장(8월 1일자)을 보내면서 하와이를 떠날 생각이 없음을 알렸다. 또한 심장병으로 약을 복용하고 있어 효과는 있는 것 같은데, 약에 알레르기가 있다고 썼다.

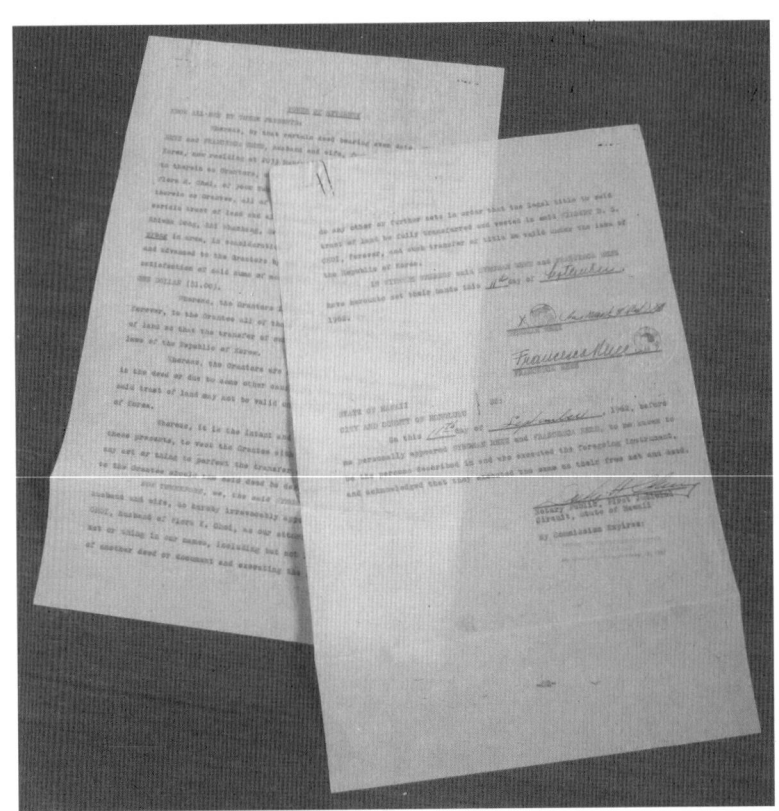
이승만 부부가 서명하고 윌버트 초이에게 준 위임장 (1962)

POWER OF ATTORNEY

KNOW ALL MEN BY THESE PRESENTS:

Whereas, by that certain deed bearing even date, SYNGMAN RHEE and FRANCESCA RHEE, husband and wife, formerly of the Republic of Korea, now residing at 2033 Makiki Street, Honolulu, Hawaii, referred to therein as Grantors, conveyed to WILBERT H. S. CHOI, husband of Flora K. Choi, of 3600 Tantalus Drive, Honolulu, Hawaii, referred to therein as Grantee, all of their title and ownership to all of that certain tract of land and all improvements thereon, situate at No. 1 Rhiwha Dong, Rhi Whachang, Seoul, Korea, comprising approximately 1946 pyong in area, in consideration of sums of money theretofore loaned and advanced to the Grantors by the Grantee and in full payment and satisfaction of said sums of money and in further consideration of ONE DOLLAR ($1.00).

Whereas, the Grantors intended by said deed to convey, forever, to the Grantee all of their title and ownership to said tract of land so that the transfer of ownership be fully valid under the laws of the Republic of Korea.

Whereas, the Grantors are concerned that due to some defect in the deed or due to some other cause the transfer of ownership to said tract of land may not be valid under the laws of the Republic of Korea.

Whereas, it is the intent and desire of the Grantors, by these presents, to vest the Grantee with full power of attorney to do any act or thing to perfect the transfer of title from the Grantors to the Grantee should the said deed be defective or inadequate.

NOW THEREFORE, we, the said SYNGMAN RHEE and FRANCESCA RHEE, husband and wife, do hereby irrevocably appoint the said WILBERT H. S. CHOI, husband of Flora K. Choi, as our attorney-in-fact, to do any act or thing in our names, including but not limited to, the drawing of another deed or document and executing the same in our names or to

위임장 첫 장

do any other or further acts in order that the legal title to said tract of land be fully transferred and vested in said WILBERT H. S. CHOI, forever, and such transfer of title be valid under the laws of the Republic of Korea.

IN WITNESS WHEREOF said SYNGMAN RHEE and FRANCESCA RHEE have hereunto set their hands this 11th day of September, 1962.

X _____
SYNGMAN RHEE

Francesca Rhee
FRANCESCA RHEE

STATE OF HAWAII } ss:
CITY AND COUNTY OF HONOLULU }

On this 17th day of September, 1962, before me personally appeared SYNGMAN RHEE and FRANCESCA RHEE, to me known to be the persons described in and who executed the foregoing instrument, and acknowledged that they executed the same as their free act and deed.

_____
Notary Public, First Judicial Circuit, State of Hawaii

My Commission Expires:
NOTARY PUBLIC, FIRST JUDICIAL CIRCUIT
STATE OF HAWAII
My Commission expires November 17, 1965

위임장 둘째 장

'동지회' 회원이며 '한인기독교회'의 목회자들은 회장 최백렬, 재무 김창수, 서기 김창원으로 구성된 〈이승만 박사 원조위원회〉를 구성하고 유지들에게서 이승만 내외의 생활비를 걷었다. 그러나 서기 김창원이 정확하게 얼마의 기금을 걷었는지 또 기금 모금을 얼마 동안 계속하였는지 기억하지 못하는 것으로 미루어, 원조비 모금은 그리 활발하지 못한 것 같다. 이승만 내외의 모든 비용은 윌버트 초이 내외가 부담했다. 1962년 9월 11일, 이승만 내외는 윌버트 초이 내외가 부담하는 비용을 갚는 방법으로 서울 이화동 1번지 이화장을 윌버트 초이 내외에게 양도하는 '법적위임장'(Power of Attorney)을 주었다. 그러나 윌버트 초이는 이화장 양도를 실행하지 않았고, 1970년 8월 5일 작고했다.

  처음에 길어야 3주 정도 머무실 것이라 생각하고 모신 카할루우 별장이 호놀룰루 시내에서 너무 멀어 친지들이 방문하거나 이승만이 교회에 출석하기에도 불편했다. 돌아갈 날도 기약이 없자 그 해 12월, 윌버트 초이는 이승만 부부를 호놀룰루 시내 마키키 스트리트(Makikik Street) 2033번지로 이사하게 했다. 이 집도 윌버트 초이의 소유였는데 매각하려던 중이었다.

  카할루우 별장에는 청소 도우미가 있었으나, 마키키 집에서의 살림은 완전히 프란체스카의 몫이었다. 직접 차를 몰고 장도 보고, 음식 준비, 세탁 등은 물론 청소도 그녀의 몫이었다. 손님 대접도 잊지 않았다. 가끔 이승만을 방문한 김창원은 프란체스카가 얼음물에 과일가루를 탄 주스와 오레오 과자를 정성스레 대접하였는데, 이 모두가 막말로 '싼 것'들로서 이승만 부부의 살림이 가난했음을 보여주었다고 기억한다.

1961년 3월 26일 한인 185명이 할레쿨라니 호텔(Halekulani Hotel)에 모여서 이승만의 86회 생일 축하파티를 열었다. 하야 후 하와이에서 맞이한 첫 생일이었다. 이날 참석한 '동지회', 호놀룰루 '한인기독교회', 와히아와 '한인기독교회', '부인구제회' 등 4개 단체가 마키키 집에 필요한 물품을 사도록 400달러를 기부했다. 그 후 '동지회' 임원들은 1962년 생일을 빼고는 매년 마우날라니(Maunalani) 병원에서 이승만의 생일파티를 열어주었다.

이승만 부부는 경무대 시절 강아지 3마리를 기르고 있었다. 해피(Happy), 스마티(Smarty), 프리티(Pretty)란 이름들이었는데 하와이에 올 때 지인에게 맡기고 왔었다. 그러나 귀국이 거부되면서 마키키 집에서 지내던 부부는 쓸쓸함에 겨워 강아지 한 마리를 인편으로 보내달라고 요청했다. 1961년 3월 초, 잉글리쉬 토이 스패니얼 종인 '해피'가 도착했다. 하지만 하와이 주법에 따라 검역소에서 120일을 머물러야 했다. 이 때 이승만 부부는 해피를 자주 방문했고, 6월 말에야 비로소 집으로 데려 올 수 있었다. '해피'는 쓸쓸했던 집에 그나마도 웃음을 가져다 주었다. ('해피'는 이승만 사후 1965년 9월에 프란체스카가 오스트리아로 갈 때 데리고 갔는데, 그 곳에서 죽었다).

스타 블르틴지에 실린 '해피' 사진 (1961년 3월 10일)

1961년 여름, 밴 플리트 장군이 한국을 방문하고 귀국 길에 하와이를 들려 이승만을 찾았다. 그가 떠난 후 이승만은 흥분하여 며칠 동안 잠도 제대로 이루지 못했다. 프란체스카는 7월 25일에 밴 플리트에게 편지를 보냈다. 방문해 준 것에 고마워하면서 며칠 째 부부가 흥분하여 잠도 잘 못자고 있음을 알리기도 하였다. 그 후에도 프란체스카는 여러 번 밴 플리트와 서한으로 연락하면서 이승만의 병세 등을 자세히 알렸다. 1964년 이승만의 생일을 축하해준 밴 플피트에게 감사 편지를 냈고, 8월 16일에는 이승만이 주변 상황을 전혀 알아보지 못하는 상황임을 알렸다.

1961년 12월에 13일에 양자 이인수가 마키키 집에 도착하여 석 달 동안 함께 지냈다. 거동이 불편했지만 이승만은 21일에 이인수와 함께 프란체스카가 운전하는 차를 타고 50년 지기 보스윅의 집(와일리 스트리트 420 번지 Wyllie Street)을 방문했다. (이 집은 이승만이 1920년 11월 8일부터 16일까지 머물면서 상해로 갈 선편을 기다렸던 집이 아니다.) "이 박사보다 크다고 할 수 없는 키에 넉넉한 풍채를 가진 보스윅 씨는 더구나 90세의 노령임에도 불구하고 정정했고 말소리도 우렁찼다. 그의 부인이 와병 중이라는 말에 프란체스카 여사는 부인의 방에 위문하러 들어갔고 남자들만 남게 되었다.

보스윅 씨가 이 박사의 어깨를 두드리며 "어떤가, 자네 건강은?" 하고 큰 소리로 웃었다. 이 박사는 거기서도 "나는 한국으로 갈거네!"라고 했다. 놀란 표정이 된 보스윅 씨가 "그게 무슨 말인가? 하와이가 세계에서 제일 살기 좋은 곳인데 여기를 두고 어딜 간단 말인가, 이 사람아!" 하고는 겨울의 추위가 노인네에게 얼마나 해로운 것이며, 감기에서 시작된 병이 죽음에 이르는 경우를 장황하게 설명했다.

그러나 이승만은 굳게 입을 다문 채 보스윅 씨의 얼굴만을 퀭하니 쳐다보고 있었다. 말상대가 안 된다는 뜻이었다. 잠시 후 프란체스카 여사가 거실로 나오자 이 박사는 자리에서 일어났다. 보스윅 씨가 내실로 잠깐 들어갔다 나오더니 프란체스카 여사의 핸드백 속에 봉투를 넣어 주었다. 여사는 고맙다고 인사했다. 밖에까지 따라나온 보스윅 씨가 돌연 이인수 씨의 어깨를 감싸 안고는 현관 쪽으로 끌고 갔다. 그리고 귓속말로 "아가, 잘 봐 드려라…그는 굉장한(Great) 사람이야. 50년 친구인 내가 그를 모를 리 있겠나?" 하고는 등을 밀치면서 가라고 했다. 그의 눈시울도 붉게 충혈되어 있었다. (이동욱, 《우리의 건국대통령은 이렇게 죽어갔다》, 기파랑, 2011. pp 63~66)

이인수는 이승만 부부의 규칙적인 생활습관과 음식조절, 이승만의 설거지 돕기, 신문과 성경 읽기, 그리고 빠지지 않고 드리는 이승만의 감사기도 등을 《이화장 춘추》(2004년 59호)에 게재했다. 그 무렵 이승만의 감사기도에는 언제나 빠지지 않는 아래와 같은 구절이 있었다.

"이제는 하나님께서 주신 사명을 행하기에 심신이 모두 감당할 수도 어찌할 도리가 없게 되었습니다. 바라옵건대 한국민족의 앞날에 하나님의 은총과 축복이 함께 하시옵소서."

하와이에서 2, 3주일 쉬었다가 돌아가려 했던 이승만은 이인수에게 한국에 돌아갈 비용이 얼마이며, 어떻게 마련할 것인지를 걱정하며 묻기도 하였다. 이인수가 오기 전에도 여러 번 돌아가려고 했었는데 한국정부의 반대로 이루어지지 못했었다. 드디어 1962년 3월 17일 아침, 이승만은 이인수와 함께 서울로 가려고 팬암 항공표까지 다 준비하고(항공료는 윌버트 초이가 부담), 그 전날(3월 16일)엔 최백렬을 통해 아래와 같은 성명서를 영문으로 발표했다.

"On this eve of our departure from Hawaii for Korea, I wish to express my heartfelt appreciation to the people of Hawaii and to the United States of America for the warmth and hospitality I have always received here. Words cannot adequately convey the fullness and depth of the gratitude I feel. I return now to my beloved homeland, where I shall dwell during the remaining span of my life. My friends and my physician have advised me that I am able physically to undertake the journey home and that I should do so now. As I reflect upon the years of my service as President of the Republic of Korea, which I strove always to perform with the utmost of my capabilities and for what I believed to be the best interests of the Korean people, I feel an abiding sense of humility. For, being only human, and having the limitations of mortal man, there no doubt have been areas in which I might have done more for the betterment of my country. If I have committed errors, whether now known or to be revealed by History, then, no matter if committed in the best of faith, I do not evade full responsibility therefor; and I express now my profound regret and sorrow to the Korean people. I hope to live out my allotted time in Korea as an ordinary citizen, quietly and peacefully with my beloved wife and son."

"내일 한국으로 돌아가는데, 그동안 하와이 주민과 미국이 베풀어 준 호의에 마음속 깊이 고마움을 전합니다. 이 고마운 심정은 정말 말로 다 표현할 수 없습니다. 이제는 제가 사랑하는 고국으로 돌아가 여생을 보내려고 합니다. 저의 벗들과 의사는 제가 여행을 할 수 있을 정도로 건강하니 지금 가려고 합니다.

제가 대통령으로서 국가를 위해 일 한 것을 돌아보면, 제가 할 수 있는 한 모든 역량을 발휘해서 한국 국민을 위해 일했다고 겸손히 말할 수 있습니다. 그래도 인간인 제가 좀 더 잘 할 수도 있었을 것입니다. 제가 진정 잘하려고 했으나 역사적으로 저의 잘못으로 밝혀진다면, 그 책임 전가를 하지는 않겠습니다. 지금 저는 국민에게 정말로 죄송함과 미안함을 느낍니다. 이제 제게 주어진 여생을 일반 시민으로 조용하게 사랑하는 제 아내와 아들과 함께 보내려고 합니다."

(스타 블루틴지 1962년 3월 17일)

그러나 출발하려던 17일 아침에 김세원 총영사가 국민의 여론이 아직 그의 귀국을 받아들이지 않기 때문에 한국정부가 그의 귀국을 원치 않는다고 통보했다. 이승만은 오후 1시 15분 출발 4시간 전에 항공표를 취소해야만 했다. 그리고 다시 최백렬을 통해 정부가 원치 않기 때문에 귀국을 연기한다는 성명서를 발표하고, 이인수만 귀국했다.

충격을 받은 이승만은 그날 저녁에 트리플러 미육군병원(Tripler Army Hospital)에 입원한다. 며칠간의 안정을 취한 후 육군 병원측은 이승만이 병원에 입원해 있을 필요는 없고, 장기 양로시설로 옮기는 것이 좋겠다는 권고안을 냈다. 윌버트 초이는 그의 친지 로웰 딜링햄(Lowell Dillingham)의 도움으로 3월 29일에 이승만을 마우날라니 병원(Maunalani Hospital)에 입원시켰다. 병원의 유지였던 딜링햄이 병원 측과 의논해 이승만을 무료로 모시도록 했던 것이다. 프란체스카는 병원장 존슨(Elaine P. Johnson)의 3월 22일자 편지에서 '무료로 병원에서 모시겠다'는 내용을 확인하고 비로소 병원의 배려에 감격하고, 안심했다(프란체스카가 이 편지를 소중히 보관했으나 하와이-오스트리아-한국 등으로 이사 다니면서 분실했다). 이 병원은 백인 유지의 딸 캐슬(Ethelwyn A. Castle)이 자신의 사후에 간호가 필요한 사람들을 위한 시설로 바꾸라는 유언에 따라 그의 9.5에이커(11,400평) 저택을 1950년에 개원해 운영하고 있던 병원으로, 지금의 Maunalani Nursing and Rehabilitation Center이다. 이 병원은 이승만이 1924년에 《태평양잡지》를 발간하면서 살았던 1521 Lurline Avenue(현 Sierra Drive) 집에서 두 골목 위 산 쪽에 위치한다. 병실 창밖의 옛 집과 동네를 바라보면서 이승만은 어떤 생각을 하고 있었을까?

마키키 집에 혼자 있을 수가 없던 프란체스카를 위해 병원측은 병원 구내의 직원용 작은 방을 제공해 주었다. 프란체스카는 그 방에서 애견 '해피'와 함께 기거할 수 있게 되었다.

프란체스카는 매일 아침 10시부터 저녁 5시까지 이승만의 병실 202호에서 이승만을 보살폈다. 프란체스카는 약간 까다롭기는 했으나 간호원들 사이에서 남편을 극진히 돌보는 'The Best Wife'(양처良妻)로 소문나 있었다. 항상 성경을 읽어 드리고, 찬송가를 불러 드리고, 손발을 주물러 드렸다. 이승만이 가장 좋아한 찬송가는 '삼천리반도 금수강산 하나님 주신 동산'이었다. 1962년 6월 30일부터 8월 30일까지 두 달 동안 하와이 대학교에서 생물학을 전공하던 박만상(朴晩相)이 남자 간병인(male aid)으로 아르바이트를 하는 동안 이승만의 시중을 들기도 했다.

병원에 있는 동안에도 이승만은 귀국할 여비 마련에 걱정이었다. 한 번은 병원장이 "이 박사님, 소원이 무엇이에요?" 라고 물었을 때, "여비요! 한국으로 돌아 갈 여비요!" 라고 대답하였다. 그녀는 "아직도 한국으로 돌아갈 생각을 하세요?" 하고 물었다. 이승만의 대답은 간단했다. "그렇소!."

이승만은 병원 음식을 싫어했지만, 늘 그릇은 비웠다. 그런데 프란체스카를 가장 어렵게 한 것은 약 먹는 것을 싫어한 것이다. 약 먹을 시간이 되면 그야 말로 전쟁이었다. 이즈음에 프란체스카의 오스트리아 집 식구들이 옷 종류를 종이상자 2개에 보내주었다. 프란체스카는 이 종이상자 2개를 옷장으로 만들어 사용하였는데, 지금도 이화장에 보관되어 있다.

이인수가 1964년 1월 28일부터 4월 2일까지 3개월간 다시 이승만을 방문했다. 애트킨손 드라이브(Atkinson Drive)에 있는 YMCA 호텔에 기숙하면서 매일 버스를 타고 병원으로 갔다. 이때 만 94세의 이승만은 의식이 또렷하지 않았고, 때로는 양아들 이인수조차 알아보지 못했다.

1965년 초에 프란체스카는 윌버트 초이의 딸 조앤이 결혼한다는 소식을 알게 되었고 결혼 선물로 15인치(38cm) 목걸이와 대통령 휘장(6.4cm×6.4cm) 브로치를 주었다. 프란체스카가 조선의 마지막 황후(순정효황후)로부터 받아서 애용하던 것이었는데, 그리 비싼 것은 아니었다. 이것은 이승만 부부의 5년간 생활비를 전적으로 책임지었던 윌버트 초이가 받은 유일한 보답품이었다. 조앤은 아버지가 전혀 보답을 원치 않았다고 필자에게 일러 주면서, 목걸이와 브로치가 아버지와 이승만의 관계를 보여준다고 했다.

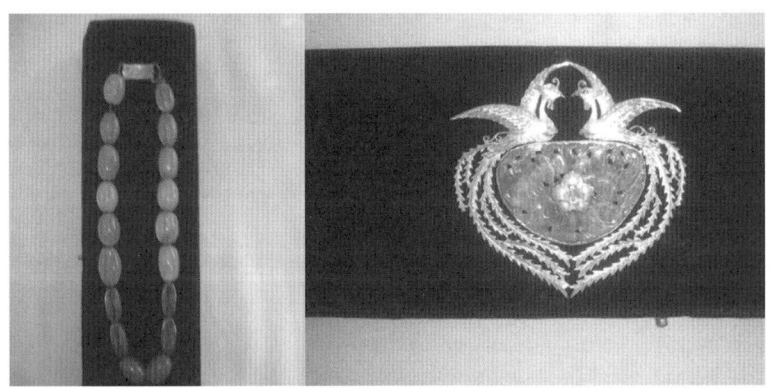

프란체스카가 조앤 초이에게 준 목걸이와 브로치

이승만이 마우날라니 병원에 있는 동안 친지와 미국정부의 고위

인사 등 방문객들이 연일 줄을 이었다. 하는 수없이 병원 측은 면회객을 하루 10명으로 제한했다.

1965년 6월 20일에 이승만이 내출혈로 피를 토하기 시작하여, 퀸즈 병원(Queen's Hospital: 옛 동지회 사무실이 있었던 국민회 총회관 길 건너에 위치)에 입원했다. 수혈 등으로 안정을 찾기까지 5일이 걸렸고, 6월 25일에 다시 마우날라니 병원 202호로 돌아왔다. 이승만의 건강이 더욱 악화되는 것을 알게 된 양아들 이인수가 7월 4일 서울에서 다시 왔다.

7월 18일 아침. 의사가 임종이 가까워 왔음을 알려 주었고, 이승만은 19일 오전 0시 35분에 프란체스카, 이인수, 최백렬이 지켜보는 가운데 소천했다. 연락을 받고 달려 온 오중정 전 총영사와 윌버트 초이가 202호실 밖에 있었다.

마우날라니 요양원 입구

마우날라니 병동, 2층 오른쪽 끝이 202호

7월 21일 저녁 8시 30분에 한인기독교회에서 700여명의 교인과 조문객이 참석한 가운데 영결식 예배를 드렸다. 영결식이 시작되면서 급하게 걸어 들어온 보스윅이 이승만의 관 앞에 서서 "내가 자네를 잘 안다, 내가 자네를 잘 안다"고 외쳤다. "자네가 조국을 얼마나 사랑하고 있는지! 자네가 얼마나 억울한지! 내가 잘 안다네. 친구여! 자네가 얼마나 고생 했는지! 애국심 때문에 자네가 그토록 비난을 받고 살아 온 것을 내가 잘 안다네! 내 친구여!"

박정희 대통령, 존슨(Lyndon B. Johnson) 미국 대통령, 장개석 중국 대통령 부부와 하와이주 지사(John A. Burns)의 메시지가 있었다. 밴 플리트는 태극기로 덮힌 이승만의 관 앞에서 거수경례를 올렸고, 다음과 같은 애도사를 남겼다.

"지금 공산주의와 싸우고 있는 베트남 등 아시아 국가들이 필요로 하는 것은 또 하나의 이승만입니다. 이승만은 북한 공산군의 침략에서 대한민국을 구해냈습니다. 우리 모두는 애국자이며 전쟁 영웅 이승만을 진심으로 고마워합니다."

참석자들은 이승만이 좋아한 찬송가 〈삼천리 반도 금수강산〉과 〈십자가 군병들아〉를 함께 부른 후 장례식을 끝냈다. 이승만의 시신은 미 공군기로 히캄 공군기지를 떠나 웨이크 섬(Wake Island)을 경유하여 한국으로 모셔졌다. 당시 스타 블르틴지는 일본 지배의 역사성을 고려하여 공군기가 일본을 거치지 않고 웨이크섬을 경유하는 것이라고 보도했다. 김세원 총영사, 오중정 전 총영사, 한인기독교회 대표 최백렬, 밴 플릿 장군, 주 인도대사 임병직(Ben C. Limb), 윌버트 초이 등이 동행했다. 김학성, 김영기와 이치기(와히아와 교회), 이정근(동지회), 유해나(동지회·부인구제회)는 일반 여객기로 이동했다.

흰 한복을 입고 영결식에 참석한 프란체스카는 이승만의 관 앞에서 쓰러져 목사관 옆방에서 이승만의 주치의인 토마스 민(Thomas Min: 민찬호 전 한인기독학원 교장/한인기독교회 목사의 아들)의 치료를 받고 있어서 같이 서울로 갈 수 없었다. 프란체스카는 한동안 병원에 입원해야 했다. 그 해 9월. 건강을 회복한 후 친정의 나라인 오스트리아로 갔다가 1970년 5월 16일에 한국으로 영구 귀국했다.

이승만이 1960년 5월 29일 하와이에 도착하면서 5년 2개월간을 지내는 동안 하와이의 조석간 신문 애드버타이저와 스타 블르틴 지는 계속해서 이승만의 동정을 보도했다. 1965년 7월 20일 애드버타이저는 사설 〈Syngman Rhee〉를 실었는데 다음과 같은 내용이었다.

'이승만의 90년 삶에는 불타는 열정과 논란이 있었지만, 1950년대 이승만과 대한민국은 미국 반공산주의의 심볼이었다. 이승만은 2차 대전 후 아시아에서 가장 뛰어난 지도자였고, 미국정부가 그에게 모든 협조를 다 했다. 아마도 그가 너무 오랜 나이에 너무 오래 정권을 잡고 있었다고도 생각할 수 있지만, 그는 단순한 미국의 꼭두각시가 아니었다. 무엇보다도 이승만은 대한민국의 애국자였다.'

스타 블르틴지는 7월 19일자에 A 섹션 한 페이지 반을 할애해 이승만에 관한 특집기사를 실었고, B 섹션에는 1962년 3월 18일 이승만의 귀국이 좌절되었을 때 〈한국을 위해 또 다시 희생한 이승만〉이라며 기사를 썼던 리치선(Dale Richeson) 기자의 기사를 실어 그동안 이승만의 외롭고 어려웠던 나날을 상기시켰다. 이 신문의 7월 21일자는 1916년에 누아누 YMCA를 조직한 총무 킬람(Lloyd Killam)이 이승만의 YMCA 활동을 회고하는 글을 실어서 이승만의 YMCA 활동을 재조명했다. 또한 한인 2세로 1950년대 하와이에서 이름을 떨친 기자 새라 박(Sarah Park)이 1953년 6월 25일에 '한인기독학원'을 다니면서 이승만과 지냈을 때를 기억하면서 썼던 글을 다시 게재해 이승만의 인간적인 면과 그의 교육활동을 집중 보도했다. (새라 박은 1957년 3월 9일, 오아후섬 북부의 헤일을 취재하던 중 헬리콥터 추락으로 29세로 사망했다. 한국전쟁은 물론 인도, 중국 등 국제문제를 다루던 뛰어난 기자였다. 2008년에 워싱턴의 뉴시엄(Newseum)의 기자 기념비(Journalists Memorial)에 등재되었는데, 한인계 기자로는 처음이다. 새라 박의 오빠 윌리암(William Park 박만서)도 '한인기독학원'을 졸업했으며, 1953년에 한국의 남선전기회사 사장에 취임했다.)

대통령직에서 하야한 후 5년 2개월간 하와이에서 여생을 보내야만 했던 이승만에게 하와이 생활은 휴양이 아닌 수감이나 마찬가지였다. 고국으로 돌아가고픈 안타까운 심정을 삭여야 하는 날들의 연속이었다. 프란체스카에게 "호랑이도 죽을 때는 굴로 찾아간다"는 속담까지 일러 주면서, 고국으로 돌아가고 싶어했다. 그리고 이승만이 할 수 있는 것은 기도 이외에 아무것도 없었다.

| 맺음말 |

 이승만은 하와이에서 기독교 신앙을 기반으로 많은 활동을 하면서 25년이라는 긴 시간을 보냈지만, 변동하는 국제정세에서 지정학적으로 하와이가 한국의 독립을 위한 정치활동이나 외교활동의 본거지가 될 수 없음을 그는 정확하게 알고 있었다. 그러나 이승만은 하와이가 한국의 새 독립국가 설립을 위한 정치활동의 본거지는 아니더라도, 새롭게 세워질 나라를 준비할 수 있는 곳으로 인지했다. 그래서 하와이는 이승만이 교육자로, 언론 출판인으로, 기독교 지도자로, 또한 기업인으로 그의 생각과 계획을 실천해 볼 수 있는 곳이었다.
 그의 교육활동은 건국될 새 나라의 일꾼을 기르기 위한 활동이었고, 한인 YMCA 설립은 한인단체가 처음으로 미국인 단체의 일부가 되도록 해서 한인들의 미국화 과정을 앞당기는데 기여한 활동이었다. 그의 언론활동은 단순한 잡지와 서적 출판에 머물지 않고, 대

중교육까지도 포함한 그의 교육활동의 일환이기도 했다. 그가 하와이 감리교 선교부에서 독립해 조직한 교회는 미국 감리교의 재정에 의존한 채 자립하지 못했던 한인 기독교 교인들에게 당당하게 자립된 교회를 지켜나갈 수 있는 독립심을 심어준 활동이었다. '동지회' 조직과 '동지촌' 운영은 정치와 경제를 병행해야 함을 일찍이 깨달은 이승만의 또 다른 활동이었다. 이승만이 특히 1939년 이후 새로운 국제 정치사가 이루어지고 있는 현장 워싱턴에서 새 나라 건립을 위한 외교와 정치라는 날개를 펼 수 있기까지 가능한 모든 분야에서 경험을 쌓을 수 있었던 곳이 이곳 하와이였다. 동시에 하와이는 이승만이 새 나라 세우기 준비과정 속에서 상처받고, 좌절하고, 실의에 빠졌을 때 다시 일어설 수 있도록 위로받고 충전할 수 있었던 그의 제2의 고향이었다. 평생의 반려자가 되었던 '외국인 신부'와 함께 가난한 신혼시절을 보낸 곳도 하와이었다.

이승만이 하와이에서 이끌어간 교육, 언론, 종교, 그리고 '동지회' 등 모든 활동은 개인 이승만의 죽음으로 끝나지 않았다. 그가 설립·운영한 '한인기독학원' 부지의 판매금은 인하공과대학 설립으로 이어졌고, 개인주택 단지로 개발된 그 부지에는 Kula(학교) Kolea(한국)라는 이름의 도로로 남아있어 한인 학교가 있었던 이민의 역사를 알리고 있다.

하와이 감리교 선교부에서 독립해 개척한 '한인기독교회'는 광화문 문루의 교회당을 2006년에 재건했고, 2018년에 맞이할 100주년을 준비하고 있다. 그가 동지들과 조직한 '동지회'의 회관 매각 대금은 〈우남 이승만 박사 장학기금〉으로 관리되어 매해 20,000달러 이상의 장학금으로 지급되고 있다. 회관 매각 대금의 일부로 하와이에서 보낸 묘비석(墓碑石)은 지금도 동작동 국립묘지에서 그의 묘를 지키고 있다. 그가 운영했던 기업 '동지촌'의 숯가마 터는 개인주택 필지로 분할되어 있는데, 방문객들로 하여금 그 옛날 이승만의 수고를 기억하게 만든다. 이 모든 것들이 이승만이 남긴 활동의 흔적들이다.

이승만이 하와이에서 25년 동안 준비하면서 얻은 이른바 '노하우'(know-how)는 새로 세워진 대한민국의 첫 12년을 이끌어가면서 수립한 의무교육, 농지개혁 등 수많은 정책에 반영되었음은 물론이다. 오랫동안 준비한 이승만이었다.

수많은 좌절을 이겨낸 이승만이 그토록 바라던 대한민국을 수립할 때까지 그는 결코 홀로 있지 않았다. 그의 나라 세우기 준비를 지속할 수 있도록 후원한 사람들은 1902년 12월 22일 인천항에서 존스 목사가 준비한 환송 예배를 드리고 떠난 이들을 시작으로 하와이에 온 이민자들이었다. 이승만은 이 이민자들의 나라사랑과 그들의 도움을 결코 잊지 않았다. 1951년에 대한민국의 인재를 키우는 공과대학 설립을 계획하면서 이승만은 인천항을 떠나 나라 세우기에 동참해 준 이들을 기념하고자 '인하'라고 이름 지었다. 그렇게 해서 이승만이 함께한 하와이 한인 이민사는 지금도 대한민국에서 계속되고 있다.

| 부록 1 |

이승만의 학교 관련 부동산거래

이승만의 학교 관련 부동산거래는 '한인중앙학교'에 입학한 여학생을 위한 기숙사 마련으로부터 시작한다. 여학생 기숙사 마련 과정에 '국민회' 소유 부지가 관련되었기 때문에, 먼저 '국민회'의 토지거래를 설명하고, 이승만의 부동산거래를 살펴본다.

이 글에 명시된 자료는 하와이주 토지/자연자재국(Department of Land and Natural Resources)의 부동산 기록실(Bureau of Conveyances)의 부동산 등기기록에서 찾아낸 등기책(부동산 기록원 Book) 번호와 쪽수(p.)이다.

1) 국민회의 토지거래

'대한인국민회' 북미지방총회와 하와이지방총회는 1909년에 제정한 〈국민회 장정〉에서 국민회의 목적을 '교육과 실업을 진발하며, 자유와 평등을 제창하여 동포의 영예를 증진하며, 조국의 독립을 광복케 함'이라고 밝혔다. 1913년 6월에 '국민회' 하와이지방총회를 법인으로 등록한 서류에도 '국민회'의 목적을 '교육과 실업을 장려하여 민족의 실력을 배양하는 것'이라 명시하고 있다. 그리고 교육 장려를 위하여 회원 각자가 매년 0.50~1달러의 기금을 납부하도록 했다(〈국민회 장정〉 제8장 재정, 제65조).

'하와이 국민회'는 결성된 지 4개월 후인 1909년 5월에 교육에 대한 한인 사회의 갈망에 부응키 위해 카우아이 섬 콜로아(Koloa)에 한글학교를 설립하는데 9달러를 지원했다. 이것이 '국민회'의 첫 공식 교육 사업이었다.

한글학교는 정규학교(한인들은 '영어학교'라고 부름) 방과 후나 주말에 모였으며, 부모들이 내는 학비로 교사 봉급을 지불했다. 학교 운영에 필요한 다른 경비는 '국민회'가 매달 도와주었다. 이렇게 한인 교육에 중점을 두었던 '국민회'는 이승만이 '한인중앙학교' 교장이 되자 곧 '국민회'의 교육활동에 관한 모든 일을 이승만에게 맡겼다. 1913년 9월부터 이승만이 하와이 한인 교육의 총책임자가 되었고, 묵시적으로 국민회의 최고 지도자가 된 것이다.

'국민회'는 1913년 5월 7일에 '국민회' 회관, 기숙사, 교회 등을 짓기 위해 페리 트랙(Perry Tract)의 필지(Lot) #12, #13, #14를 3,049.55달러에 매입했다(Book 388, pp. 420-421). '국민회' 회장 박상하와 재무 홍인표는 매입가격 3,049달러 중 500달러를 지불하고, 매각자 F. E. Thompson Trust 에게서 2,549달러를 연 7%의 이자로 대출 받으면서 1913년 6월 1일부터 매달 최소 110달러씩 갚는다는 계약서에 서명했다(Book 384, pp. 349-351, 1913년 5월 7일). 이틀 후 톰슨은 1913년 대출 증서를 호너(A. Horner)에게 양도하여 호너가 그 금액의 대출자가 되었다(Book 384, pp. 351-352, 1913년 5월 9일). 그런데, 무슨 연유인지 '국민회'가 두 달 후인 1913년 7월 1일에 밀러 트랙(Miller Tract)의 4 필지(lot #19, #20, #21, #22)를 또 매입한다(Book 461, p. 455).

이승만이 '한인중앙학교' 교장으로 여학생기숙사를 마련하고자 부심할 때에 국민회가 1914년 1월 12일에 열린 대의원회에서 첫 번 구입한 페리 트랙 3필지를 여학생 기숙사 기금모집을 위해 기부하기로 결정했다. 마침 '국민회'가 두 번 째 구입한 밀러 트랙에 총회관을 건축하려고 기금 모금을 하고 있을 때였기 때문에 이승만은 '국민회' 대의회에서 기부하는 기지를 '퇴각'(사양)했다. 이승만이 동포들의 경제사정이 어려운 것을 알고 있었고, 더구나 '국민회' 총회관 건축과 여학생기숙사 건축이라는 두 가지 일을 한꺼번에 실행키 어려울 것임을 인지했기 때문이었다. 이승만은 그런 자신의 생각을 《태평양잡지》 1914년 3월 호에 아래와 같이 기술하고 있었다(p.81).

"국민회관 짓는 일과 여학생기숙사를 짓는 것이 한인 전체에 공동히 긴절한 일이라. 이것을 내가 조금이라도 불긴히 여기는 것은 아니나, 회관 짓는 것도 한인의 처지로 한 두 사람의 힘을 가지고 될 수 없는 일인 즉 하와이 전체의 힘을 가져야 될 일이라. 어려운 한인의 공동한 힘을 합하여 가지고 될 일을 두 세가지를 병발하면 이는 백성의 정형도 삶힘이 아니오, 일도 다 완전히 성취되기 어려운지라. 회관이나 학교나 한 가지씩 성취한 후에 또 한 가지를 시작하면 힘도 덜리고 사업도 진취가 잘 될것이어늘 (중략)

　기숙사 일절이 비록 좀 지체는 되나 회관을 잘 지어서 성취하여 놓으면 한 가지는 이루는 것이니. 나는 나의 맡은 일을 힘써서 따로 하여 나가다가 힘이 부족하여 못 할지라도 또한 나의 정성이 부족함은 아니로다. (중략)

　그런즉 지금에 여자기숙사 사건을 국민회 당국자들이 돕지 않는 것이 아니오, 내가 그 도움을 받지 아니함이니. 이는 국민회에서 착수한 일을 완전히 마치기를 원하며 기숙사일은 기왕에 나에게 맡겼은즉 나의 사사 힘으로 동지한 친구들의 도움을 얻어 지금 무슨 모양으로라도 힘자라는 대로 하여 나가다가 다행이 힘이 자라면 집이라도 지을 것이오 자라지 못하면 부득이하여 내어 놓을 따름이니. 이것을 하고 못하는 것이 전혀 우리 동포들의 원하고 원치 아니하기에 달린지라. 내가 혼자 억지로 하자 함이 아니로다." (p. 81)

《국민보》(1914년 2월 4일 자, p. 4)도 동포의 모든 실정을 참조한 이승만이 총회관 건축과 기숙사 건축의 두 가지 큰 일을 금년에 실행키 어려울까 염려해서 의회에서 기부하는 기지를 퇴각한 것이라고 보도했다. 그리고 이 기사는 계속하여 "그 기지는 특별히 '한인여자기숙사' 기지라 명칭하여 (국민회) 교육부로 하여금 보관케 결안하였다"고 보도했다. 즉 국민회는 이승만이 사양했지만 이 기지를 특별히 '한인여자기숙사 기지'라고 용도를 규정짓고 국민회 교육부가 보관케 한 것이다.

1915년 7월 27일에 '국민회'의 홍한식, 이종홍, 안현경(이들의 직책은 밝혀 있지 않음) 등이 형식상 1달러를 받고 페리 트랙 3필지를 '한인여학원' 이사 이승만에게 양도한다(Book 415, pp. 379-380). 이때 이승만은 여학생 기숙사를 확장해 '한인여학원'으로 개교할 것을 준비 중에 있었기 때문에 '국민회'가 이 부지를 '한인여학원'을 위하여 기부하면서, '한인여학원' 이사 이승만(Syngman Rhee, Trustee for the Korean Girls' Seminary)에게 양도하는 것이라고 명시했다. 다시 말하면, 페리 트랙 필지를 이승만 개인에게 양도한 것이 아니라 '한인여학원' 이사 이승만에게 양도한 것이며, 이승만은 여학원의 이사로서 여학원을 위하여 토지의 사용 내지 처분권을 확보한 셈이었다. 이것을 김원용은 '이승만이 자기 개인에게 달라고 했기 때문'이라고 잘못 기록한 것이다. 설령 당시 이승만이 자기 개인 이름으로 양도하라고 했다더라도, 그 이유는 여학생기숙사 건축 기금을 하와이 감리교 선교부에 속하지 않도록 하기 위해서였다. 여학생기숙사는 감리교 선교부의 재정이 포함되지 않고 한인의 기금으로 마련된 시설이었기 때문이다.

페리 트랙 3필지가 '한인여학원' 이사 이승만에게 이양되었지만, '국민회'의 대출계약(위의 Book 406, pp. 74-75)은 그대로 유지되었다. 그 후 '국민회'와 '한인여학원' 이사 이승만이 함께 노력해서 1918년 4월 26일부로 '국민회' 명의의 대출금 2,549달러를 모두 상환하게 된다(Book 489, p. 202). 그리고 1918년 4월 29일에 이 부지 소유권이 '한인여학원' 이사 이승만에게 완전히 이양되었음이 기록으로 남아 있다(Book 498, p. 133).

'국민회'와 '한인여학원' 이사 이승만 사이에 있었던 '국민회' 부지 양도를 둘러싸고 이승만을 학교 부지를 가로챈 파렴치한 인물로 그리기도 했다. 이런 오해는 김원용이 1959년에 발간한 《재미한인오십년사》의 내용이 발단이었다. 김원용은 그의 책에서 페리 트랙 기지를 '엠마기지'라고 불렀는데, 에마 스트리트(Emma Street)에 인접하기 때문에 그렇게 부른 것 같으나, 당시의 《국민보》는 '엠마기지'라는 이름을 사용한 바가 없었다. 사실성이 떨어지는 내용인 것이다.

김원용은 이 페리 트랙 기지(엠마기지)에 관해 (시국소감〈연합회 공고서〉 참조) 1918년 3월 19일 박용만 기서(寄書) 라는 제하의 글에서 아래와 같은 내용이 있다고 인용하였다(pp. 152-154). 그런데 이 〈연합회 공고서〉는 현존하지 않는다.

"처음에 이승만이 국민회 소유 엠마 기지를 가져가려는 욕심으로 시비를 시작하여서 국민회를 전복하는 작난까지 하였는데 그 기지는 국민회가 교회사업을 위하여 좋은 목적으로 매입하였던 것이며 그것을 인하여 단체가 분열될 줄은 뜻하지 못한 바이다. (중략) 이승만의 요구가 그 기지를 교회에 주지 말고 자기에게 주어서 학교 사업에 쓰게 하라 하였고 국민회가 그것을 허락하였다. 그러나 이승만이 그 기지를 자기의 명의로 넘기어 달라 함으로 국민회가 학교 명의로 넘기겠다고 고집하였으니 그것이 공유물인 까닭이다. 이승만이 그것에 대한 감정으로 각 지방에 다니면서 글과 말을 돌리며 국민회 임원들을 비난하여 인심을 선동한 결과로 1915년 5월에 풍파를 일으키어서 염치 없고 비열한 수단으로 국민회를 전복한 이후에 독재 행동으로 매사를 임의 처단하였는데 지금에 그 기지는 어디 갔고 국민회 현상은 어떠한가. 목전의 사실을 관찰하여 보면 알 것이다."

('연합회'는 유동면 등 일단의 피고들을 후원하기 위해 조직된 임시 모임이었다. 1918년 2월, '국민회' 총회장 안현경의 국민회 재정관리에 반대하며 이의를 제기한 유동면 등 몇 명과 난투극이 벌어진다. 여기서 유동면 등이 경찰에 체포되고 17일 고등법원 재판에 회부되었을 때 유동면 등을 후원하기 위해 임시로 조직한 모임이 연합회였다. 1918년 7월에 박용만이 이 연합회를 계승하여 '칼리히 연합회'를 조직했다.)

김원용은 같은 내용의 글을 그의 책에 반복 게재하면서 "국민회가 엠마 기지를 한인여자학원 설립에 기부하기로 허락하였을 때 이승만은 그 기지를 자기의 명의로 양도하여 주고 마음대로 처리하게 하라고 요구하였고 국민회는 공유물을 개인의 명의로 양도하지 않겠다고 한 까닭에 이승만이 국민회를 반대하기 시작하였다."라고 서술하고 있다(p. 138). 당시 박용만이 《국민보》의 주필이었는데, 《국민보》에는 이승만이 자기 개인에게 양도하라고 했기 때문에 문제가 생겼다는 식으로 보도된 적이 한 번도 없었다. 김원용의 주장이 옳다면, 이승만의 요구가 있었는데도 당시 박용만이 이에 관해서 아무런 기사도 쓰지 않았다가 4년이 지난 후 그 때 일을 기억하고 기술하였다는 것이 된다. 납득하기 어려운 부분이다. 또한 1918년에 박용만이 '국민회'가 준 여학생 기지가 어디 갔느냐고 물었다면, 박용만이 같은 하와이에 살면서 이승만의 여학생기숙사 마련, '한인여학원' 설립. 더구나 1918년 초 '한인여학원'에 남학생이 다니기 시작한 것 등의 과정과 사실에 무지하였거나 무시했다는 셈이 된다. 특히 '이승만이 1914년 1월부터, 아니면 바로 그 이전부터 '국민회'를 전복하려고 장난을 쳤다'고 박용만이 이승만을 비난했다는 것은 믿기 어렵다.

한편, '국민회'는 1914년 12월 9일에 두 번째로 구입한 밀러 트랙의 4필지 중 필지 #20과 #22에 총회관을 건립하고 준공식을 가졌다. 1916년 11월 8일 '국민회'는 총회관을 짓고 남은 밀러 트랙의 필지 #19와 #21을 이승만에게 2,580달러로 팔면서 '이 필지들은 자선기관인 한인 남학생기숙사로 또 기숙사를 위하여 사용할 것'(for the use and benefit of the Korean Boy's Dormitory, an eleemosynary institution)을 명시해 두었다(Book 448, p. 451). 게다가 '국민회'는 바로 이전에 '국민회'의 남학생기숙사 관련 사무 일체와 기금을 이승만에게 맡겼었다. 즉 '국민회'가 1913년 9월에 이승만을 한인 교육의 총 책임자로 선정했고, 그 후 '한인여학원'을 위해 페리 트랙 3필지를 기증했었는데, 이번에는 남학생기숙사 관련 일체도 이승만에게 일임하고 있었던 것이다. 1915년 6월 이후 '국민회'의 임원들이 이른바 '이승만 지지자'들이었기 때문에 가능했다고 해석할 수도 있다.

2) 한인여학생 기숙사 부지

이승만은 '한인중앙학교'에 입학한 여학생을 위한 기숙사를 마련하기 위해 한인사회에서 기금모집을 시작하고, 우선 1914년 봄 학기에 학교 근처에 집 한 채를 임대한다. 여학생 수가 계속 증가했기 때문에 좀 더 큰 집이 필요했는데, 한인들의 성금 3,600달러가 모아져 이승만은 1914년 7월에 푸우누이 애베뉴(Puunui Avenue)에 집을 구입하고 20~30명이 기숙할 수 있도록 확장했다. 당시 매입 금액은 2,400달러였는데, 이승만의 이름으로 구입했다(Book 408, pp. 307-308, 1914년 7월 14일).

이승만이 감리교 선교부의 '한인중앙학교' 교장이지만, 이 여학생기숙사 부지는 한인들의 성금으로 매입한 땅이기 때문에 하와이 감리교 선교부 또는 선교부 소속 '한인중앙학교'의 이름으로 등기하지 않았다. 이승만이 여학생기숙사 토지 소유권이 감리교 선교부에 있지 않음을 명확하게 해 둔 것이다.

구입자 이승만은 매입 금액 2,400달러 중 1,000달러를 지불하고, 잔금 1,400달러를 판매자 Fred L. Beringer에게서 1년 후부터 연 이자 8%를 6개월마다 나누어 내는 조건으로 대출을 받았다(Book 411, pp. 222-224, 1914년 7월 14일). 그 후 이 대출금 출자자가 Beringer에서 Bank of Hawaii, 그리고 나중에 Bank of Bishop 등으로 여러 번 바뀌었는데, 이승만은 계속해서 이자를 갚고 있었다. 1918년 5월 17일, 이승만은 이 기숙사 부지를 P.E.R. Strauch에게 1,600달러로 매각했다(Book 488, p. 241). 그리고 1922년 8월 17일, Bank of Bishop의 대출금을 완전 상환해 버렸다(Book 650, pp. 108-109).

3) 한인여학원 부지

1914년 가을 학기부터 45명의 여학생이 푸우누이 기숙사에 살면서 '한인중앙학교'로 통학하기 시작했다. 그런데 학생들이 한 시간씩 걸어야만 했다. 더구나 감리교 여선교부와의 관계는 호전되지 않고 있었다. 그래서 이승만은 차라리 시설을 더 확장하고 여학생을 위한 학교를 감리교에서 독립해 별도로 시작하는 것이 좋으리라 판단했다. 이승만은 1915년 가을학기에 '한인여학원'을 개교하고, 10월 14일에 수백 명의 한인과 감리교 관계자들과 더불어 축하식을 가졌다.

그런데, '한인여학원' 부지 거래는 1년 후인 1916년에 등록됐다. 이승만이 Fanny Strauch(P.E.R. Strauch의 부인)로부터 여학생기숙사에 근접한 땅 3.26에이커(1에이커는 약 1,200평)를 5,000달러에 매입하고 등기한 것은 1916년 7월 18일이다(Book 445, p.331-332와 Book 458, pp. 164-165). 같은 날 이승만은 이 거래를 위해 William Castle 부부로부터 4,250달러의 대출을 받아 3년 동안 연 8%의 이자를 6개월마다 납부하는 계약을 맺는다(Book 459, pp. 66-69, 1916년 7월 18일). 아마도 Strauch 부부의 협조로 학교 시설을 우선 건축하고, 다음 해에 정식으로 부동산 거래를 맺은 것 같다. 그 후에도, 아래에서 볼 수 있는 바와 같이, 이승만과 Strauch 사이에는 여러 번의 부동산 거래가 있었다.

이승만은 1918년 초부터 '한인여학원'에 남학생을 받고 있었고, '한인여학원'을 남녀공학제 학교로 재조직하려고 준비 중이었다. 이때 이승만은 '국민회'에서 기증받고 대출 상환을 끝낸 페리 트랙의 3필지 중 2,109평방 피트의 필지 #12를 Marion C. Silva 에게 750달러에 매각했다(Book 498, pp. 133-135, 1918년 4월 26일). 나머지 필지 #13과 #14는 1918년 5월 17일에 P.E.R. Strauch에게 2,700달러로 매각했다(Book 488, p. 239). 또한 같은 날 이승만은 밀러 트랙의 필지 #19와 #21도 Strauch에게 2,400달러에 매각한다(Book 488, p. 240). 즉 1918년 5월 17일에, 위에 언급한 바와 같이 여학생기숙사 부지, 페리 트랙 필지 #13과 #14, 그리고 밀러 트랙의 2필지 모두를 Strauch에게 1,600달러에 매각하고 있었던 것이다.

이렇게 이승만은 1918년 4월 26일과 5월 17일 사이에 그동안 소유하고 있던 모든 부동산을 매각해서 총 7,450달러의 현금을 마련할 수 있었다.

4) 한인기독학원 부지

이승만이 1918년 가을 학기에 개교할 '한인기독학원'을 위해 좀 더 큰 시설이 필요한 것을 알았으나, 여학원 부지의 경사가 심해 추가로 시설을 지을 수 없었다. 그리하여 우선 와이알라에 애베뉴(Waialae Avenue) 3320번지에 있는 구 알리이올라니 학교 건물을 월 60달러에 임대하고 '한인기독학원'을 개교했다.

드디어 1923년 1월 10일에 이승만은 칼리히 계곡(Kalihi Valley)에 있는 36.53에이커의 땅을 '한인기독학원' 이름으로 15,000달러에 구입했다(Book 673, pp. 482-486). 이 때 부지 매입을 위해 담보 대출을 받은 기록이 없는 것으로 미루어 1918년에 모든 부동산을 매각해 마련한 7,450달러와 그동안 새로 모금한 기금으로 구입할 수 있었던 것으로 보인다.

이승만은 1923년 7월 15일부터 학교 건물 공사를 시작해, 9월 19일에 교사와 남녀 기숙사 낙성식을 거행했다. 당시 건축비만 15,000달러가 들었다. 사흘 후인 1923년 9월 22일에 '한인기독학원' 이사장 이승만, 재무 Chester Livingston, 서기 Young K. Kim(김영기)의 이름으로 Bank of Hawaii 로부터 13,500달러의 담보 대출을 받았다(Book 675, p. 440-447). 이는 건축비 등을 충당하기 위한 대출이었던 것 같다. 이 대출금은 1927년 2월 10일까지 2년 동안에 세 번에 나누어 모두 갚았다(Book 798, pp 160, 1925년 10월 9일; Book 844, pp. 426, 1926년 3월 1일; Book 870, p 325, 1927년 2월 10일).

1923년 10월 27일, 이승만은 자신의 명의로 된 '한인여학원' 부지(3.26에이커)를 형식적으로 1달러를 받고 '한인기독학원' 명의로 변경했다(Book 709, pp. 20-22). 그러나 대출 계약서는 여전히 이승만의 이름으로 남아 있었다.

1924년 8월 27일, 한인기독학원 부이사장 C.H. Min(민찬호), 서기 Young Kee Kim(김영기), 재무 Chester Livingston이 이 부지를 Oahu Country Club에 7,500달러로 매각하는 증서에 서명한다(Book 740, pp. 274-279). 그리고 같은 날 이 판매금 중에서 대출금 4,250달러를 완전히 상환해 버린다(Book 741, p. 322).

흥미로운 사실은 이 매각이 '교민단'(Korean National Association)의 동의 (consent)하에 이루어졌다는 점이다. 당시 서명된 매각서를 보면 '교민단' 회장 Young K. Kim(김영기), 부회장 L.H. Kwak(곽래홍), 서기겸 재무 K.C. Kim 등 세 사람의 서명이 남아있어 이런 사실을 증명해 주고 있다.

'한인기독학원'의 재정보고서가 없기 때문에 남은 돈 3,250달러를 어떻게 사용했는지 알 수 없으나, 학교 운영비 내지는 운영비 부채 상환에 사용했으리라 추측된다. 왜냐하면, 1919년 가을 학기부터 '한인기독학원'의 교장으로 취임한 민찬호가 1922년 6월까지 학교를 운영하면서 7,000달러의 부채를 지고 있었기 때문이다.

1925년 10월 14일에는 한인기독학원 이사장 이승만, 이사회 서기 김영기, 이사회 재무 Chester Livingston이 학원 부지 중 2.9에이커를 이만기(Yi Man Ki)에게 4,225달러에 판매했다(Book 792, pp. 343-345). '한인여학원' 부지 매각 때와 마찬가지로 교민단 회장 김영기, 부회장 곽래홍, 서기겸 재무 K.C. Kim(김경춘)의 동의하에 이 판매가 이루어졌음이 등기서류에 남아있다.

약 1년 후인 1926년 9월 16일에 '한인기독학원' 부이사장 민찬호, 이사회 서기 김영기, 이사회 재무 Livingston이 또 다시 학원 부지 중 7.5에이커를 Anthony Seto에게 10,000달러에 매각했다(Book 840, pp. 427-431). 교민단의 동의하에 이루어졌음을 회장 C.D. Choy, 부회장 S.K. Kim, 서기겸 재무 김경춘이 서명하고 있다. 그런데 이 때 Seto는 '한인기독학원'으로부터 6,000달러의 대출을 받는다(Book 844, p. 427-431). 대출 조건은 연 7%의 이자율로 적어도 연간 500달러의 이자를 내고 2년 내에 모두 상환하는 것이었다. Seto는 1927년 1월 26일에 이 대출금을 모두 상환했다(Book 870, p. 17).

이처럼 위에 기술한 대로 1925년과 1926년에 도합 10.4에이커의 '한인기독학원'의 부지 일부를 매각한 이유는 학교 운영비로 인한 빚을 갚기 위한 것이었다.

1947년에 '한인기독학원'은 문을 닫았고, '한인기독학원' 이사회 이사장 Y.C. Yang(양유찬), 서기 Young K. Kim(김영기), 재무 Y.P. Kang이 1950년 11월 17일에 24.7에이커를 Mitsuyuki Kido와 Hung W. Ching 등에게 138,500달러를 받고 매각했다(Book 2400, pp. 216-219). 나머지 1.1에이커에 있던 기숙사에는 '한인기독교회' 소속 양로원의 노인 20명이 살고 있었음으로 이 부분은 팔지 않고 남겨두었는데, 1955년 11월 14일부로 하와이 정부가 리케리케(Likelike) 고속도로 확장을 위해 이 땅을 매입하게 된다.

이상이 이승만의 학교 관련 부동산 거래 내역이다. 결과적으로, 여학생 기숙사, '한인여학원' 그리고 '한인기독학원'은 하와이 감리교 선교부에 속하지 않은 독자적인 한인 교육기관이었다. 이승만이 주장한 한인 소유의 독립된 학교였다. 훗날 이 학교 부동산 매각대금은 한국의 인하공과대학 설립의 종자돈이 되었다.

5) 부동산거래 연표

1913년

5월 7일: 국민회가 페리 트랙("엠마기지")의 3필지를 총회관, 신문사, 교회, 명목으로 3,049.53달러에 구입 (부동산 기록원 Book 388, pp. 420-421)

7월 1일: 국민회가 밀러 트랙의 4필지(#19, #20, #21, #22)를 3,440달러에 구입 (Book 461, p. 455)

1914년

7월 14일: 이승만이 푸우누이 애베뉴에 집을 자신의 이름으로 구입하고 (Book 408. pp. 307-308), 한인중앙학교 여학생기숙사로 사용.

12월 9일: 국민회가 밀러 트랙 필지 #20과 #22에 총회관을 건립

1915년

7월 27일: 국민회가 페리 트랙의 3필지를 한인여학원 이사 이승만에게 1달러를 받고 양도/기부 (Book 415, pp. 379-380)

1916년

7월 18일: 이승만이 여학생기숙사 옆의 땅 3.26에이커를 5,000달러에 구입하고 (Book 445, pp. 331-332 와 Book 458. pp. 164-165) 교사를 지어 한인여학원으로 개교

11월 8일: 국민회가 밀러 트랙의 남은 2필지(#19와 #21)를 이승만에게

2,400달러에 매각(Book 448, p. 451)

1918년

봄 학기: 한인여학원에 남학생 입학; 이승만이 한인여학원을 남녀 공학의 한인기독학원으로 재조직하려고 준비

4월 26일: 한인여학원 이사 이승만이 페리 트랙의 필지 #12를 750달러에 매각 (Book 498, pp. 133-135)

5월 17일: 이승만이 페리 트랙의 필지 #13과 #14를 2,700달러에 매각 (Book 488, p. 239)

5월 17일: 이승만이 여학생기숙사 부지를 1,600달러에 매각 (Book 488, p. 241)

5월 17일: 이승만이 국민회 밀러 트랙의 필지 #19와 #21을 2,400달러에 매각 (Book 488, p. 240)

가을 학기: 구 알리이올라니학교를 임대하고 (월 임대료 60달러)에 한인기독학원 개교

1923년

1월 10일: 한인기독학원 명의로 칼리히 계곡의 36.53에이커 부지를 15,000달러에 구입 (Book 673, pp. 482-486)

9월 19일: 한인기독학원 교사와 기숙사를 건축비 15,000달러를 들여 준공

9월 22일: 한인기독학원 이사장 이승만, 재무 Chester Livington, 서기 김영기의 명의로 한인기독학원 부지를 담보로 13,500달러를 하와이 은행에서

대출 받고 (Book 675, pp. 470-447), 1927년 2월 10일까지 세 번에 나누어 이 대출금을 완납 (Book 798, p. 160, 1925년 10월 9일; Book 844, p. 426, 1926년 3월 1일; Book 870, p. 325, 1927년 2월 10일)

10월 27일: 이승만의 명의로 되어 있는 한인여학원 부지를 형식적으로 1달러를 받고 한인기독학원 명의로 이전 (Book 709, pp. 20-22)

1924년

8월 27일: 한인기독학원 부이사장 민찬호 등이 한인여학원 부지를 Oahu Country Club에 7,500달러를 받고 매각 (Book 740, pp. 274-270)

1925년

10월 14일: 한인기독학원 이사장 이승만 등이 한인기독학원 부지 중 일부 2.9에이커를 4,225달러에 매각 (Book 792, pp. 343-345)

1926년

2월 25일: 한인기독학원 부이사장 민찬호 등이 한인기독학원 부지 중 일부 7.5에이커를 10,000달러에 매각 (Book 840, pp. 427-431)

1950년

11월 17일: 한인기독학원 이사회가 부지 24.7에이커를 138,500달러에 매각 (Book 2400, pp. 216-219);

| 부록 2 |

이승만의 회계수첩, 1923~1924

(단위:$)

날짜	내역	수입	지출	잔액	부채
	1923년				
Jan 1	Received from 변지학 as contribution torward my living expenses	50			
Jan 3	Paid Taxi from church to home		1		
Jan 8	Received from K.commission agent through Young Ki Kim for house rent	60			
	Received from 로진국 on account of it's old balance of Pacific Magazine	27.27			
Jan 12	Paid house rent		50		
	Pictures printed		2.1		
	Wedding gift for Siberia Mini's wedding		2.4		
Jan 16	Paid 로진국 as loaned from him through 리창규		5		
	Paid for gasoline for C.H, Min's car		1.3		
Jan 20	Received from 김영기 as he received other island	35			
	Paid telephone bill for Dec,Jan.		8		
	Paid electric light		2.64		
	Laundry bill		9.15		
Jan 31	Received from K.commission through Young Ki Kim for personal allowance for January total bring in full($100)	40			
	Paid for Changkui Lee(리창규)		10		
	Paid for 3 light globes		0.95		
	Paid for entertaining Kwan young Lee		8.95		
	Car fare for Kim Young Ki		3.5		
	Kim Kyung Joon's steamship fare		5		
	Paia receipt book		0.4		
Jan total		212.27	110.39	101.88	
Feb 2	Paid 윤영찬 for bringing meals from school		1		
	Chang Kui Lee for his service		5		
	Gave Kim Sungki for his expenses		10		
Feb 4	Gasoline for Min's car		5		
Feb 10	Received from Hilo 부인구제회 리태은 회장	10			
Feb 15	Received from K.Commission through Young Ki Kim for my allowance	60			
	Paid for house rent for March		50		
Feb 16	Received from Women's Relief Society	10			

	Received from 하위[하비] 9동 동포 30 persons	25.05			
Feb 24	Paid 신영조 for auto expenses		20		
	Gave 리창규 for house expenses		45		
Feb total		105.05	136.00	30.95	
Mar 1	Paid Relief Society for lunch		2		
	Paid Relief Society for supper		1		
	Auto man		1.25		
	Paid Mr.Min for gasoline		10		
Mar 5	Paid auto man from town		1		
	Gave C,H Min for fine to police for auto accident		15		
	Paid Min's gasoline		1.55		
	Received from 김영우 for postage	2.6			
	Borrowed from 변지학 동지회				40.00
Mar 9	Received from K.commission through Young Ki Kim for personal allowance for March in part	70			
Mar 12	Paid house rent		50		
	Paid gas,ice,light telephone		11.85		
	Hair cut 2 times		2		
	Park Kisoo for cooking		5		
	Grocery		1.15		
	Received from school for living expenses	25			
Mar 16	8 little chickens		3.25		
Mar 28	Sent to 양유찬 모친		5		
	Paid subscription to Young Korea		3		
	Paid for stationary		2		
	Birthday offering Sunday morning		0.5		
Mar total		97.60	115.55	17.95	40.00
Apr 3	Received from Princeton Press as Royalty on my book	4.1			
	Paid grocery for March		24.85		
Apr 5	Received from K.Commission for balance of March allowance	30			
	Paid Kisoo Park for balance of March salary		5		
	Paid city photo co. for birthday party picture		7.5		
Apr 11	Received from 박경환 Hokolauas 중지금 through 차신호	200			
	Gas bill		2.45		
	Changkui Lee		7.8		
	Groceries for March		12.2		
	Postage		2.55		
	Paid 권오성 빙모 장례시 꽃		2.25		
Apr 13	Received from K.Commision for 1/2 of April allowance	50			
	Paid house rental for April		50		
	Sent to Mrs.Starks, her sister died		20		
	For grocery		15.5		
	Postage		1.2		
	Medicine		0.5		

	Hat cleaning		1.5		
	Auto		4		
	Kisoo Park		2		
	Light, phone, ice		8.45		
Apr total		284.10	167.75	116.35	
May 2	Received from school for 1 bag rice	5			
May 7	Signed a statement receipting all the allowances received from K.C through Young K. Kim up to date including $30 by C.K Lee April,17 amounting to $110	110			
May 9	Receiving from K.Commision trough Young Ki Kim	10			
	Paid for entertaining friends passing through Honolulu Chang Duksoo		2.5		
	Paid for Mrs.McCathy		7		
	Borrowed from Kim Youngwoo and gave 장덕수for personal help towards his traveling expenses		25		25
May 10	Receiving from K.Commision through Kim Young Ki for May allowance	55			
	Paid for grocery		5		
May 14	Receiving from commission through Kim Young Ki	50			
	Paid Ki Soo Park		10		
	Paid Changki Lee		10		
May 15	Paid gas bill		3.85		
	Ice co.		2.25		
	Phone co		4		
	Light bill		1.84		
	Ro Chinkuk		5		
	Park Kisoo		10		
	Sonbie Inn (인선비)		2		
May 21	Borrowed from Mr.P (변지학)				30
	Paid to Wiehelmina rise man		30		
May total		230.00	118.44	111.56	55.00
Jun 5	Received from K.C.I for part of Kim Youngwoo's traveling expense	50			
	Bought a watch for 박기수		1.5		
Jun 8	Sent to Mrs.Starks		10		
	Gave Chang Kui Lee		1		
	Received from new tenant of 1105 3rd Ave house	7.2			
	Paid for taxi from church		1.5		
	Gave Kisoo Park for grocery and living expenses from April 28-June 12		34		
Jun 11	Paid John Park for his service		2		
	Paid Kisoo Park for house service from May to June		20		
	Paid Chang Kui Lee for his work		10		
Jun 15	Received from K.commision through Kim Youngki for June allowance	100			
	Received from Women's Relief Society	25			
	Borrowed from Kwak Nai Hong on June 9				100

	Paid Young Ki Kim as part of my old debt-leaving the balance $30		30		
	Paid ice bill		2.3		
	Gas bill		2.85		
	Paid for 2 files		0.25		
	1 dozen washers		0.1		
Jun 17	Gave Kisoo to pay the bills		25		
	Gave tour party		5		
Jun 19	Gave Kisoo for house expenses		10		
Jun total		182.20	155.50	26.70	100.00

For the account from June 17, 1923 look up the other book with receipts.
Receiving $100 per month from the commission for my allowance into the end of Jan, 1924.

	1923년 총계	1,111.22	803.63	307.59	195.00
	1924년				
Jan 20	Paid 곽래홍 for rice and oil		6.5		
	Paid 송기준 auto		10		
	Receiving from 해나 김	10			
	박래선	10			
	박정애(혜영 모)	5			
	K.C.L students	10			
	유명옥	20			
	권경준	10			
	민광옥 처	5			
	박성순	5			
	와이북 가리방 박원백 편	5			
	와이북 가리방 중지금 조	13			
	호항지방 김영기(동지회)	122			
	Esther Han or 김운구 부인	5			
	유원철 부인	2			
Jan 24	Paid for 림점순 for house or 잡지사 painting		12		
	박기수 for last year's wage		20		
	박기수 Jan. wage		5		
	Customs duty on Korean goods		19.4		
	School for entertaining children		7		
	Mrs.H.K. Ann(안현경) laundry expenses		10		
	Expressing thank to S.S. Maui		1.5		
	Boys on S.S. Maui		1		
	Paid for deck chair		1		
	Mileage Pool		1		
	Contribution, decks sports on boat		1		
Jan 26	Wireless to LA, Hong Chipum (홍치범)		3.5		
Jan 28	Paid ?? on S.S,Maui		0.5		
	Paid for postage		1		
	Paid Radio News		1		
	Paid for soft drink		0.25		

Jan 29	Gave Boat boy		1.5		
	Room steward		5		
	Dining room steward		5		
	Cloth room boy		2		
	Baggage room boy		0.5		
	Baggage man on dock		1		
	Breakfast with Yim (임정구)		1.1		
	Taxi from dock to hotel		1.3		
	Cable to Honolulu		3		
	2 telegrams to Washington		2.75		
	Telegram to LA		1.5		
	Shoe shine		0.25		
	Hotel boy		0.25		
	Elevator boys		0.5		
	Ticket SFransco to LA by Yale		20		
	Trunk transferred		1.5		
	Dinner with Yim (임정구)		3		
Jan 30	Bell boy		0.25		
	Lunch with Mr.MacCaughy		2.5		
	Eye glass fixed		0.25		
	Waiter		0.5		
	Bought books		6.5		
	Artificial flowers and candies for MacCaughy		8.6		
	Car fare & ferry		1.1		
	Auto Berkley to ferry		3.1		
	Car fares & ferry		1.1		
Jan 31	Breakfast		0.75		
	Taxi to Cliff House		3.1		
	Lunch with friends		4.5		
	Chambermaid at Stewart Hotel		0.5		
	Hotel bill		9.75		
	Boy at Hotel		0.25		
	Boy attending baggage		0.25		
	Boy on S.S Yale		0.45		
	Taxi, Hotel to Boat		1.25		
Total		222.00	196.50	25.50	
Feb 1	Paid Chinese box		3		
	Breakfast with ??		1.5		
	Refreshment with friends		1.6		
Feb 5	Paid for gift to Hongs (홍치범 식구)		2		
	Gift bought for ?		1.5		
	Gift bought 2 Chungs & Yoon		4.5		
Feb 6	Paid for a book by Lansing		1		
	Paid for radio to LA		2.3		

	Paid for Kisoo for Feb. salary		10.5	
Feb 7	정인영	50		
Feb 14	Paid for San Salvador trip		10	
	Paid for trip to Champerico, Guatemala		2.5	
	Souvenir bought		0.5	
Feb 16	Paid, suit cleaned and pressed		3	
	Kodak film		1.2	
	Letters & cards mailed		2	
	Lunch with friends at San Jose		4	
Feb 19	R.R tickets both ways to Monogua from Corinto		8	
	Hotel La Polean at Monogua		5	
	Shoe shine & photo		0.5	
	Back to hotel		0.2	
	Key chain		0.15	
	Walking stick fixed		1	
Feb 24	Postal card+stamp at Vitoli Hotel at Balboa		0.65	
	Paid for a hat		2.5	
	Dinner with friends at Panama		3.7	
	Car fare to boat		1.1	
	Kodak film		1.1	
	Kodak film		0.5	
Feb 26	Paid for back at Cristobal		1.5	
	Post card folder		0.4	
	News & magazine		0.25	
	Ivory holder		0.5	
	Spanish shawl		3.5	
	Straw fan		0.25	
	Auto & coca soda		3	
	Laundry bill		5.45	
	Auto to station		3	
	Panama hat		2	
	Suits pressed		1.25	
Feb 29	Given as contribution to the Musicians on deck		1.5	
Total		50.00	92.00	42.00
Mar 1	Call to Washington from Havana		1.3	
	Postage		0.6	
	Taxi to city		0.25	
	Supper with Hildebrand at Havana		2.6	
	Taxi to Capitol Theater and tickets		0.85	
	Kodak films		1.1	
Mar 2	Taxi to Post office at Havana		0.3	
	Taxi to Methodist church		0.25	
	Auto tropical gasoline		3	
	Shoe shine		0.1	

	Lunch with Hildebrand	1.2	
	Perfume	2.5	
	Taxi to boat	0.3	
	Guide book	0.5	
	A box of cigar	2.5	
	Hair cut	0.5	
Mar 5	Shoe strings	0.15	
	Steward on ship	0.5	
	Radio News	2.2	
	Room Boy	3	
	Table boy	3	
Mar 6	Stewards Venezuela	1	
	Dinning on S.S room steward	1	
	R.R ticket from Baltimore to Wash.	1.44	
	Roping the trunk	0.25	
	Taxi to Baltimore station	1.5	
	Baggage man at Baltimore	0.25	
	Lunch with at R.R Station	0.85	
	Chair car	0.75	
	Baggage checked	0.25	
	Red cap Baltimore RR station	0.25	
	Red cap at Baltimore	0.15	
	Porter at Washington	0.15	
	Red cap to Taxi	0.25	
	Taxi to Portland hotel	7.5	
	Porter at Portland	0.2	
	Porter at Burlington hotel	0.2	
	Waiter, Burlington	0.25	
	Porter bringing trunk	0.25	
Mar 7	A pair of glasses	3.85	
	Spectacles fixed	0.5	
	Pictures printed	4.85	
	RR ticket including chair car	6.63	
	Waiters for 3 meals	0.3	
	Porter at hotel	0.25	
	Taxi to station, Washington	0.75	
	Red cap at station	0.15	
	RR ticket, Philadelphia to NY	3.49	
	Chair car	0.75	
	Candies for Jaisohn's boys	2.4	
	Hotel Penn,bill	12.45	
	Telegram to Avon	0.35	
	Breakfast	0.6	
	Bell boy	0.25	

	Checking baggage		1	
	Boy at Hotel		0.2	
	Taxi to station		0.25	
	R.R ticket to Avon		2.5	
	Taxi at Avon		0.5	
	Phone call		0.1	
	Taxi at Ocean Grove		1	
	Candies		0.75	
	Taxi to Ocean Grove Station		0.25	
	RR ticket from Ocean Grove to Washington		8.25	
	Supper at Philadelphia station		0.6	
	Taxi from station to Burlington hotel		7.5	
	Porter at hotel		1.5	
Mar 11	Breakfast		0.65	
	Pictures printed		7.3	
	Received from Mrs.Starks	5		
	Received from Youngsup kim for NY trip	25		
	Shoe shine		0.15	
	Postage		0.75	
	Supper at restaurant		0.65	
	Lunch		0.65	
Mar 14	Lunch with Reimer & Taxi for him		0.75	
	Boys at hotel		0.25	
	Entertainment for Dolph,Namkoong & Moon		9	
	Lunch with Kim Yushik		1.95	
Mar 17	Flowers to the B??		1	
	Supper at Sterling Hotel		0.6	
	Tooth paste		0.25	
	Lunch at Franklin		6.5	
	Dinner at Portland		1.15	
Mar 18	Breakfast		0.6	
	Lunch		0.7	
	Supper		0.6	
Mar 19	Breakfast		0.5	
	Taxi for Y.H Choo (주영한) station to office		1	
Mar 21	Paid Burlington hotel bill		33.54	
	Paid for maid		0.5	
	Porter at Burlington		0.25	
	Waiter		0.1	
	Gateman		0.25	
	Taxi Burlington to Cairo		0.5	
	Porter at Cairo		0.25	
	Received Commission	40		
	Received Commission	40		

	Paid for Burlington hotel bill for the first week March 6-12		40	
	Porter for trunk		0.25	
	Taxi from office		0.5	
	Waiters at hotel		0.4	
Mar 22	Paid for a dictionary		5	
	Atlantic Monthly		0.4	
	Asia magazine		0.35	++
	A pair of rubber shoes		1.5	
	Lunch with Younghan Choo		0.6	
Mar 23	Lunch with Choo		2.25	
	Paid for 리규완 of 함흥군		2	
	Lunch		0.5	
	Supper at Portland		1.25	
Mar 25	Supper at Portland		1.35	
	Hair cut		0.65	
	Porter moving room 1014 to 1120		0.5	
	Chambermaid		0.5	
Mar 26	Received form LA friends, 안 Harry for birthday party	33		
	Paid 리규완 of 함흥군 for stonewoks brought from Korea in January		30	
	Money order fee		0.3	
Mar 29	Pictures printed		0.5	
	Breakfast at Portland		0.7	
	Bottle of new skin		0.15	
Mar 31	Breakfast at Portland		0.5	
	Postage		0.45	
Total		143.00	266.15	123.15
Apr 3	Refreshment with friends		1.5	
	2 magazines		0.6	
Apr 7	Flowers to Ross Nichols & Bride		2	
Apr 12	Walking cane fixed		3	
Apr 14	Hair cut		0.5	
Apr 18	Souvenir		0.55	
Apr 24	Paid Moonsin Park for Feb,Mar,April		30	
	Received from 부인구제회 for my personal use	100		
	Breakfast at Portland		0.5	
	Paid Namkoong for dinner only		25	
	Paid Cairo hotel for breakfast		8.5	
	Magazines		0.6	
Apr 25, 26	Breakfasts		1	
Apr 17	Hotel chambermaid		1	
	Atlantic Monthly for April		0.4	
	Office elevator boy		0.25	
Apr 28	Needles		0.1	

	Stamps		0.1		
	2 collars for full dress		0.4		
	Tie for evening dress		1		
	Taxi in rain		0.35		
	3 boxes transferred from office to Cairo		2		
	Hair cut		0.55		
Apr 29	R.R ticket to NY		8.14		
	Pullman		3.75		
	Taxi to R.R station		1		
	Telegraph to NY		0.45		
	Baggage checked at R.R station		0.1		
	Lunch with Cynn and Young Mon Kim		1.85		
	Porter at NY		0.15		
	Porter baggage		0.25		
Total		100.00	95.59	4.41	
May 1	Pen hotel bill		6.3		
	R.R ticket NY to Washington		11.85		
	Lunch with Kim Youngshup		1.8		
	Red cap		0.2		
	Taxi Union station to Cairo Hotel		0.85		
May 2	Received from commission for allowance	125			
	Paid hotel bill for May up to 21		7.58		
	Paid for lunches March-April 25		6.5		
	Cards printed		2.9		
	Paid janitor man		2.5		
	Mr & Mrs Ser		2		
	Stamps		0.35		
May 5	Paid Cairo hotel for breakfast up to May 1st		8.45		
	Paid boy for taking bart?? to Cairo hotel		0.25	???	
May 11	Taxi in rain		1.25		
May 12	Received from K.commission for entertaining Mr. Hornbek	15		???	
May 18	Lunch for Hornbek and Dolph		8.75	???	
May 13	A copy of book		1		
May 14	Lunch with F??		1.75		
May 15	Lunch for Choo and Helen Kim		3		
May 19	Hair cut		0.75		
	Books		0.3		
May 22	Received from K. commission for food	25			
	Paid for breakfast at Cairo		1.5		
	Postage		0.5		
	Books for K.C.I graduate		0.6		
	Comb & paper		0.2		
	Mailing a box of book to K.C.I.		1		

May 24	Paid Choo for lunches		6.3		
May 25	Taxi to Chevy Chase Church attending services & back		3.8		
	Taxi in city when raining		0.65		
	Elevator boy at Cairo		0.25		
	Postage		0.25		
May 28	Sent for Yang Yushik wedding		2		
May 30	Entertainment with Namkoong		12		
	Paid Portland for lunches up to May 30		9.75		
	Paid for a watch		2.5		
	Taxi to station		0.6		
May 31	Taxi to station		1.9		
Total		165.00	112.13	52.87	
Jun 3	Tooth paste		0.5		
	Received form K.commission	150			
	Paid hotel bill up to June 21		81.74		
	Hair cut & Shoe shine		0.9		
	Paid Namkoong for dinner		25		
	Telegram to NY		0.5		
	Telegraph to NY		0.5		
Jun 8	Paid taxi to bring Hugh Cynn from station		0.85		
	Lunch with Cynn		1.25		
Jun 10	Entertainment with Huge Cynn		3.75		
	2 magazines		0.55		
	Taxi with Cynn		2.5		
Jun 14	A pair of glass		6		
Jun 18	Taxi in rain		0.35		
	Hair cut		0.5		
	Shoes repaired		1.1		
Jun 22	Hat blocked		1.5		
	A suit pressed		0.75		
	Boy at hotel		0.35		
	Trip to Great Falls with Y.S Kim		0.75		
	Dinner with Y.S Kim Great Falls		3.3		
	Chambermaid		0.25		
	Pants mended		0.25		
	White shoe polished		0.3		
	A pair of suspenders		0.75		
	Sunday dinner		1.1		
Total		150.00	135.29	14.71	
Jul 6	Received from K.Commission	150			
	Paid Cairo hotel rooms up to 21		75		
	Laundry etc		5.45		
	Meals at Cairo		19.4		
	Meals at Portland		9.5		

	Dinners at Namkoong		25	
Jul 7	Paid hair cut		0.55	
	Sent to Song Pilman		5	
	Lunch		0.5	
	Umbrella		1.5	
Jul 10	Chambermaid		0.35	
	Sewing done		0.35	
	Lunch		0.55	
	Hair cleaning		0.6	
	Shoe repairing		1.25	
	Boy		0.25	
Jul 12	A pair of white shoes		2.45	
Jul 16	For H.G.Well's Dream sent to Borthwick		2.5	
	A walking cane		5	
Jul 17	Waiters when entertaining Hirst's family		0.6	
Jul 25	Hair cut		0.5	
	Shoe shine		0.15	
Jul 28	Expenses for going out to country		1.1	
	Magazine		0.55	
Jul 29	Chambermaid		1	
Total		150.00	159.10	9.10
Aug 1	Received from K.commission including $25 drown in advance	150		
	Room Cairo hotel		75	
	Room for T.S Lee		9	
	Newspaper		0.75	
	Laundry		3.54	
	Paid last month debt		9.1	
	Meals at Cairo hotel		13.75	
	Mrs. Starks for her loan		20	
	W.B.Conkey Co for manual		2.5	
Aug 4	Received extra from K.commission	50		
	Paid for dinners		25	
Aug 6	Paid Dr.Burks		15	
Aug 7	Received from Hawaii 부인회	150		
	Received from L.S Starks	10		
	Paid 곽래홍's loan		100	
	Sent 조소앙		50	
	Bus fare		1	
	Postage		0.35	
	Elevator boy		0.26	
	Money order fee to 조소앙		0.5	
	Money order fee to Mrs.Chunbong Lee		0.3	
	Postage		1	

	Honolulu Bulletin rejoined		0.14		
	Tennis racket		6.95		
	Cover		0.89		
	2 balls		0.42		
	Cold drinks		0.3		
	Taxi		0.65		
	Hair cut & shining		0.75		
	Elevator boy		0.5		
	Fruits		0.35		
	A copy of White Sister		0.75		
	Lunch		0.55		
Aug 12	Car fare		0.35		
	Breakfast with a friend		0.7		
	Lunch at restaurant		0.75		
Aug 16	Received from 김경준 & 림인호 Hilo for special fund	86			
	Received from K.commission for NY trip	50			
	Received from K. commission and turned over to Dolph for Namkoong's wedding present	125	125		
Aug 19	Taxi		1.05		
	Lunch with ??		1.75		
	Paid for dinner		1.5		
	R.R including chair to NY		10.52		
	Taxi to station		5		
	Breakfast on train		0.15		
	Porter at station		0.25		
Aug 21	Commoredore Hotel		6.1		
	R.R ticket to Belmor		2.1		
	Chambermaid at hotel		0.5		
	Porter at hotel		0.2		
	Telegraph to Belmor		0.35		
	Taxi at Belmor		1		
	Lunch with friends at Belmor		7		
	Hotel & meals		5		
	R.R ticket to Washington		8.75		
	Porter		1.5		
	Dinner on train		1.13		
	Taxi to hotel		0.75		
Aug 23	Taxi in rain		0.75		
	Dinner with Choo		2.2		
	Taxi for Choo		1		
Aug 24	Dinner		1.1		
	Hair cut		0.5		
	Waiter at lunch		0.2		
Aug 26	Taxi for Namkoong		0.75		

	Bottle of milk & tip		0.25	
	Tooth paste		0.25	
	Goose liver		0.8	
Aug 30	Taxi to station		1.5	
	Lunch with Y.S.Kim		1.5	
	Gave Hongkey Kim		2	
Total		621.00	533.50	87.50
Sep 2	Honkey Kim for living expenses		3	
	Book, Young India		4	
	Received from K.Commission for September	150		
	Paid Dumbarton Court		1.55	
	Breakfast with ??		1.5	
	Hotel Cairo bill Aug2FebSep 21		79	
	Meals at Cairo		5.45	
	Received from Princeton royalty on my thesis	1.69		
	Breakfast at Portland hotel		15	
	Dinner at Namkoong's		25	
	Dumbarton club memberships for initial fee		10	
	Monthly fee for September		5	
	Chambermaid		1	
	Tennis racket press		1	
	Lunch		1	
Sep 15	Taxi in rain		0.45	
	Fruits		1	
Sep 16	Breakfast, lunch with Huge		2.35	
	Waiter		0.75	
	Breakfast at Dumbarton		0.65	
	Medicine		10	
	Received from 죠공순 & others of Hawaii 동지회	70		
Sep 22	Received from 포와동지회, 김성기 편	200		
	Trip to Richmond with 허정		22.3	
Sep 20	Taxi to hotel with Cynn		0.75	
	Taxi to station		0.8	
	Porter at station		0.25	
	Lunch with Park Seung Yul		1.2	
Sep 24	Dumbarton club locker		3.5	
	Lunch at club		0.5	
	Balls		0.5	
	Qmar Kayarn		1.25	
	Cards for Namkoong		0.75	
Sep 29	Received from 포와동지회 김성기 편	250		
	A suitcase		3	
	Boy		0.5	
Sep 24	Received from 박원백 동지회,코할라 유지	175		

		846.69	203.00	643.69
Total				
Oct 1	Received from K.Commission for Oct.	150		
	Paid Mrs. Namkoong for board		25	
	Walking stick fixed		4	
	Entertaining friends		8.25	
	Hotel bill		83.45	
	Chambermaid		1	
	Trunk transferred		1	
Oct 5	Entertaining at Namkoong's		6.25	
	Meal with H?		1.1	
Oct 10	Received from K.commission for traveling expenses	350		
	Lunch with McCathy		1.65	
	Watch repaired		4.5	
	Carriage Dumbarton		1	
	Taxi twice		1.55	
Oct 12	Entertainment with Narasin??		2	
	2 trunks		1	
	Traveler's check		3.25	
	Received from K.commission for Oct allowance & paid to Cairo hotel	89.33	89.33	
	Boys in hotel		0.6	
Oct 14	Breakfast with Narasin & Hugh		2	
	Phone		0.15	
	Boy at hotel		0.25	
	Taxi to R.R station		1	
	RR ticket to Los Angeles		142.5	
	Via N.Y & Grand Canyon		119.5	
	Steamship ticket Los Angeles to Honolulu		142.5	
	Pullman to NY		1.85	
	Porter		0.25	
	Lunch on train		0.9	
	Red cap		0.2	
	Taxi to Commodor hotel		0.7	
	Hotel porter		0.25	
	Supper with Younhsup Kim		2.25	
	Souvenir sent Yi Sang Chai		5	
	Candies for Cynn's children		1.5	
Oct 15	R.R ticket to Philadelphia		3.24	
	Pullman to Chicago		12.6	
	Chair seat to Philadelphia		0.75	
	Telegram to Philadelphia		0.3	
	Telephone		0.15	
	R.R ticket to+from Media		1.1	
	R.R ticket for NY		3.59	

	Porter		0.25
	Candies for Jaison's children		1.5
	Lunch at station		0.8
	Supper on train		1.35
	Commodor Hotel bill		9.1
	Taxi in NY		1.35
Oct 16	Porter at hotel		0.25
	Footman		0.25
	Red cap		1
	Breakfast on train		0.8
	Telegram to Chicago		0.75
	Received from K.commission as traveling expenses	20	
	Lunch at Washington R.R station		0.85
	Telegram to Washington		0.48
Oct 17	Breakfast on train		0.75
	Porter on train		0.6
	Red cap at Chicago station		0.25
	Pullman to Grand Canyon		20.2
	Baggage		0.3
	Red cap		0.2
	Taxi to Congress hotel		0.65
	Porter at hotel		0.25
	Congress hotel bill		6.2
	Porter		0.2
	Received from Eugene Hughes as hotel expenses	7	
Oct 18	Dinner on train		2
Oct 19	Breakfast on train		1.1
	Lunch		0.75
	Dinner		1
Oct 20	Breakfast at Williams		0.6
	Lunch at Williams		0.3
	Pullman to L.A		6.2
	Porter at El Tovard Hotel		0.2
	Waiters at hotel		0.2
	Souvenir		1.25
Oct 21	EL Tovard Hotel bill		4.75
	Telegram to LA		0.7
	Lunch		0.45
	Baggage boy		0.5
	Supper		1
	Transfer trunk to boat		1.56
	Permitted trunks transfer to boat		0.78
	Candies at LA		4.2
	For 안영렬 family		5

Date	Description			
Oct 27	Candies		1.2	
	Handbag repaired		2.3	
	Trunkman at wharf		0.5	
	Wire to Honolulu		1.7	
	Suit cleaned and pressed		1.65	
	Hair cut		0.5	
Oct 31	Answered Honolulu radio		1.15	
	Bath steward		2	
	Room steward		3	
	Table steward		3	
	Head waiter		1	
	Chief steward		1.5	
Total		616.33	777.83	161.5
Nov 4	Gave for piano fund to National Association(국민회)		5	
	Received from 부인회	30		
	Paid Changkui Lee		1	
Nov 6	Received from 김성기 동지회.	150		
	Sent to 조소앙 Shanghai		100	
	Gave 김성기		50	
	Trunk brought to house		3	
	Taxi to school		3	
	Taxi from school		2	
	Rubber ball		0.5	
Nov 13	Received from 동지회 김성기 returned from Washington	150		
	Paid 김창수 for house account		29	
	Paid김상의 "			
	Paid 고덕원 for house building		22	
	Paid림형순 "			
	Gave 공치순부인 for grocery		3	
Nov 16	Received from 호항 부인구제회	15		
Nov 12	Paid 리민산 for water bill up to Sep, 1924		24.86	
Nov 24	Received from commission for Nov. allowance	100		
	Gave 허성		14	
	Taxi 5 times		5	
	Changkui Lee		10	
	김병수 for room		10	
Total		445.00	282.36	162.64
Dec 4	Paid 조혁진 for old account		35.5	
	Hinges etc.		3.8	
	6 days wage		24	
	Paid 송기준		60	
	김경준		30	
	장봉		10	
	박기수		30	

			25.3		
	Mr. Williams		25.3		
	Paid for a watch for Narasin		25		
	Kim Youngki for laundry bill		30		
	Paid Josephine for typing		3		
	Paid 리민산		1		
	윤혜영 for 잡지사 대용		50		
	허성동지회 12월 월급 조		35		
Dec 11	Palolo Land account mortgage to the Bank of Hawaii				2,800.00
	Paid Kong Chi Soon		500		
	Fee for mortgage		24		
	Stamps		4		
	Certificate title		15		
	Fee for deeds		25		
Total			958.6	958.6	2,800.00
	1924년 합계	3,509.02	3,812.05	303.03	2,800.00

| 부록 3 |

이승만의 만(Mann) 법 위반 혐의 이민국 조사 보고서(영문)

National Archives and Records Administration
THE NATIONAL ARCHIVES AT SAN FRANCISCO

Record Citation Sheet

THIS COPY IS FROM THE HOLDINGS OF:
The National Archives at San Francisco
Leo J. Ryan Federal Building
1000 Commodore Drive
San Bruno, CA 94066-2350
SanBruno.Archives@nara.gov
Phone: (650) 238-3501
Fax: (650) 238-3510

RECORD GROUP: 85 – Immigration and Naturalization Service

AGENCY OFFICE: San Francisco District Office

RECORD SERIES:
Immigration Arrival Investigation Case Files, 1884-1944
Archival Research Catalog (ARC) Identifier # 296445

FILE:
19470/9-7 Syngman Rhee

This scan was made from a black-and-white reference photocopy on February 12, 2013.

UNITED STATES IMMIGRATION SERVICE
PORT OF HONOLULU ** T. H.

File 4377.   August 25th, 1920.

Statement of - MISS NODIE DORA KIM - Korean.

                           Richard L. Halsey, Inspector in Charge,
                           Hazel G. Maser, Stenographer.

MISS KIM sworn, testifies:

Q Here is a letter which I have received from the Commissioner of Immigration at San Francisco in regard to yourself and Dr. Syngman Rhee. Please read the same and let me know what you have to say in answer thereto. (letter read by Miss Kim).
Q What is your name? A NODIE DORA KIM.
Q Where were you born? A KOREA.
Q You came to Hawaii with your parents? A Yes I landed in Honolulu on May 8th, 1905.
Q Where is your father now? A In Korea he went back in 1914 to visit my sister, and the Japanese Government has not allowed him to return here so he is still in Korea.
Q Where is your mother? A In HONOLULU.
Q Have you been in the United States? A Yes I went to WORSTER, Ohio, and took my preparatory school work there, and then went to Oberlin College after graduating from the Academy in 1918.
Q You have been lecturing for the Y. W. C. A.? A I have been lecturing on the Korean question before different clubs in the United States.
Q When delivering those lectures were you in company with Dr. SYNGMAN RHEE? A I met him in Chicago when I was returning here, our meeting was accidental, and then I took the same train that he was on and came to California. He got off at Sacramento and I went on to Willows, California, to visit my brother there.
Q Were you in the same parlor car with Dr. Rhee? A I had an upper berth and Dr. had an upper berth but we were in different sections of the train. I have the name and address of the woman who slept in the berth under Dr. Rhee. Mrs. H. M. Gaudet, 1226 - 11th St., N. W., Washington, D. C. At Oberlin I lectured before the Japanese as well as others, and they tried there ever so hard to get rid of me so no doubt this talk started through the Japanese. I have suspicions that there were 2 or 3 spies who trailed me but I was not afraid of them. I had a debate with a student at Oberlin before the Cosmopolitan Club and I spoke in regard to the harsh treatment of the Japanese to the Koreans. I have written a paper on the Martydom of the Korean Women. My remarks have been published in papers in the States and my pictures have been printed in different papers.
Q And the only time you ever traveled together with Dr. Rhee was from Chicago to Sacramento? A Yes.
Q Then the charge that you traveled over the country with Dr. Rhee in violation of the Mann Act is not true? A I never traveled under such conditions. He has always been a father to me. I have known him ever since I was a youngster and when my father went to Korea, it was not a legal understanding but sort of a formal understanding, that Dr. Rhee should be my guardian.
Q Was it thru him that you were able to get your education in the United States?
A Yes partly - I have always called him "Daddy" as he has been a father to me, and I have always regarded him as such. He has done a great deal for me, not financially, but has always shown me the way to see the higher things in life.

- 1 -

MISS KIM testifies: (continued)

Q Was there a Mr. and Mrs. Johnson, Y. M. C. A. people of San Francisco, that traveled from Chicago to Sacramento on the same train with you? A Yes, and lots of other people whom I got well acquainted with.
Q Did you pay for your own ticket? A Certainly and all my own expenses I paid for.
Q Where did you get your money from - from your lectures? A No, not from my lectures my mother used to send me money and I worked during the summer vacation while I was at college. When I went to the Coast I earned my passage over. I had some savings when I put into a building and Loan Assn. at Worster. During the war I worked in the Goodrich Factories at Akron, Ohio, making gas masks. I got $4.50 a day there, and I saved that money. Then when I left college Mrs. Panthos, whose protege I am, gave me $100.00 as a present.
Q When are you leaving for the Coast? A 31st of this month. Dr. Rhee always suspected that he was being trailed. Dr. Rhee has always called me Nodie, as that is my Korean name, and Dora is my American name.
Q You went to school here? A Yes and graduated from the Kaahumanu School and then went to the States to further my education.
Q Have you and Doctor Rhee ever lived in the same house in Honolulu? A No, never, he lives at Puunui and I at Kaimuki. There is a great number of my American friends in the States who will never believe these charges. They have always thought that the Japanese would do some spite work against me.
Q Have you ever realized that you were trailed by the Japanese in the States? A I always suspected it but I was never afraid of them. There was a Japanese man on the same train coming from Chicago to California; he used to come into the diner.
Q Were you suspicious of him? A I do not know what Doctor thought of him. I was not afraid - everything was in the open. I am not afraid of the Japanese, it has been outrageous the way the Koreans have been treated by them. I have lectured out in the open and have never been afraid. All that has been said about me has been tommy-rot. My American friends have always said that I have set a good example in regard to the moral standing. It is suprising to me to read that letter. The Japanese probably think they can get rid of me this way.
Q Did Dr. Rhee and you come to Honolulu on the same boat? A No, I came on the "Ventura" and he came over on the "Manoa".
Q What was your purpose in coming to Hawaii? A To see my mother, I intended to come back last summer but I could not make it.
Q Are you and Doctor going back to the States together? A No. When I met him in Chicago it was accidental - I did not know that he was coming back to Hawaii when I had planned to return here.
Q Is that the only time you have travelled with him? A Yes. If you want a list of my American friends who can vouch for me I will gladly give you a list.
Q Anything further to say? A No.

Signed Note-Book: (Tracing) Nodie Dora Kim
- - - - - - - - - - - - - - -

File 4377.   - 2 -   August 25th, 1920

U. S. DEPARTMENT OF LABOR
IMMIGRATION SERVICE

File 4377.

OFFICE OF INSPECTOR IN CHARGE
HONOLULU, HAWAII

August 27th, 1920.

Commissioner of Immigration,
   Angel Island, via Ferry Post Office,
   San Francisco, California.

        Referring to your letter of August 9th, 1920, No. 12023/01, in re DR. SYNGMAN RHEE, also known as E. SUNG MON, and MISS NODIE DORA KIM, I have to advise that the name E. Sung Mon is the Korean spelling, the surname being first, and Syngman Rhee is simply a reversal of the name placing the surname last as is customary with us. There is no documentary evidence inclosed by you from the Chicago office in regard to DR. RHEE and MISS KIM which would give me an inkling of the source of the reports or enable me to judge of their credibility.

        I inclose herewith a brief statement made by MISS KIM. DR. RHEE appeared at this office and made statements similar to those made by MISS KIM. DR. RHEE is the president of the Provisional Republic of Korea, which was set up and proclaimed in Seoul, Korea, on April 23, 1919. He received his degree of Doctor of Philosophy at Princeton University and was a pupil of President Wilson. I have known him for years here in Honolulu; he has established here a school for Korean children which is a worthy institution; his character has never been called in question; and he is a man of exceptional ability. Your letter states that his wife is in an insane asylum in Korea. I should be glad to know the particular source of the information imparted to you by the Chicago office, because Korea is under the Japanese Government and in Japan itself, save in one or two large cities, there are no insane asylums. Throughout the country the great mass of the insane in Japan must be kept by relatives in their homes or in some place they may secure, the Government not interesting themselves in the matter. When in Japan they have failed as yet to establish asylums throughout the country, except in Tokyo and one or two other large cities, I am somewhat skeptical about their having insane asylums in Korea. The informant, it is is stated, says that it was impossible for DR. RHEE to divorce his wife. I presume it is meant by this that it has been impossible since the Japanese Government has taken over Korea and that they have not allowed it and will not. The Japanese Government has subjected the Koreans to Japanese laws pertaining to marriage and divorce, and did DR. RHEE recognize the Japanese Government he is entitled to divorce if the same has not been secured. He states that his separation from his wife took place before Japan seized Korea.

        The charge that DR. RHEE is connected with a Korean organization associated with or resembling the I. W. W. is without foundation. He is connected with the Korean National Association. There was a strike

File 4377.   - 2 -   Honolulu, Hawaii,
To - Commissioner of Immigration, San Francisco.   August 27th, 1920.

   here in Hawaii of several thousand Japanese and Filipinos recently, and the Korean laborers all kept at work and refused to have anything to do with the strike. DR. RHEE has had nothing to do with labor matters; his activity is political, and his purpose is to establish an independent Korean Government. There is nothing in his utterances of an anarchistic character. It is true that he was in prison for endeavoring to better the conditions of his people under the oppression to which they were subjected under the old Korean Government. The nervous trouble which he has, causing his face to twitch, etc., is due to the torture to which he was subjected.

   There is nothing in your letter, as I have stated, to show the source of the Chicago office's information, and I cannot resist the inference that the source is Japanese. You are aware of the fact that male Koreans and students are not allowed to come to the United States or to Hawaii. Although subjects of Japan they are not granted passports to which they, as such, are entitled under the Gentlemen's Agreement. The detention of the father of MISS KIM in Korea is an illustration of this fact.

   MISS KIM is a young woman of exceptional ability and I have made inquiries and have failed to learn of any reproach upon her character.

   Mr. Henry Chung, who is a secretary to DR. RHEE, is the author of the volume entitled "The Oriental Policy of the United States" to which there is an appreciative introduction by Jeremiah W. Jenks, Ph. D., LL. D. Mr. Chung was the Korean envoy to the Paris conference on behalf of his people. He states that DR. RHEE has spent most of his time in Washington and Eastern cities; that he did not travel with MISS KIM throughout the country, but that he understood that they were on the same train from Chicago to California, as set forth in MISS KIM's statement.

   I have given MISS KIM an alien certificate to land in San Francisco and as to whether DR. RHEE intends to return to the United States, to Europe, the Orient, or where, I make no statement. The plans of a man in his position and peril cannot be expected to be disclosed. During the war when DR. RHEE wished to go to the Mainland, and, of course, could not receive the aid of the Japanese Consulate required under passport regulations then in force, his permit to depart was granted through the intervention of Judge Vaughan of the United States District Court, who communicated with the Department of State.

   Until something more tangible is presented to me, I shall feel it my official duty to extend to DR. RHEE and MISS KIM the ordinary courtesies, as I do not find any trustworthy foundation for the charges laid against them. There are other Korean girls who have gone from the school established by DR. RHEE here to Oberlin University. From the time that his school was established it has had associated with it and living in the

File 4377.   - 3 -   Honolulu, Hawaii,
To - Commissioner of Immigration, San Francisco.   August 27th, 1920.

        dormitory one or two Christian women acting as matrons and looking after the welfare and good conduct of the girls.

        On receipt of your letter I at first purposed to request something more definite from the Chicago office and precise information as to the informer, but inasmuch as I was aware that MISS KIM was returning to the States to her college duties after a visit with her mother here, I concluded to take the matter up as I have.

        To deport DR. KHAN or MISS KIM to Korea would be to send them to imprisonment, possibly torture and death.

                                Richard L. Halsey

RLH:HMM-incl.   Inspector in Charge.

| 부록 4 |

이승만의 만(Mann) 법 위반 혐의 이민국 조사 보고서(번역문)

미국 국가기록보존소
NARA (National Archives and Records Administration)

샌프란시스코 국립기록보존소

기록인용장 (record citation sheet)

기록보유처:
샌프란시스코 국립기록보존소
Leo J. Ryan 연방빌딩
1000 Commodore Drive
San Bruno, CA 94066-2350
SanBruno.Archives@nara.gov
전화: (650) 238-3501
팩스: (650) 238-3510
기록 그룹 (Record Group): 85-이민귀화국
(85-Immigration and Naturalization Service)
관할 사무소 (Agency Office): 샌프란시스코 지역사무소
(San Francisco District Office)
기록 시리즈 (Records Series):
1884-1944 년 이민 도착 조사 사건 파일
(Immigration Arrival Investigation Case Files),
ARC (Archival Research Catalog) Identifier # 296445
파일 (File): 19470/9-7 이승만 (Syngman Rhee)

이 복사본은 2013년 2월 12일에 흑백으로 스캔하여 만들어졌음.

미국 이민국

하와이 준주(territory) 호놀룰루항

1920년 8월 25일

파일 4377

노디 도라 김 (한국인) 양의 진술서

담당 조사관 : Richard L. Halsey

속기사 : Hazel G. Maser

김 양이 선서하고 다음과 같이 진술하였습니다.

문: 이 편지는 당신과 이승만 박사에 관한 내용으로 샌프란시스코 이민국장이 제게 보낸 것입니다. 읽어보고 답변해 주세요 (노디김이 편지를 읽는다).

문: 이름은 무엇입니까?

답: 노디 도라 김입니다.

문: 어디서 태어났습니까?

답: 한국이요.

문: 부모님과 하와이에 왔습니까?

답: 네. 1905년 5월 8일, 호놀룰루에 왔어요.

문: 아버지는 현재 어디 계십니까?

답: 제 누이(여동생 혹은 언니)를 보러 1914년 한국으로 돌아가셨는데

일본정부가 아버지가 미국에 돌아오는 것을 허가해 주지 않아서 아직도 한국에 계십니다.

문: 어머니는 현재 어디 계십니까?

답: 호놀룰루에 계십니다.

문: 계속 미국에 있었습니까?

답: 네. 저는 오하이오주 우스터에서 예비학교를 다니며 공부를 했고 1918년 아카데미를 졸업한 후 Oberlin 대학에 진학했습니다.

문: Y.M.C.A.에서 강연을 하고 있죠?

답: 미국에 있는 여러 클럽에서 한국과 관련한 문제에 대해 강연하고 있습니다.

문: 강연할 때 이 박사와 함께 했습니까?

답: 제가 여기로 돌아오는 길에 박사님을 시카고에서 우연히 만났습니다. 캘리포니아행 기차를 우연히 같이 탔지만 박사님은 새크라멘토(Sacramento)에서 내렸고 저는 남동생(혹은 오빠)을 만나러 캘리포니아주 윌로우스(Willows)로 갔습니다.

문: 당신은 이승만 박사와 같은 침대 칸에 탔습니까?

답: 저는 위층 침상, 그 분도 위층 침상을 사용했지만 칸은 서로 달랐어요. 박사님의 아래층 침상을 썼던 여자 분의 이름과 주소가 저한테 있어요. H. M. Gaudet 여사이고, 주소는 워싱턴 D. C. N.W. 1226 - 11 번지입니다. 제가 Oberlin에서 일본인들을 상대로 강연할 때, 그들이 저를 제거하려고 무던히도 애썼기 때문에 이러한 밀고는 틀림없이 일본인들의 입에서 시작됐겠군요. 저를 미행하던 스파이가 두 세 명 정도 있었던

것 같은데 그 사람들이 두렵지는 않았습니다. 코스모폴리탄 클럽 앞에서 Oberlin 재학생과 논쟁을 벌인 적도 있었는데 한국인들에 대한 일본의 잔혹한 탄압과 관련한 이야기를 해 줬습니다. 저는 한국 여성의 수난(the martyrdom of Korean women)에 관한 논문을 썼습니다. 제 논문은 미국 여러 신문에 발표됐으며 제 사진도 여러 신문에 실렸습니다.

문: 이 박사와 함께 여행을 했던 것은 시카고에서 새크라멘토로 갔던 때 뿐입니까?

답: 네.

문: 그렇다면 당신이 맨법(Mann Act)을 어기고 이 박사와 미국여행을 했다는 혐의는 사실이 아니겠군요?

답: 그런 상태에서 여행을 한 적은 단 한 번도 없습니다. 박사님은 항상 저에게 아버지같은 존재였습니다. 어릴 때부터 알던 분이라 친아버지가 한국에 돌아가면서 박사님은 비록 법률적 차원에서 공식적인 보호자(guardian)가 되지는 않았지만 실질적으로 주변에서는 모두들 그렇게 양지하고 있습니다.

문: 당신이 미국에서 교육받을 수 있었던 것은 이 박사 덕분이었습니까?

답: 네, 어느 정도는요. 박사님은 저에게 아버지 같은 존재였기 때문에 항상 그분을 "아버지"라고 불렀고, 늘 그 분을 그런 존재로 여기고 있어 왔습니다. 저를 위해 여러모로 많은 도움을 주셨지만 재정적인 면은 아니었어요. 항상 인생을 더 넓게 볼 수 있는 안목을 키워주셨습니다.

문: 시카고 발 새크라멘토 행 기차에 함께 탑승했던 사람들이 샌프란시

스코 Y.M.C.A. 회원인 존슨 부부였나요?

답: 네, 그리고 제가 잘 알고 지내는 다른 사람들도 많이 탔습니다.

문: 당신 티켓은 본인이 직접 샀나요?

답: 물론이죠. 제 비용은 제가 냈습니다.

문: 돈은 어디서 났습니까? 강의해서 벌었습니까?

답: 아니요, 강의로 번 건 아니에요. 어머니가 가끔씩 제게 돈을 보내 주시기도 했고 대학교 다닐 때 여름방학 동안 일을 했습니다. 캘리포니아(Coast)로 가는 여비는 제가 벌었습니다. 우스터 지역에 있는 상호신용금고에 저축을 했습니다. 전쟁 기간 중에는, 오하이오주 Akron 지역에 있는 굿리치(Goodrich) 공장에서 가스마스크를 만드는 일을 했습니다. 그 공장에서는 일당 4.50 달러를 받았고 그 돈은 저축했습니다. 그리고 대학을 떠날 때 저의 후원자이셨던 Panthos 여사가 선물로 제게 100달러를 주셨습니다.

문: 언제 캘리포니아(Coast)로 갈 예정입니까?

답: 이번 달 31일에요. 이승만 박사님은 항상 자신이 미행당하고 있다고 의심하셨어요. 그리고 항상 저를 제 한국 이름인 노디라고 부르셨고 도라는 제 미국 이름입니다.

문: 여기서 학교를 다녔습니까?

답: 네. 그리고 Kaahumanu 학교를 졸업한 다음, 미국에 가서 학업을 이어갔습니다.

문: 당신과 이승만 박사는 호놀룰루에서 한 집에서 동거한 적이 있습니까?

답: 아니요, 전혀 그런 적 없습니다. 박사님은 푸우누이에서, 저는 카이무키에서 살고 있습니다. 미 본토에 있는 많은 제 미국인 친구들은 이러한 혐의를 전혀 믿지 않을 것입니다. 그 친구들은 일본인들이 저를 해코지할 것 같다고 항상 우려했거든요.

문: 미국에 있으면서 일본인들이 미행한다는 것을 눈치챈 적이 있습니까?

답: 항상 그런 의심이 들었지만 전혀 겁이 나진 않았습니다. 시카고 발 캘리포니아 행 기차에 함께 탑승한 일본인 남자가 하나 있었는데 식당 칸에 수시로 들어오긴 했습니다.

문: 그 남자가 수상했나요?

답: 박사님이 그의 정체를 어떻게 생각했는지는 모르겠지만 저는 두렵지 않았습니다. 모든 게 공개된 장소라 사람들의 눈이 있잖아요. 저는 일본인이 두렵지 않습니다. 일본인들이 한국인들을 대하는 방식은 터무니없거든요. 사람들의 눈이 있는 즉, 공개된 장소에서 강의했기 때문에 무섭다고 느낀 적은 없었습니다. 나에 대해 하는 말은 전부 허튼 소리였어요. 제 미국인 친구들은 저보고 도덕적으로 다른 사람의 모범이 된다고 늘 말했거든요. 제보 편지를 읽으니 좀 충격적이네요. 일본인들은 십중팔구 이런 식으로 저를 제거할 수 있다고 생각한 것 같습니다.

문: 이승만 박사와 같은 배를 타고 호놀룰루에 갔습니까?

답: 아니요, 저는 "벤투라"(Ventura)호를 탔고, 박사님은 "마노아" (Manoa)호에 탔습니다.

문: 하와이에 온 목적은 무엇이었습니까?

답: 어머니를 만나기 위해서였습니다. 지난 여름에 돌아오려고 했으나 그러지 못했습니다.

문: 이승만 박사와 함께 본토에 돌아갈 예정입니까?

답: 아니요, 시카고에서 박사님을 만난 것은 우연이었습니다. 제가 여기 하와이로 돌아 올 계획을 세울 당시엔 박사님도 하와이에 돌아오실 거란 사실을 알지도 못했습니다.

문: 이 박사와 여행한 것은 그 때 뿐인가요?

답답: 네. 만약 제 말을 입증해 줄 미국인 친구들 명단이 필요하시다면 기꺼이 제공해 드리겠습니다.

문: 더 하실 말씀 있습니까?

답: 없습니다.

서명: 노디 도라 김

파일: 4377

1920년 8월 25일

미국노동부

이민국

파일 4377

이민국 조사담당관

호놀룰루, 하와이

1920년 8월 27일

이민국장,

앤젤 아일랜드, 선박 우편 경유,

샌프란시스코, 캘리포니아.

보내주신 서신 문서번호 12023/01 (1920년 8월 9일)은 이승만이라고 알려진 승만리 박사와 노디도라김 양에 관한 건입니다. 이승만이라는 이름은 한국식 표기법이고 'Syngman Rhee'는 성을 뒤에 두는 미국식 표기입니다. 두 사람과 관련하여 귀측이 전달해 준 시카고 이민국의 제보에는 정보의 출처나 신빙성을 판단할 수 있는 아무런 근거 및 문건 자료가 동봉돼 있지 않습니다.

여기에 노디김 양의 진술서를 동봉합니다. 이승만 박사도 우리 사무실을 방문하여 김 양과 비슷한 내용의 진술을 했습니다. 이 박사는 1919년 4월 23일, 한국 서울에 세워진 대한민국임시정부 (역주, 한성임시정부)의 대통령입니다. 그는 프린스톤 대학에서 박사학위를 받았고 윌슨 대통령의 제자였습니다. 나는 여기 호놀룰루에서 이 박사와 몇 년째 알고 지낸 사이인데 그는 이곳에 한국인 자녀를 위한 학교를 설립했습니다. 그 학교는 훌륭한 교육기관입니다. 이 박사는 의심할 나위 없는 인품을 가졌고, 또한 출중한 능력을 가졌습니다.

귀측이 보낸 편지에서는 "그의 아내가 한국에 있는 정신병 수용시설에 갇혀 있다"고 했습니다. 시카고 이민국으로부터 받은 이와 같은 제보의 구체적인 출처를 알려주셨으면 좋겠습니다. 왜냐하면 한국은 일본정부 지배하에 있고 일본 본토 내에서도 대도시 한 두 군데를 제외하고는 정신병 수용소가 없기 때문입니다. 일본에서는 정신병에 걸린 사람은 친척들이 알아서 집안이나 혹은 다른 장소를 구해서 격리시키는 경우가 많습니다. 정부가 이 문제에 관심을 쏟지 않습니다. 일본도 도쿄 및 대도시 한 두 군데를 제외하고는 전국적으로 정신병 수용소를 건설할 수 없는 판국에, 한국에 수용소를 지어 주었을리는 만무합니다.

또한 시카고 이민국에 정보를 제보한 사람은 "이 박사가 아내와 이혼하는 것은 불가능하다"고 말했다고 편지에 적혀 있습니다. 즉, 일본정부가 한국을 식민 지배한 이후로 이혼을 허용한 적도 없고 앞으로도 허용하지 않을 것이기에 제보자는 이같은 일이 불가능한 일이라 했을 것으로 생각됩니다. 일본정부가 한국인들에게 결혼이나 이혼과 관련하여 일본 법률을 따르게 했기 때문에 만약 이 박사가 일본정부를 인정한다면 이혼의 권한이 생기게 됩니다. 그러나 이 박사는 일본이 한국을 점령하기 전에 아내와 이미 별거(separation) 하여 왔다고 진술했습니다.

이 박사가 I.W.W.(Industrial Workers of the World, 세계 산업 노동자 조합)에 연루됐거나 혹은 그와 비슷한 조직과 연관되어 있다는 혐의는 전혀 근거가 없습니다. 그는 '대한인국민회'(Korean National Association)와 연결되어 있습니다. 최근 하와이에서는 수 천명의 일본인들과 필리핀인들에 의한 파업이 있었지만, 한국인 노동자들 전원은 자기 일자리를 떠나지 않고 파업에는 일절 참여하지 않았습니다. 이 박사 역시 노동쟁의에는 일절 관련 없습니다. 왜냐하면 그의 행동은 정치적이며 그 목적은 대한민국 독립 정부의 수립입니다. 그의 발언에는 무정부주의적 요소가 전혀 없습니다. 이 박사가 구한말 한국정부의 압제 하에 있던 한국인들의 생활 여건을 개선하려 노력하다 감옥에 갔던 것은 사실입니다. 이 박사의 얼굴 경련은 그 당시 감옥에서 받았던 고문의 후유증으로 신경에 문제가 생겼기 때문입니다.

앞서 얘기했지만 귀측이 제게 전달해 준 시카고 이민국의 서신에는 정보의 출처가 누구인지 전혀 알 길이 없습니다. 그래서 저는 그 출처가 혹시 일본인이 아닐까 하는 생각을 하게 됩니다. 한국인 남성이나 학생은 미국 혹은 하와이로 입국이 허가되지 않는다는 사실을 알고 계실 겁니다. 한국 사람들은 일본의 신민(subjects)이면서도 the Gentlemen's Agreement (역주, 미국과 일본이 1907년에 맺은 여권에 관한 외교협약)에 의해 보장된 여권을 발급받지 못하고 있습니다. 김 양의 부친이 한국에 발이 묶여 있는 이유도 이같은 사정 때문입니다.

김 양은 유능한 젊은 여성이었으며 심문을 해보니 성격상 흠잡을 만한 곳이 없었습니다.

이 박사의 비서 헨리정(Henry Chung) 씨가 쓴 "미국의 동양정책"(the Oriental Policy of the United States)이라는 책에는, Jeremiah W. Jenks 박사가 쓴 찬조 서문이 실려있습니다. 정 씨는 한국인을 대표해서 파리강화회의에 참석했습니다. 그는 이 박사가 대부분의 시간을 워싱턴이나 동부 도시에서 보냈기 때문에 김 양과 미국을 여행한 적이 없지만, 김양의 진술대로 다른 여러 지인들과 함께 시카고 발 캘리포니아 행 기차에 함께 탑승한 적이 있음을 안다고 말했습니다.

저는 노디김 양에게 샌프란시스코로 건너갈 수 있는 외국인용 여행증명서를 발급해 주었습니다. 이 박사가 미국으로 갈지, 유럽으로 갈지, 동양으로 갈지, 혹은 다른 어디로 갈지에 관해서는 귀측에 말하지 않겠습니다. 이 박사 정도의 위엄과 지위에 있으면서 항상 위협을 당하는 사람의 행선지 계획은 누설되면 안 됩니다. 지난 1차 대전 중에 이 박사는 미국 본토로 가고자 했던 때가 있었습니다. 여권 규제가 발효 중이었고 당연히 일본영사관의 도움을 받지 못했습니다. 미 연방법원 판사인 Vaughan이 개입하여 미 국무성과 연락을 취한 후 이 박사의 출국을 허가하였습니다.

좀 더 확실한 증거가 제시될 때까지는 제 직무 도리상 이 박사와 김 양에게 모든 사람이 마땅히 받아야 할 인간으로서의 예우를 갖춰야 한다고 생각합니다. 왜냐하면 그들의 혐의를 뒷받침할 만한 신빙성 있는 근거가 전혀 없기 때문입니다. 이 박사가 세운 학교를 졸업하고 오벌린 대학으로 진학한 다른 한국인 여학생들도 있습니다. 이 박사의 학교는 창설된 때부터 오벌린 대학과 유대관계를 맺어 왔으며 사감 역할을 하는 기독교여성 1, 2명이 기숙사에 기거하며 여학생들의 복지와 행실을 관리하고 있습니다.

처음에는 시카고 이민국으로부터 좀 더 자세한 제보 내용과 제보자에 대한 정확한 정보를 요청할 생각이었습니다. 그러나 김 양이 이곳 하와이에서 어머니를 방문한 후, 대학 학업을 위해 미국으로 돌아갈 것이라는 사실을 알게 되어 현재 제가 이 사건을 담당하며 알고 있는 바에 따라 결론을 내립니다.

이 박사나 김 양을 한국으로 추방한다면 그들은 감옥 행이거나 고문치사를 당할 것입니다.

조사관 Richard Halsey (서명)

| 부록 5 |

김현구에 대한 이승만의 사실 설명

《태평양잡지》 1930년 10월호, pp. 17-24

"근일 호항의 정계풍파는 조그마한 차관(주전자)에 잠시 끓는 물결이라, 밑의 불만 끄고 위의 연기가 개이면 아무것도 없을 것이라.

밑에 불 땔 때는 사람이 하나요, 옆에서 부채질하는 사람이 5, 6인이며, 그 외에는 다 연기에 눈이 어둡고 열기에 마음이 취하여 정신없이 날뛰는 사람들이라. 열도가 내리고 공기가 맑아지는 때에는 각각 자기의 한 일과 일을 생각하고 도리어 남을 대하기에 부끄러워 할 사람이 여럿이 생길 것이다.

그러면 그 밑에서 불 땔 때는 사람은 무슨 까닭으로 연속 화목(땔감)을 집어넣고 있느뇨. 악감을 일으켜서 정신을 취하게 하며 허언을 주작하여 이목을 현황케 하려는 주의라. 그 결과로 당파싸움이 나서 시비곡직을 분간치 못 할만치 되면 자기는 그중에서 한부분의 머리가 되어서 자유행동으로 지내고저 함이니.

남의 밑에서 대사업을 돕는 것보다 따로 조그마한 것을 차려서 마음대로 하는 것이 나을 줄 아는 연고라. 그럼으로 아무가 남의 단체의 주권을 침손한다 다른 사람들을 불러다가 우리를 없애려 한다. 근 20년을 충성스럽게 받친 사람들을 무식하다고 다 몰아낸다 또는 전제력으로 민중을 무시한다 하는 이런 모든 선전이 다 차관 밑에 불 때는 재료이다.

당국한 이들은 자기들의 권리를 침손하다거나 자기들을 무시한다는 바람에 덮어놓고 격분하여 불평을 품는 것이요. 민중은 20, 30년 지켜온 단체를 없이하려 한다는 말에 격동된 것이니 이것이 다 인정에 자연한 상태라. 나는 이 시비하는 사람들을 조금도 책망하지 아니하며, 다만 외국에 앉아서 세상인심의 파동되는 것을 구경하고 있었노라.

그런즉 교민단원들은 김씨의 말만 들었고, 내 말을 들어볼 계제가 없었느니 교민단의 중대한 관계를 우리 임원들에게 알려주지도 않고 직접으로 사면 명령을 내린 것은 우리를 무시함이라 하는 말도 다 사리에 적당한 말이니 나는 이에 대하여 책망하려 아니하노라.

그러나 임원들에게 알리지 않고 속으로 설왕설래 된 것은 다름이 아니오 다만 나의 지인지감이 밝지 못하여 그때까지도 김씨를 사람으로 알고 속으로 그 마음을 돌려서 흠절 없이 같이 일하게 되기를 바란 고로 지나간 5, 6삭(개월) 동안에 모든 일을 희생하며 백가지로 충고하여 각오가 생기기를 도모하느라고.

과연 돌이면 닳고 쇠면 녹을 만치 간담을 토하고 권면하다 못하여 필경은 자기 부인에게 내용을 설명하고 지금 위원부로 돌아가게 하였으면 좋을 터이나. 400, 500원의 여비로 인연하여 할 수 없으니 차라리 조용히 사면하고 있다가 이 일이 정돈된 후에 다시 어느 편으로든지 나서는 것이 지혜롭겠다 하고 아무쪼록 돌리기를 힘써 보라고 하였고. 그 후에 자기의 친한 친구에게 부탁하여 아주 돌릴 수 없으면 사면할 수밖에 없다고 하였나니.

구미위원부 관계로 보든지, 내가 그를 불러내어다가 일을 맡긴 경위로 말하든지 자기의 내외를 친신하는 사분으로 치든지 중대한 관계를 인연하여 내가 김씨에게 사면하라고 권면하지 못할 이유가 없거늘. 별지풍파로 신문상에 대서특서하여 명령으로 사면하라 하였으니 사면한다 하며 10일 내로 투표하라 하며 나를 성토하여 소위 풍문번개불 떨어진 것 같아서 너무 억색하여 말을 못하였으며 세상에 인심이 이런 줄은 참 뜻하지 못하였나니. 임원들에게 내용을 알릴 여가가 없었는지라. 임원들을 무시하거나 단체의 권리를 침손하려 함이 아니로라.

그러면서 신문상에 연속 나를 토죄하여 기재하기를 임원들이 사화하기 위하여 모였는데, 이 박사가 오지 않았다고 책망한지라. 그 내용인 즉 민단 임원들이 자기들에게 알려주지 아니한 것을 섭섭히 안다 하며 불러서 설명해 주기를 바란다 하는 말을 듣고 나는 대답하였으되. 나의 말도 듣지 않고 신문상으로 공격하기를 민단 임원들이 한 것이지 내가 한 것은 아니니. 자기들이 내게 설명할 말은 있을지언정 나는 실수한 것이 없으며. 만일 내용을 알고자 하면 설명하기는 어렵지 아니 하나 민단 임원들을 내가 불러서 이런 말을 하게 되면 참으로 민단 사무를 간섭한다고 신문에 다시 성토하게 되어도 내가 대답할 말이 없을지라.

나의 자서제질이나 친구가 김씨의 경우에 있는 것을 내가 사면하라고 사사로이 권면하였으면 이것을 민단 주권을 간섭이라 하겠느뇨. 이에 대하여 나를 성토하는 사람들에게 내가 불러서 이를 수 없으니 만일 자기들이 나를 청하여 설명하여 달라면 가겠노라 한 것이라. 그러나 추후에 들은 즉 그 자리에 모일 사람이 임원들뿐이 아니요 김씨가 또한 참석한다 하니 그 사람의 하는 일이 이렇듯 흠험한 줄을 알고 난 이후에는 다시 대면하여 말할 수 없는 줄로 깨달은 고로 그 좌석에는 참여할 수 없다고 기별하고 만 것이라.

혹은 말하기를 지금이라도 이 박사가 사화하는 말로 좋게 하면 다 아무 시비 없고 말 것이라 하나 이것도 내용을 모르고 하는 말이라. 내용 관계는 내가 내 주의를 고치든지 김씨가 김씨의 주의를 고치든지 둘 중에 하나의 주의를 고쳐야만 될 것인데. 김씨는 5, 6삭을 두고 지성으로 하다 못하여 이에 이른 것이니 더 바랄 형편은 못되며. 다만 내가 내 주의를 고쳐야 할 터인데 나는 지금에 와서 합동운동을 그만두고 우리끼리만 그대로 지키고 앉아있자 할 수 없으니 합동을 기왕에 시작한 대로 지켜서 민족운동에 크게 도움이 되기를 도모할 뿐이라.

그런즉 김씨와 사화하라는 것은 상의(?) 물론이고 또 혹은 이 박사가 지금이라고 잘잘못을 물론하고 형편을 돌아보아 모든 사람들에게 사과 한 마디만 하면 중심이 다 풀릴 터이라 하는 지라. 이것은 대체를 위하여 하는 말 같으나 사실로 말하면 이번 일에 내가 사과할 것은 하나도 없고 다만 한 가지 실수한 것은 김씨를 이곳에 데려다 놓아 모든 연장을 그 손에 잡혀주어 그 연장으로 이러한 풍파를 내게 만든 것이다. 이에 대하여는 내가 진정으로 마음이 아프고 부끄러워서 사과할 말을 알지 못하노라.

그러나 김씨를 신임하게 된 내력을 대강 설명하건데 연전에 구미위원부 위원 허정씨가 건강으로 인하여 사면하게 되었을 때에 그 후임자가 없음으로 염려하여 미주에 모모 동지들과 왕복이 빈삭할 동안에 뉴욕 동지들이 고 임용호씨를 위탁하여 나성에 어떤 여관에서 일하고 있는 김씨를 찾아보고 말한 결과로 김씨가 구미위원부에 가서 이 박사의 의견을 복종하여 충돌 없이 시무하겠다는 맹약을 받고 뉴욕 동지들이 담보하는 글을 보내며 간절히 천거하되 김씨가 전에는 어찌하였던지 다 탕척하고 신임하여 주면 좋은 동지를 만들 수 있다 하는 고로 나는 전에 나 개인에게나 하와이 국민회에 대하여 어떻게 하였던지 다 잊어버리고 지금부터는 동심합력하여 일하겠다는 것만 중히 여겨 즉시 임명하고 위원부 전부를 다 맡기며 뒤를 받쳐서 신임할 뿐더러 여러 관계로 인하여 더욱 친애한 정의가 타인과 자별하게 한지라.

급기 작년에 하와이 교회와 사회 간에 다소간 풍파가 있을 때에 타처에서 새 사람이 오기 전에는 시국을 정돈할 방책이 망연한데 기시 호항의 물론(여론)은 밖에서 새 일꾼을 데려오는 것을 극히 불찬성 하는 고로 중인의 공론을 돌려가지고 작정하기는 어렵고 형편은 매우 시급한 고로 몇몇 동지와 의논하고 김씨를 나오게 한 것이라.

급기 김씨가 호항에 도착함에 여러 사람이 의혹하여 묻는 고로 내가 절대 신임하는 사람이니 내 말은 무엇이든지 다 준행하리라 하였으매 차차 여러 동자들이 아는대로 크게 환영하여 필경은 교민단과 동지회 사무를 겸임하고 국민보와 태평양잡지 사무를 다 겸임케 하였으며 자초로 잡지 활판 주자는 내가 따로 보수하여 오던 것을 다 나려다가 그 손에 맡겨주었나니 김씨를 조금이라도 의심하였으면 어찌 이에 이르렀으리요. 실로 분하고 부끄러운 일이로다.

이번 미포동지대표회가 되자 포와 한인 합동운동이 성취되어 하와이 한인 역사에 전무한 호감을 일으켜 각 방면으로 화기가 충만하게 되었나니 그 때에 국민보 주필로 앉은 이가 절대로 찬성하여 포와 한인의 통일이 완성되었으니 지금부터는 민족운동에 다 일치한 보조를 취하자는 뜻으로 크게 선전하였더라면 중간에 혹 불평분자가 있을지라도 동성향응하는 중에서 다소간 끌렸을 것이니 정신과 물질적 양방으로 새 힘이 생겨서 우리끼리 살기에도 화평과 재미로운 구경을 하겠고 원동과 내지에서도 이런 성적을 듣고 크게 희망을 둘지니 대업의 발전에 큰 도움이 되었을 것이어늘. 이것을 보지 못하고 속으로는 몇몇 사람들과 내응하여 백방으로 선전하며 신문상에 주장하는 바는 기성 단체를 공고케 해야 된다 하여 합동운동이 은근히 무력하게 만들매 많은 호감을 다 타락시키며 사방에서 의혹이 생겨서 이 박사가 겉으로는 합동을 주장하며 속으로는 김씨를 내어놓아 은근히 반대한다는 이도 있으며 혹은 김씨가 우리의 대활동을 방해하니 갈아 내겠다는 이도 있는 것을 다 그렇지 않다고 설명하고 김씨는 우리와 같은 보조를 취하리니 스스로 돌리기를 기다리라 하며 한편으로 김씨를 권하여 절대로 합동을 찬성하면 동지회뿐만 아니라 교민단에도 다대한 효력을 볼 줄로 믿는다고 누누이 설명하였으되 조금도 동렴이 없으며 몇몇 사람들은 뒤로 다니며 선동하기를 더욱 심하게 하여서 독립단측 동지들이 선서식을 행하러 올 때에 옆에서 당장 귀에 거슬리는 말을 하여 들리며 동지대표회에서 청년운동을 착수하자 한 고로 이것이 민단에서 하여 온 것인데 동지회에서 다 하기로 하면 민단은 없어진다고 하며 공석에서 선언하기에 이르렀나니. 이 모든 것이 다 김씨의 주모설계에서 나온 것이라.

이와 같이 하여 민심이 모두 이산하게 된 후에는 동지회로 인연하여 의

무금이 안 들어오니까 김씨가 각 지방을 순행하기로 한다 하는 지라. 나는 말하기를 지금 이 형편에 각 지방에 순회하려면 우리 인도하는 사람들 중에 일정한 방침이 있어 여기 앉은 사람이나 밖에 나간 사람이나 다 한결같이 의견을 갖게 되어야 효력을 얻을 수 있지 그렇지 않으면 모든 사람이 어찌할 지를 모를 것이오. 따라서 피차에 받을 손해가 이익보다 더 크리라고 하였으며. 그 후에는 김씨가 나보고 나가서 순행하는 것이 좋겠다고 하는 고로, 누가 나가든지 협의가 되기 전에는 효과가 없으리니. 일치한 의견을 가지기 전에는 나갈 수 없노라 하였으며 합동문제에 대하여 김씨의 절대 찬성을 얻도록 꿋꿋이 힘쓴 것이라.

이와 같이 애쓴 것이 자기와 같이 일하게 되기로 목적함인 줄을 김씨는 의심없이 알았거늘. 이것을 다 뒤집어다가 신문에 광포하여 교민단 없이 한 말을 신문에 쓰라고 하는 고로 듣지 아니하였더니 5. 6 삭 동안을 위협하다가 필경은 사면하라고 명령하였다고 선포하고 모든 사람들이 다 일어나서 자기를 도와서 이 박사와 싸워달라는 주의를 표시하기에 이른 것은 너무도 의사부도처에(?) 일인 고로 어떻다고 말을 할 수 없도다.

사실이 이렇게 되었으면 어찌하여 임원들과 조용히 의논하고 조처하도록 아니하였느냐 하는 책망을 내가 들을 만하겠으나 그 때까지도 김씨가 이러한 줄은 모르고 종시 믿는 친구로 대접하였는 고로 필경 할 수 없으면 친히 물러가라고 권면할지언정 뒤로 다른 사람들을 시켜 내쫓게 하는 것은 정대한 도리가 아니라. 어디까지든지 그 마음을 돌리게 하려는 것이 나의 결심인 고로 이에까지 이르렀나니. 도금하여 보면 나같이 어리석은 사람은 다시 없다 하겠다.

급기 동지회 지방회장을 선거할 임시에 몇몇 사람이 속으로 약속하고 독립단 모모인으로 임원을 선거하기로 하였나니. 이는 다름 아니라 이와 같이 하여 이왕에 싸우던 악감정을 일으켜서 구실을 만들려는 계획이라. 이것이 심히 위태한 것을 나는 미리 본 고로 이것을 막기 위하여 특별히 총재의 추천으로 교민단원 중에서 선정하게 한 것이어늘. 이것을 비평하여 독권을 쓴다 민중을 무시한다는 구실로 참 공화주의를 존중하는 듯이 말하였으니 이것도 또한 우스운 일이라. 김씨가 처음 하와이에 와서 공석사석에서 말로 한 것은 물론하고 신문상에 공포하여 '인도자를 복종해야 한다고 한 적이 한 두 번이 아니오. 그 붓의 먹이 아직 마르지 않았거늘 지금에 그 붓으로 다시 개인권리를 없이 하고 민중권리를 회복한다 하니 모든 사람 앞에서 손을 들고 명령 복종 하겠다고 선서한 것은 무슨 생각으로 하였던고. 과연 사람의 양심을 가지고야 어찌 이렇듯 하리요.

김씨가 사면한다는 글을 반포한 후에 나는 즉시 사실을 설명하여 반포하고 제의하기를 김씨의 사면을 받고 그 책임을 나에게 위탁하면 오는 의사회 때까지 지켜나가겠노라 하였나니. 이는 이왕에도 이렇게 한 적이 있었으며, 이러한 의견을 표시하여 각 지방 동포들이 어떻게 조처할 줄을 알게 하려 함이라. 공화사회에서 누구든지 자기를 선거하면 무엇무엇 하겠다고 글도 돌리고 말도 하는 것이 보통 전례라. 투표하고 아니하기는 투표권 가진 이들의 할 일이어니와 후보자로 자천하는 것은 개인의 자유에 있느니. 이것으로 인연하여 시비하는 것은 공화제도를 말로는 내세우면서도 뜻은 알지 못하는 자들이라.

그 후로 말과 글로 선정되는 것을 보고 듣건대 교민단을 빼앗으려 한다

하며 교민단원의 권리를 간섭한다 하는 모든 허무한 소리로 인심을 현혹시키는 고로 나는 즉시 글을 발하여 교민단이나 국민보 일을 상관치 않겠다고 하였나니. 이는 다름 아니라 내가 교민단을 없애련다는 악선전에 언단을 없이 하여 의혹을 풀고자 함이오 주권을 침손치 않는 증거를 표명코자 함이라. 이후로는 민단의 잘되고 못되는 것을 내가 상관치 도무지 않을 것이니 이에 대하여 거의 20년 동안에 모든 풍파를 무릅쓰고 다투며 싸워서 보호하여 온 것을 지금에 그 운명이 장차 어찌 될지를 모르고 손을 뗀다는 것이 어찌 깊은 감상이 없으리요만 당국한 이들의 원을 따라 손을 떼는 것 뿐이며 이것도 교민단원의 다수 의견으로는 인증치 아니 하나 당국의 뜻이 즉 단체를 대표한 줄로 인증하는 법이니 다른 불평을 인연함은 아니로다.

그런데 우리가 깊이 깨달을 것이 몇 가지 있으니, 첫째는 이번 시비가 교민단과 독립단 사이에 생긴 것도 아니고, 둘째는 교민단과 동지회 사이에 생긴 것도 아니며, 다만 민단 안에 당국들이 김씨의 선동을 받아 사실 아닌 말로 글을 발한 고로 각 지방 동포는 사실을 알지 못하는 중에서 자연 파동된 것이라.

국민보 상에 무슨 말을 내든지 다소간 사실을 뒤집어서 감정을 일으키려는 주의로 연속 글을 내는 것이니 부디 그 말에 촉감되어 격동을 받지 말 것이며.

또 한편으로는 국민보 상에 은근히 지방 관련을 격동시키는 증거가 보인지라. 인심이 이렇듯 음험한 것은 이번에 처음 보았도다. 우리가 남의 야심을 다 깨달은 후에는 특별 조심하여 남의 함정에 빠지지 않는 것이

지혜로우니. 서울이니 시골이니 하는 구별로 은근히 악감정을 일으키려 하는 사람이 있거든 이것은 결코 민족이 영영 멸망할 장본으로 알아 촉감을 받지 않는 것이 가하도다. 우리가 하와이에 30여 년을 사는 동안에 각처에서는 지방렬이라는 것으로 모든 일이 거의 다 결단을 다하였으되 하와이에서는 몇 해 전까지 지방 구별을 없이 지내어 일체 한족으로만 모아 온 것이라. 이것이 옳고 지혜로운 일이니 그대로 지켜 나가는 것이 애국애족의 본의라 하노라.

내가 이 일에 대하여 글 한 줄이나 말 한마디라도 허비하지 않으려 하였느니. 이는 다름이 아니라 김씨와 싸우는 태도를 보이는 것이 너무도 유치하게 여긴 연고라. 그러나 동포들이 어찌된 내용을 알지 못하면 이 책망이 내게 있겠기로 이 글로 한번 설명할 따름이오. 이 후는 무슨 소리를 발하든지 대답하지 않으려 하노니. 다만 바라는 것은 우리끼리 싸우고 시비하는 정신을 돌려다가 우리 민중을 합하여 적국을 대적하기로 전력하는 것이 옳으니. 모든 동지들은 동지회의 대한 직책을 더욱 극진히 행할지라.

모든 소소한 것을 다 버리고 우리끼리 뭉쳐서 독립운동을 진행하는 것이 우리 목적이라. 만일 이 모양으로 우리끼리 싸우다가 말고자 하면 나는 숙시숙비를 밀치 않고자 하노라.

민국 12년 9월 24일 리승만

| 부록 6 |

이승만의 하와이 활동 연표

1904년
11월 29일 이승만 하와이 도착/호놀룰루 한인감리교회 방문/에바 한인감
리교회에서 연설
11월 30일 이승만 본토로 출발

1913년
2월 3일 이승만 호놀룰루 도착, 푸우누이 애베뉴 2453번지 집에 기거
3월 이승만 한인감리교 교역자 훈련집회 주관
4월 이승만 신한국보사에서 《한국교회핍박》 출간
5월 14일- 6월 12일 이승만 하와이섬과 마우이섬 순방
6월 26일- 7월 29일 이승만 마우이섬과 카우아이섬 순방
8월 26일 이승만 한인기숙학교 교장에 임명, 한인중앙학교로 개명/
여학생 입학
9월 이승만 《태평양잡지》 발간
가을 호놀룰루 YMCA 명예이사로 임명

1914년
2월 이승만 한인중앙학교 근처에 여학생 기숙사 마련
4월 이승만 폐간된 《포와한인교보》를 계승하는 《한인교회보》 발간
4월 23일 이승만 한인 YMCA 조직하고 이사장에 선출
4월 29일-5월 15일 이승만 하와이섬 방문

6월	이승만 푸우누이 애베뉴에 여학생 기숙사 구입
6월 20일	한인중앙학교 졸업식, 〈한국교회핍박〉 연극 공연
7월 15일	이승만 마우이섬 방문 (며칠 동안의 방문인지 확인불가)

1915년
6월	이승만 한인중앙학교 교장직 사임
9월	이승만 푸우누이 애베뉴에 한인여학원 설립/ 교장

1917년
3월	이승만 태평양잡지사를 통해 《독립정신》(제2판) 출간
	이승만 태평양잡지사를 통해 《청일전기》 출간
7월	이승만 신립교회 모임 시작

1918년
9월	이승만 한인여학원을 한인기독학원으로 재조직/ 개교, 3320 Waialae Avenue; 첫 교장 Mrs. M. Hartson
11월 8일	이승만 호놀룰루 제일한인감리교회에서 제적당함
12월 23일	신립교회를 한인기독교회라 이름 지음

1919년
1월 6일	이승만 파리강화회의에 참석할 목적으로 미주 본토로 출발
1월 21일	이승만 로스앤젤레스 민찬호 집에서 저녁식사
3월 10일	본국 3·1운동 소식 하와이와 미주 본토에 도달
4월 10일	이승만 상해의 대한민국임시정부의 국무총리로 추대됨
4월 23일	이승만 한성의 임시정부에서 집정관 총재로 추대됨
	이승만 워싱턴 D.C.에 대한공화국 활동본부 설치
9월 6일	이승만 상해 임시정부 의정원에서 임시대통령으로 선출

1920년

6월 29일	이승만과 정한경과 호놀룰루 도착
10월 12일	임병직 호놀룰루 도착
10월 29일	이승만, 김규식, 임병직, 노백린, 최동호가 보드윅의 카벨라 만(Kawela Bay) 별장에 기거
11월 8일	이승만 보드윅 집에 기거
11월 16일	이승만과 임병직과 상해로 출발

1921년

6월 29일	이승만 호놀룰루로 돌아옴
7월 7일	민찬호, 안현경, 이종관 대한인동지회 설립 공고; 대한인동지회 사무실 교민단(국민회)총회관 내
9월	한인기독학원 칼리히 계곡으로 이전, 학원 내에 한인기독교회 건물 신축

1922년

9월 7일	이승만 1105 3rd Avenue 집으로 이사 (월세 50달러)
11월 19일	한인기독교회 622 N. School Street 새 교회당 헌당

1923년

6월 8일	1105 3rd Avenue 집에 새로 셋방 든 사람에게서 $7.20 받음
9월 19일	한인기독학원 칼리히 계곡에 새 교사와 기숙사 낙성식

1924년

초	1521 Lurline Avenue 집으로 이사 (임대?)
4월	《태평양잡지》 4월호가 Palolo Hill 지역의 1521 Palolo Heights [Lurline Avenue]에서 발행됨

11월 17-20일 대한인동지회 하와이한인대표회
12월 5일 이승만 1521 Lurline Avenue에 인접한 부동산, 4필지 구입이 부동산을 담보로 계속 증가한 대출금을 받음
12월 9일 중앙한인기독교회(후에 한인선교부) 하와이 정부에 정식 등록

1925년
3월 18일 상해 임시정부의 임시의정원 이승만 임시대통령 탄핵안 가결
12월 13일 동지식산회사 창립

1926년
1월 동지식산회사의 동지촌(하와이섬) 입주

1928년
? 대한인동지회 사무실 한인기독교회 내로 이사
8월 동지촌에 숯가마 설치
9월 동지촌에 재제소 설치

1930년
? 대한인동지회 121 S. Kuakini Street으로 이전; 《태평양잡지》도 이곳에서 발행
7월 15-21일 대한인동지회 미포대표회, 대한인동지회 헌장 채택
12월 13일 월간 《태평양잡지》가 주간 《태평양주보》로 바뀜

1931년
2월 중앙한인기독교회를 한인선교부 Korean Missions로 바꿈
4월 동지촌 파산
11월 21일 이승만 캘리포니아로 출발, 29개월 간 유럽과 미주 여러 곳 순방

1935년
1월 24일   1934년 10월 8일 뉴욕에서 결혼한 이승만 부부 하와이 도착; 한인기독학원 기숙사에 기거; 이승만 교장, 프란체스카 기숙사 사감/교사

1937년
5월 24일   팔롤로 힐 지역의 부동산 소유권 포기

1938년
4월 24일   한인기독교회 1832 Liliha Street에 새 교회당 헌당

1939년
3월 30일   이승만 단신으로 워싱턴 방문차 출발
6월 4일   한인기독학원 임시 교장 프란체스카가 졸업식 참석
7월 2일   프란체스카 이승만과 합류하기 위해 워싱턴으로 출발
8월 10일   이승만 부부 호놀룰루 도착
11월 10일   이승만 부부 워싱턴 D.C.로 이주

1942년
10월   대한인동지회 931 North King Street 회관 매입

1946년
12월 7일   이승만 호놀룰루 방문

1947년
여름   한인기독학원 폐교

1954년
4월 24일 한인기독학원 정식으로 해체
8월 8일-11일 대통령 이승만 호놀룰루 방문

1956년
10월 한인기독학원 부지 24 에이커를 $138,500에 매각

1960년
5월 29일 이승만 부부 하와이 도착, 47-259 Miomio Loop에 기거
12월 2033 Makiki Street 으로 이사

1961년
9월 11일 이승만 부부 서울 이화동 1번지 이화장을 윌버트 초이에게
          양도하는 법적 위임장 작성/서명 (초이 실행하지 않음)

1962년
3월 17 이승만 미육군 트리플러 병원에 입원
3월 29일 마우나라니병원 202호실에 입원

1965년
7월 19일 이승만 마우나라니병원에서 서거
7월 21일 저녁 8시 30분 한인기독교회에서 장례식

1971년
2월 하와이 대한인동지회 회관 매각금에서 이승만 묘지 비석으로
     화강암을 구매/운송

참고문헌

정기간행물

하와이 국민회, 《신한국보》, 《국민보》
하와이 국민회·동지회, 《국민보-태평양주보 The Korean National Herald- Pacific Weekly》
북미 국민회, 《신한민보》
하와이 동지회, 《태평양잡지》《태평양주보》
Honolulu Advertiser (The Pacific Commercial Advertiser)
Honolulu Star-Bulletin.
Official Minutes of the (Annual) Session of the Hawaiian Mission of the Methodist Episcopal Church
Mills' Institute, Orient Student.
Polk-Husted Directory, Co., Directory of Honolulu and the Territory of Hawaii
Report of the Superintendent of Public Instruction to the Governor, Territory of Hawaii
Thrum's Hawaiian Annual, Honolulu, Star-Bulletin Press

자료집

국가보훈처 편, 『미주한인 민족운동자료』, 1999.
_____ 편, The Korean Student Bulletin
국사편찬위원회 편, 『대한인국민회와 이승만 ; 1915~36년간 하와이 법정자료』, 1999.
우남이승만문서 편찬위원회(편), 『이화장 소장 우남이승만문서, 동문편』, 중앙일보사, 연세대학교 현대한국학연구소, 1998.
현대한국학연구소, 『이승만 동문 서한집』, 자료총서 9, 2009.
호항한인여학원, 『호항 한인여학원 재정보단』, 제4호, 1916.12.

저서

고정휴, 『이승만과 한국독립운동』, 연세대학교 출판부, 2004.
_____, 『1920년대 이후 미주·유럽지역의 독립운동』, 한국독립운동사편찬위원회, 2009.
건국대통령이승만박사기념사업회, 『내가 만난 이승만 대통령, 남기고 싶은 이야기』, 2013.
김원용, 『재미한인오십년사』, 캘리포니아주 리들리(Reedley), 1959.
노재연, 『在美韓人史略』 上, 로스앤젤레스, 1951.
방선주, 『재미한인의 독립운동』, 한림대학교 아시아문화연구소, 1989.
손세일, 『이승만과 김구』, 1-3, 나남, 2008.
안형주, 『박용만과 한인소년병학교』, 지식산업사, 2007.
오영섭·홍선표, 『이승만과 하와이 한인사회』, 연세대학교 대학출판문화원, 2012.
유영익, 『이승만의 삶과 꿈—대통령이 되기까지』, 중앙일보사, 1996.
윤병석, 『국외한인사회의 민족운동』, 일조각, 1990.
이덕희, 『하와이 이민 100년, 그들은 어떻게 살았나?』, 중앙 M&B, 2003.
_____, 『한인기독교회·한인기독학원·대한인동지회』, 한인기독교회·동지회, 2008.
_____, 『하와이 대한인국민회 100년사』, 연세대학교 대학출판문화원, 2013.
이동욱, 『우리의 건국 대통령은 이렇게 죽어 갔다』, 기파랑, 2011.
이승만, 『청일전기』, 김용삼·김효선·류석춘 번역·해제, 북앤피플, 2015.
이유선, 『한국양악백년사』증보판, 음악춘추사, 1985.
정병준, 『우남 이승만 연구』, 역사비평사, 2005.
재미한족연합위원회, 『해방조선』, 미주 나성과 하와이, 1948.
한승인, 『독재자 이승만』, 일월서각, 1984.
현 순, 『布哇遊覽記』, 서울, 1909.
홍선표, 『재미한인의 꿈과 도전』, 연세대학교 출판부, 2011.

Roberta Chang with Sonju Lee. *When the Korean World in Hawaii was Young 1903-1940*, 북코리아, 2012.

John Hyun, *Condensed History of the Gungminhoe, The Korean National Association (1903-1945)* 국민회약사』, The Korean Cultural Research Center, Korea University, 1985.

Se Won Kim, *As a Soldier Diplomat and Sportsman*, Raphel Publishing (Canada) 2012.

Ralph K. Kuykendall, *The Hawaiian Kingdom*, University of Hawaii Press, 3 volumes, 1938, 1953, 1967.

Robert T. Oliver, *Syngman Rhee, The Man Behind the Myth*, New York, 1954.

Daisy Chun Rhodes, *Passages to Paradise, Early Korean Immigrant Narratives from Hawaii*, Academia Koreana, Keimyung University Press, 1998.

논문

김도형, 「1930년대 초반 하와이 한인사회의 동향―소위 '교민총단관 점령사건'을 통하여―」, 『한국근현대사연구』 9, 1998.

반병률, 「미주지역에서의 무력양성운동--일제초기를 중심으로--」, 연세대학교 국학연구원 편, 『미주한인의 민족운동』, 2003.

오영섭, 「이승만의 언론활동」, 『이승만과 하와이 한인사회』, 연세대학교 현대한국학연구소 제8차 학술대회, 2007.

이덕희, 「하와이 한인들이 하와이 감리교회에 끼친 영향: 1903-1952」, 미주한인감리교회 백년사출판위원회, 『미주한인감리교회 백년사』, 2003.

_____, 「하와이의 한글 언론, 1904~1970」연세대학교 국학연구원 편, 『미주한인의 민족운동』, 2003.

_____, 『하와이 한인 여성단체들의 활동, 1903-1945』, 인천광역시 역사자료관 편, 『근대의 이민과 인천』, 2004.

_____, 「하와이의 한인 성공회 교회」, 한국기독교 역사연구소, 『한국기독교와 역사』, 2013 제38호.

_____, 『초기 하와이 한인들에 대한 견해』, 『한국기독교와 역사』, 2009 제30호.

정두옥, 『재미한족독립운동실기』, 『한국학 연구』 3, 인하대학교 한국학연구소, 1991.

Young-ho Choe, "Syngman Rhee in Hawaii, His Activities in the Early Years, 1913-1915," Yong-ho Choe (ed.) *From the Land of Hibiscus, Korean in Hawaii, 1903-1950*, University of Hawaii Press, 2007.

Kingsley Lyu, "Korean Nationalist Activities in Hawaii and the Continental United States, 1900-1945, Part I: 1900-1919" *Amerasia*, 4:1 (1977) and Part II: 1919-1945, *Amerasia*, 4:2 (1977).

미간행물

『대한민국 19년도(1937) 중앙부 임원회록』, 동지회 컬렉션, 하와이대학교 한국학연구소.

이승만, Log Book of S.R., Since 1904, 미간행, 연세대학교 이승만연구원 소장본

천연희, 자서전 적 자필 글 공책 7권과 24개 케셋 테이프 녹취 (1971~)

Duk Hee Lee Murabayashi (자료 정리, 해제), Early Membership of Korean Methodist Churches in Hawaii," http://www.korean-studies.info 에서 볼 수 있음.

_____.(자료 정리, 해제), "Korean Passengers Arriving at Honolulu, 1903-1905," http://www.korean-studies.info 에서 볼 수 있음.

_____.(자료 정리, 해제), "Korean Ministerial Appointments To Hawaii Methodist Churches," "http://www.korean-studies.info 에서 볼 수 있음.

State of Hawaii Archives, Dept. of Commerce & Consumer Affairs, Series,

State of Hawaii, Department of Land & Natural Resources, Bureau of Conveyances, record books.

Superintendent George H. Fry files, United Methodist Church of Hawaii District

| 수록 사진 |

1. 호놀룰루항 지도 　　　　　　　　　　　　　　　p.27
2. 호놀룰루항 　　　　　　　　　　　　　　　　　　p.27
3. 호놀룰루항 7번 선창 　　　　　　　　　　　　　　p.28
4. 이승만을 위한 의연금 (1904) 　　　　　　　　　　p.30
5. 대한인국민회 하와이지방총회 임원 　　　　　　　p.39
6. 《신한국보》와 《국민보》 제호 　　　　　　　　　　　p.40
7. 《포와한인교보》 　　　　　　　　　　　　　　　　p.40
8. 한인기숙학교 교사 전경 　　　　　　　　　　　　p.44
9. 존스 목사와 한인 목회자들 (1906) 　　　　　　　p.44
10. 한인기숙학교를 방문한 윤치호 외부협판 (1910) 　p.45
11. 푸우누이 집 앞의 이승만 　　　　　　　　　　　p.52
12. 《태평양잡지》 한글 표지 　　　　　　　　　　　　p.58
13. 《태평양잡지》의 뒷면 영문표지 　　　　　　　　　p.58
14. 한인중앙학교가 표시된 지도(굵은 선이 학교 부지) 　p.81
15. 한인중앙학교 교사 　　　　　　　　　　　　　　p.82
16. 한인중앙학교 학생 퍼레이드 참가 (1914) 　　　　p.83
17. 한인중앙학교 1914년 졸업반 　　　　　　　　　p.83
18. 한인여학원 (1915) 　　　　　　　　　　　　　　p.86
19. 한인여학원 교사진 　　　　　　　　　　　　　　p.92
20. 한인여학원 재정 보단 (1916) 　　　　　　　　　p.93
21. 한인여학원의 광화문 장식 수레 (1917) 　　　　　p.95
22. 한인여학원 오케스트라 퍼레이드 참가 (1916년경) 　p.97
23. 한인기독학원 (1918) 　　　　　　　　　　　　　p.101
24. 한인기독학원 (1919) 　　　　　　　　　　　　　p.101
25. "독립경축일" 기념식 (1919) 　　　　　　　　　　p.102
26. 한인기독학원 보이 스카우트 (1919) 　　　　　　p.104
27. Gospel Mission 1919년 10월호 겉장을 장식한 한인기독학원 여학생 　p.105
28. 하와이대학교 인준 탄원서에 포함된 이승만의 서명 　p.107
29. 한인기독학원 졸업반 1918 [1919] 　　　　　　　p.108
30. 한인기독학원 교사 (1919) 　　　　　　　　　　　p.109
31. 한인기독학원 졸업반 (1920) 　　　　　　　　　　p.111
32. 한인기독학원 졸업반 (1921) 　　　　　　　　　　p.112
33. 한인기독학원 졸업반 (1922) 　　　　　　　　　　p.113
34. 한인여학원 로고 　　　　　　　　　　　　　　　p.115

35. 한인기독학원 로고	p.115
36. 칼리히 교사 신축식에서 개토하는 이승만 (1923)	p.117
37. 새 교사 건물과 학생 (1930)	p.118
38. Bessie Kim 이 우등상으로 받은 사전 (1939)	p.122
39. 사전에 쓴 프란체스카의 친필	p.122
40. 워싱턴 D.C.로 떠나기 전 이승만 부부(1939)	p.123
41. Kula Kolea 길 표지판	p.128
42. 한인 교역자 양성 집회를 마치고 (1913)	p.132
43. Nuuanu YMCA에 걸려있는 창립 이사 사진	p.137
44. 한인기독교회 헌당 예배 후 (1922)	p.148
45. 광화문 문루 교회당 (1938)	p.155
46. 2006년에 재건된 교회당	p.156
47. 교회 현판	p.157
48. 이승만의 북미 상항지방 국민회 회원증 (1910)	p.159
49. 재무 이승만이 서명한 국민회 의무금 증서 (1918)	p.160
50. 하와이한인대표회를 마치고 (1924)	p.172
51. 지영희의 동지회 회원증 (1932)	p.174
52. 김성률의 동지식산회사 주식	p.180
53. 동지촌 일부 모습 (1925년경)	p.183
54. 힐로의 김성률 부부와 함께 (1930년경)	p.186
55. 동지촌의 숯가마	p.193
56. 선로위에 멈추어 있는 바퀴	p.194
57. 이승만이 거주했던 동지촌 집 (1925년경)	p.195
58. 이승만이 거주했던 집터에 재건된 집 (1936)	p.195
59. 동지회 미포대표회를 마치고 (1930)	p.198
60. 대한인동지회 회관 (1949)	p.202
61. 이승만의 회계수첩(1923~1924) 표지	p.216
62. 이승만의 회계수첩(1923~1924) 내면	p.217
63. 팔롤로 힐 지역 필지도	p.226
64. 현 주택필지도	p.227
65. 오벌린 대학생 시절의 김노디 (1922)	p.234
66. 레이를 받으며 웃는 이승만	p.261
67. 스타 블르틴지에 실린 인터뷰 사진	p.262
68. 김성기 목사 묘지 앞에 선 이승만 내외	p.263
69. 이승만 부부가 서명하고 윌버트 초이에게 준 위임장 (1961)	P.268
70. 위임장 첫 장	p.269
71. 위임장 둘째 장	p.270
72. 스타 블르틴지에 실린 '해피' 사진 (1961년 3월 10일)	p.273
73. 프란체스카가 조앤 초이에게 준 목걸이와 브로치	p.280
74. 마우날라니 요양원 입구	p.281
75. 마우날라니 병동, 2층 오른쪽 끝이 202호	p.282

| 저자 |

이덕희(李德姬, Duk Hee Lee Murabayashi)

이화여자대학교 사회학과를 졸업하고, 미국 캘리포니아대학교 버클리에서 사회학 석사와 남가주대학교에서 도시계획학 석사학위를 받았다. 하와이에서 30여 년간 환경계획가로 활동하면서 40여 편의 환경계획 보고서와 환경영항평가서를 발표하였다. 이후 하와이 한인 이민사 연구에 몰두하여 〈하와이 한인들이 하와이 감리교회에 끼친 영향, 1903-1952〉, 〈하와이의 한글 언론, 1904-1970〉, 〈하와이 한인 여성단체들의 활동, 1903-1945〉, 〈초기 하와이 한인들에 대한 견해〉, 〈하와이 한인들이 애용한 조국 상징물」, 〈하와이의 한인 성공회 교회〉, 〈하와이 다문화에 한인 이민자들도 기여했을까?: 하와이 한인 이민사의 경험과 교훈, 1903-1959〉 등의 논문을 발표하였다. 또한 한인 이민자 7,400여 명의 명단(Korean Passengers Arriving at Honolulu, 1903-1905), 하와이에서 일본 여권을 발급받은 사람들의 명단(Passports Issued to Korean in Hawaii, 1910~1924), 하와이 한인 감리교 목사 파송 명단(Korean Ministerial Appointments to Hawaii Methodist Churches, 1906-2000), 안중근 의사 의연금 모금 명단(Hawaii Contributors to the Defense of An Chunggun, 1909-1910), 하와이 감리교회의 초기 교인 명단(Early Membership of Korean Methodist Churches in Hawaii) 등을 컴퓨터화하여 www.korean-studies.info에 올렸다. 한국에서 《제주의 도대불》(1998), 《하와이 이민 100년, 그들은 어떻게 살았나?》(2003), 《한인기독교회, 한인기독학원, 대한인동지회》(2008), 《하와이 대한인국민회 100년사》(2013)를 발간하였고, 국사편찬위원회 발간의 《미국, 재외동포사 연표》(2010)를 집필하였다.

Syngman Rhee's Thirty Years in Hawaii

Duk Hee Lee Murabayashi
dhmurabayashi@gmail.com

연세대학교 이승만연구원 교양총서 ❸
이승만의 하와이 30년

초판 1쇄 인쇄 2015년 7월 10일
　　2쇄 발행 2022년 8월 10일

저　자 │ 이덕희

펴낸곳 │ 북앤피플
대　표 │ 김진술
펴낸이 │ 김혜숙
디자인 │ 박원섭
마케팅 │ 박광규

등　록 │ 제2016-000006호(2012. 4. 13)
주　소 │ 서울시 송파구 성내천로37길 37, 112-302
전　화 │ 02-2277-0220
팩　스 │ 02-2277-0280
이메일 │ jujucc@naver.com

ⓒ이덕희, 2015

ISBN 978-89-97871-18-6　03340

잘못된 책은 구입하신 서점에서 바꾸어 드립니다.
값은 표지 뒤에 있습니다.